龚 蕾　张雪芬 ◯ 编

会计基础

（第3版）

Accounting Foundation

苏州大学出版社
Soochow University Press

图书在版编目(CIP)数据

会计基础 / 龚蕾,张雪芬编. -- 3版. -- 苏州：苏州大学出版社,2024.1
ISBN 978-7-5672-4715-4

Ⅰ.①会… Ⅱ.①龚… ②张… Ⅲ.①会计学-教材 Ⅳ.①F230

中国国家版本馆CIP数据核字(2024)第010391号

会计基础(第三版)
KUAIJI JICHU (DISANBAN)
龚 蕾 张雪芬 编
责任编辑 薛华强

苏州大学出版社出版发行
(地址：苏州市十梓街1号 邮编：215006)
苏州市深广印刷有限公司印装
(地址：苏州市高新区浒关工业园青花路6号2号厂房 邮编：215151)

开本 787 mm×1 092 mm 1/16 印张 19 字数 439千
2024年1月第3版 2024年1月第1次印刷
ISBN 978-7-5672-4715-4 定价：58.00元

若有印装错误,本社负责调换
苏州大学出版社营销部 电话：0512-67481020
苏州大学出版社网址 http://www.sudapress.com
苏州大学出版社邮箱 sdcbs@suda.edu.cn

第三版前言

会计是一种商业语言,是了解企业经济活动、评价企业财务状况与经营成果的重要信息来源,是经济决策的依据。会计学是会计入门的必修课程,是高校经济管理类专业的专业基础课程。本教材主要阐述会计学的基本理论、基本方法及基本操作技术,帮助会计初学者理解会计信息的内涵及其生成过程,掌握阅读财务报表的专业知识,培养正确使用会计信息为经济决策服务的能力。

本教材第一版自2012年8月出版以来,一直受到广大读者的支持与好评。之后,由于会计准则的修订、"营改增"的实行和新的《会计档案管理办法》的颁布,编者对第一版的一些相关内容加以修订,于2018年8月出版了第二版教材。2019年以后,财政部、国家税务总局等陆续颁布了一些新的会计规范,同时,大数据、人工智能等新技术的发展也给会计教育带来了强烈的冲击与挑战,所以编者又对教材内容进行了全面修订,最终成形了第三版教材。

本次修订的主要内容如下:

(1) 对第一章和第九章进行了重大调整。第一章新增了两节内容:会计信息质量要求和会计职业道德。第九章新增了三节内容:现金流量表、所有者权益变动表和财务报表附注。

(2) 对第二版中的一些概念及其表述进行了修订。

(3) 修改了资产负债表中若干项目的填列方法。

(4) 新增了电子会计档案的保管、归档要求。

(5) 对各章练习题进行了修订。

本教材汲取同类教材的长处,系编者结合多年的课堂教学经验编写而成。由于编者水平有限,书中难免存在疏漏和错误,恳请广大读者批评指正。

编者

2023年8月

目录

第一章 总论

第一节 会计概述 / 2
第二节 会计基本假设 / 10
第三节 会计核算的基础 / 13
第四节 会计信息质量要求 / 14
第五节 会计职业道德 / 18
本章习题 / 19

第二章 会计要素与会计科目

第一节 会计要素 / 26
第二节 会计科目 / 32
本章习题 / 37

第三章 会计等式与复式记账

第一节 会计等式 / 44
第二节 复式记账 / 47
本章习题 / 62

第四章 基本经济业务的核算

- 第一节 资金筹集业务的核算 / 77
- 第二节 采购业务的核算 / 83
- 第三节 生产加工业务的核算 / 93
- 第四节 销售业务的核算 / 105
- 第五节 财务成果业务的核算 / 114
- 第六节 资金退出业务的核算 / 120
- 本章习题 / 121

第五章 会计凭证

- 第一节 会计凭证概述 / 136
- 第二节 原始凭证 / 137
- 第三节 记账凭证 / 146
- 第四节 会计凭证的传递和保管 / 151
- 本章习题 / 153

第六章 会计账簿

- 第一节 会计账簿概述 / 166
- 第二节 会计账簿的内容、启用与登记规则 / 169
- 第三节 会计账簿的格式和登记方法 / 172
- 第四节 对账和结账 / 178
- 第五节 错账更正方法 / 182
- 第六节 会计账簿的更换与保管 / 184
- 本章习题 / 185

第七章 账务处理程序

第一节 账务处理程序的意义和种类 / 198
第二节 记账凭证账务处理程序 / 199
第三节 科目汇总表账务处理程序 / 217
第四节 汇总记账凭证账务处理程序 / 219
本章习题 / 223

第八章 财产清查

第一节 财产清查概述 / 233
第二节 财产清查的盘存制度 / 235
第三节 财产清查的方法 / 238
第四节 财产清查结果的处理 / 242
本章习题 / 245

第九章 财务报告

第一节 财务报告概述 / 254
第二节 资产负债表 / 258
第三节 利润表 / 266
第四节 现金流量表 / 271
第五节 所有者权益变动表 / 274
第六节 财务报表附注 / 277
本章习题 / 279

第十章 会计档案

第一节 会计档案概述 / 288
第二节 会计档案保管 / 290
本章习题 / 294

第一章

总 论

会计概述

会计基本假设

会计核算的基础

会计信息质量要求

会计职业道德

本章习题

第一节 会计概述

 一、会计的产生和发展

会计是随着社会生产的发展和经济管理的需要而产生和发展的,它是经济管理的重要组成部分。在人类社会中,生产活动是最基本的实践活动,人类要生存,社会要发展,就必须进行物质资料的生产。在社会生产实践活动中,人们总是力求以尽可能少的劳动耗费,取得尽可能多的劳动成果,即要求少投入、多产出,提高经济效益。因此,为了合理地安排生产,了解生产过程的所耗与所得,就需要对劳动耗费和劳动成果进行记录与计算,并对劳动耗费和劳动成果进行比较与分析,从而有效地组织和管理生产。会计就是适应社会生产的这种需要而产生的。

会计作为一种经济管理活动,是人类社会发展到一定阶段的必然产物。会计的发展经历了从简单到复杂、从低级到高级的漫长发展过程,大致经历了古代、近代、现代3个阶段。

(一)古代会计阶段

15世纪以前的会计,习惯上称为古代会计。这一阶段,会计还没有形成专门方法,还不是一门独立的学科。会计在产生初期只是生产者在从事生产活动过程中的一项附带工作。"结绳记事""刻木计数"都是最初的会计手段。随着社会生产力的发展和生产规模的不断扩大,社会产品逐渐增多,生产管理日趋复杂,会计的重要性越来越明显,作为管理生产活动的会计工作才逐渐从生产职能中分离出来,成为一项专门的独立职能。

唐宋时期是我国会计全面发展的时期,出现了"四柱清册"的结账与报账方法。"四柱清册"方法,就是把一定时期内财物收支的记录,通过"旧管+新收=开除+实在"(上期结存+本期收入=本期支出+本期结存)这一平衡公式加以总结;既可检查日常记录的正确性,又可分类汇总日常会计记录,在一定程度上使之起到系统、全面和综合的反映作用。"四柱清册"的发明,把我国传统的单式收付簿记提到一个较为科学的高度,是我国古代会计的一项杰出成就,现代会计中仍在运用这一平衡关系。

(二)近代会计阶段

到了14、15世纪,在地中海沿岸的许多城市如佛罗伦萨、热那亚和威尼斯等,商业和手工业比较兴旺,出现了资本主义生产的萌芽,不断发展的商品经济孕育并推动了簿记方法的革命。1494年,意大利数学家卢卡·帕乔利(Luca Pacioli)所著《算术、几何、比及比例概要》一书问世,书中专设"簿记论"篇,第一次系统地介绍了借贷复式记账法,并从理论上做了阐述,被认为是会计发展史上的第一个里程碑。"簿记论"的问世,标志着近代会计的开始,卢卡·帕乔利被称为"近代会计之父"。

我国明清时期的民间工商业创建和运用了"天地合记账法",它是我国最早使用的复式记账法,其基本原理与西方的复式记账法相同。

18世纪末和19世纪初的产业革命,在若干资本主义国家特别是英国形成了空前的生产力,股份有限公司这种新的经济组织应运而生,使得所有权与经营权分离,产生了审查经营管理人员履职情况的需要,于是出现了以"自由职业"为身份、以查账为职业的特许或注册会计师。1854年,在英国苏格兰成立了第一个特许会计师协会——爱丁堡会计师协会。从此,会计的服务对象扩大了,会计的内容也发展了。会计包括了记账、算账、报账和查账,在核算职能的基础上更能发挥监督的职能,尤其通过特许或注册会计师的活动,会计的作用获得社会的广泛承认。

(三) 现代会计阶段

20世纪50年代以后,科学技术突飞猛进,商品经济得到快速发展,企业的规模也不断扩大。传统会计逐渐分化为以对外提供财务信息为主的财务会计和以服务于企业内部管理者经营决策为主的管理会计两个相对独立的分支。管理会计的出现是现代会计形成的重要标志。另外,电子计算机在会计工作中的广泛应用不仅把会计人员从繁重的手工簿记工作中解放出来,而且极大提高了会计信息处理的准确性和及时性。

进入21世纪之后,互联网与会计活动逐渐融合,整个会计行业面临着前所未有的变革。随着数字经济的发展,通过财务数据的共享以及业务与财务的融合,在互联网和云计算、大数据背景下,可以及时有效地实现会计信息的收集处理与加工,还可以构建柔性更高、成本更低的虚拟会计信息系统,新经济和新技术将会计发展推向了崭新的高度。

综上所述,会计是随着人类社会生产的发展和经济管理的需要而产生、发展并不断完善起来的,"经济越发展,会计越重要"。

二、会计的概念及基本特征

(一) 会计的概念

会计在我国有着悠久的历史。我国的"会计"(繁体字"會計")一词起源于西周时代。《周礼·天官》称:"司会掌邦之六典、八法、八则……而听其会计。""会"字有会合和总计财货两种含义,为了避免混淆,人们从读音上把两种不同的含义区分开来,即读音为"huì"者指会合之"会";读音为"kuài"者,是指会计之"会"。"计"字由"十"和"言"两个母体字组合而成。"言,心声也","心声为语言由衷而发,无虚亦无伪,而无隐讳之言为直言"。"十"字本身含有将东西南北各方零星分散之物汇合起来进行计算之意。早期先民力求以部落为中心去确定东南西北四个基本方位，旨在便利于外出进行生产活动时回归，也出于生活上的需要，如出使四方的狩猎者归来，便向部落主事者交付所获猎物，主事者根据各个方面口头所报数目加以验收，并将来自各方猎物的数目加计得出一个总数。最终在"十"字或"十"与"言"合文之后的含义中渐自有了"零星算之为计"的原始意义。"会"与"计"连用便构成了一个在中国会计发展史上具有深远意义及影响的专业名词，在西周时代它用以表示中国人对最初会计基本概念的认识，以及这一概念的最初含义。清代数学家焦循在注释《孟子·万章下》关于"会计当而已矣"之说时，结合《周礼》一书关于"会计"之意以及其他诸家有关会计之说，对自西周以来关于会计的概念做出了更加明确的解说："会，大计也。然则零星算之为计，总合算之为会。"这一解释既顺乎其情，又合乎其理，符合自西周到清代中国人对会计概念的认识过程。日常的零星核算和年末的全年总合核算合起来，称为"会计"。"会"字置于前，其意为在零星核算与总合核算之间，总合核算相对而言是关键性工作，在会计工作中处于主导地位，而视零星核算为基础。

现代会计的概念可以表述为：会计是指以货币为主要计量单位，采用专门方法和程序，对企业和行政、事业单位的经济活动过程及其结果进行准确完整、连续系统的核算和监督，以如实反映受托责任履行情况和提供有用经济信息为主要目的的经济管理活动。

（二）会计的基本特征

1. 以货币为主要计量单位

会计对经济活动过程中使用的财产物资、发生的劳动耗费及劳动成果等的反映，可以采用货币计量、实物计量和劳动计量等多种手段。货币是商品和服务交换的一般等价物，具有价值尺度的功能。只有借助于统一的货币计量，会计才能取得经营管理上所必需的连续系统、全面综合的会计信息。其他计量单位，如质量、长度、容积、台、件等，只能从一个侧面反映企业的生产经营情况，难以对不同性质、不同种类、不同质量的交易或事项进行统一的会计核算，难以汇总和比较。值得注意的是，货币为主要计量单位，而不是唯一计量单位。

2. 对经济活动的核算和监督具有准确完整性、连续系统性

会计记录和计量的真实、准确、完整是经济社会对会计的基本要求。从宏观而言，生产、分配、交换和消费是一个连续系统的过程，从微观而言，经济活动或业务活动也是一个连续系统的过程，这决定了会计核算和监督的过程，也必然是一个连续系统的过程。

3. 采用一系列专门的方法和程序

会计方法是用来核算和监督会计对象、完成会计任务的手段。会计核算方法是会计的基本方法，一般包括设置会计科目和账户、复式记账、填制和审核会计凭证、登记会计账簿、成本计算、财产清查、编制财务报告等。它们相辅相成、密切联系，形成一套完整的会计核算方法体系。会计最基础性的工作就是运用这些方法并结合其他技术和方法，按规定的程序以实现会计工作的目的。

4. 会计本质就是一项经济管理活动

会计是一项经济管理活动,它属于管理的范畴。会计产生于人们管理社会生产和经济事务的过程,不仅为管理提供各种数据资料,还通过各种方式直接进行管理,如为了实现经营目标而参与经营方案的选择、参与预测和决策等。会计工作往往在单位内部管理的整个系统中进行,每一个管理环节都离不开会计人员的参与。在宏观经济中,会计也是国民经济管理的重要基础组成部分。从职能属性看,核算和监督本身是一种管理活动;从本质属性看,会计本身就是一种管理活动。

三、会计的职能

会计的职能是指会计在经济活动及其管理过程中所具有的功能。随着社会经济的发展,会计的内涵和外延在不断扩大,会计的职能也在变化。会计具有会计核算和会计监督两项基本职能,还具有预测经济前景、参与经济决策、评价经营业绩等拓展职能。

(一)会计的基本职能

1. 会计核算职能

会计核算职能,也称反映职能,贯穿于经济活动的全过程,是会计最基本的职能。它是指会计以货币为主要计量单位,对特定主体的经济活动进行确认、计量、记录和报告。

(1)确认。确认是指依据一定的标准,核实、辨认经济交易或事项的实质,并确定应予以记录的会计对象的要素项目,进一步确定已记录和加工的会计资料是否应列入财务报告和如何列入财务报告的过程。确认包括初始确认和再确认两个环节。初始确认是指对交易或事项的实质和会计对象要素项目的认定,以确定是否应该以及应在何时、应为何种会计要素项目的过程。再确认,是指在初始确认基础上,进一步确定已记录和加工的会计资料是否应填列,以及如何填列会计报表的过程。会计确认解决的是定性问题。

(2)计量。计量是指主要以货币为计量单位,对各项经济业务或事项及其结果进行计量的过程,包括计量属性的选择和计量单位的确定。会计计量解决的是定量问题。

(3)记录。记录是指对经过会计初始确认、会计计量的经济交易或事项,采用一定的方法填制会计凭证、登记会计账簿的过程。

(4)报告。报告是以会计账簿记录的资料为依据,采用表格和文字等形式,把会计凭证和会计账簿记录的会计资料进一步进行系统性加工汇总整理,形成财务状况、经营成果和现金流量等的结构性表述的过程。

会计核算职能具有以下3个特点:

(1)会计核算以货币作为主要计量单位,综合反映各单位的经济活动情况,为经济管理提供可靠的会计信息。虽然会计可以采用3种量度(货币量度、实物量度、劳动量度)从数量上反映经济活动,但是只有利用货币计量并通过价值量的核算才能综合反映经济活动的过程和结果。所以,会计核算从数量上反映各单位的经济活动状况,是以货币量度为主,以其他量度作为辅助量度。

(2) 会计核算具有完整性、连续性和系统性。完整性是指对属于会计对象的全部经济活动内容都应予以记录,不能有任何遗漏;连续性是指对各种经济业务应按照其发生的时间顺序依次进行登记,不能有任何中断;系统性是指对会计提供的数据资料应当按照科学的方法进行分类,系统地加工、整理、汇总,以便为经济管理提供其所需的各类会计信息。

(3) 会计核算要对各单位经济活动的全过程进行反映,即不仅要记录已经发生的经济业务,还要面向未来,为各单位的经营决策和管理提供依据。会计核算对已经发生的经济活动进行事后的记录、核算和分析,通过加工处理后形成大量的信息资料,反映经济活动的历史和现实状况,这是会计核算的基础工作。但是,随着经济的发展,市场竞争日趋激烈,经营管理需要加强预见性,为此,会计要在事后、事中核算的同时进一步发展到事前分析和预测经济前景,为经营管理决策提供更多的经济信息,这样才能更好地发挥会计的管理功能。

2. 会计监督职能

会计监督职能,也称控制职能。会计监督可分为单位内部监督、国家监督和社会监督3个部分,三者共同构成了"三位一体"的会计监督体系。

单位内部的会计监督职能是指会计机构、会计人员对其特定主体经济活动和相关会计核算的真实性、完整性、合法性、合理性进行审查,使之达到预期经济活动和会计核算目标的功能。国家监督是指财政、审计、税务、人民银行、证券监管、保险监管等部门依照有关法律、行政法规的规定,对各有关单位会计资料的真实性、完整性、合法性等实施的监督检查。社会监督是指以注册会计师为主体的社会中介机构等实施的监督活动。

真实性审查,是指检查各项会计核算是否根据实际发生的经济业务进行,是否如实反映经济交易或事项的状况。完整性审查,是指检查会计核算的范围和内容是否全面,是否有遗漏等不完整的情况。合法性审查,是指检查各项经济交易或事项及其会计核算是否符合国家有关法律法规,是否遵守财经纪律、执行国家各项方针政策,以杜绝违法乱纪行为。合理性审查,是指检查各项财务收支是否符合客观经济规律及经营管理方面的要求,保证各项财务收支符合特定的财务收支计划,实现预算目标,保持会计核算的准确性和科学性。

会计的监督职能具有以下3个特点:

(1) 会计监督主要是通过价值指标来进行的。会计核算主要是通过货币计量,提供一系列综合反映企业经济活动的价值指标,会计监督主要是利用这些价值指标进行监督。会计监督通过价值指标可以全面、及时、有效地控制各个单位的经济活动。

(2) 会计监督要对单位经济活动的全过程进行监督,包括事前监督、事中监督和事后监督。事前监督是在经济活动开始前进行的监督,主要监督未来经济活动是否符合有关法律、政策的规定,经济上是否可行,以及为未来经济活动制定定额、编制预算等;事中监督是对正在发生的经济活动过程及取得的核算资料进行审查,并以此纠正经济活动进程中的偏差及失误,使其按预定的目的及规定的要求进行,发挥控制经济活动进程的作用;事后监督是指对已经发生的经济活动以及相应的核算资料进行的分析、审查。

(3)会计监督必须以财经法规和财经纪律为依据。会计实施监督的依据主要有:财经法律、法规、规章;会计法律、法规和国家统一会计制度;各省、自治区、直辖市财政厅(局)及县级财政部门和国务院业务主管部门根据《中华人民共和国会计法》和国家统一会计制度制定的具体实施办法或者补充规定;各单位根据《中华人民共和国会计法》和国家统一会计制度制定的单位内部会计管理制度;各单位内部的预算、财务计划、经济计划、业务计划等。

3. 会计核算与监督职能的关系

会计的核算职能和监督职能是相辅相成、辩证统一的。核算是监督的基础,没有核算提供的各种系统性会计资料,监督就失去了依据;监督则是核算质量的保障,只有核算没有监督,就难以保证核算提供信息的质量。

(二)会计的拓展职能

随着经济的日益发展和人们对会计管理认识的深化,会计职能的内涵和外延也在不断扩展,传统的职能得到不断充实,新的职能不断派生。预测经济前景、参与经济决策、评价经营业绩等功能已显得日趋重要,而且它们正在逐渐地成为独立的职能。

1. 预测经济前景

预测经济前景,是指根据财务报告等提供的信息资料,定量、定性地判断和推测经济活动的发展变化规律,以指导和调节经济活动,提高经济效益。

2. 参与经济决策

参与经济决策,是指根据财务报告等提供的信息资料,定量、定性地对备选方案进行经济可行性分析,为企业经营管理等提供与决策相关的信息。

3. 评价经营业绩

评价经营业绩,是指根据财务报告等提供的信息资料,采用适当的方法,对企业一定经营期间的资产运营、经济效益等经营成果,对照相应的评价标准,进行定量及定性对比分析并做出真实、客观、公正的综合评判。

四、会计的目标

会计的目标是会计工作要求完成的任务或达到的标准。

会计的基本目标是向财务报告使用者提供企业财务状况、经营成果和现金流量等有关的会计资料和信息,反映企业管理层受托责任履行情况,有助于财务报告使用者做出经济决策,达到不断提高企业单位乃至经济社会整体经济效益和效率的目的。

财务报告使用者既包括单位内部使用者也包括单位外部使用者,主要有投资者、债权人、政府及其有关部门和社会公众等。满足投资者的信息需要是企业财务报告编制的首要出发点。企业编制财务报告、提供会计信息必须与投资者的决策密切相关。

从更高层面看,会计的目标还包括规范会计行为,保证会计资料真实、完整,加强经济管理和财务管理,提高经济效益,维护社会主义市场经济秩序,为市场在资源配置中起决定性作用和更好发挥政府作用提供基础性保障,实现经济高质量发展。

五、会计对象和会计核算的具体内容

(一) 会计对象

会计对象也称为会计的内容,是指会计所核算和监督的内容。凡是特定主体能够以货币表现的经济活动,都是会计对象。以货币表现的经济活动通常又称为资金运动。因此,会计对象就是资金运动。

资金是价值存在的一种形态。单位的资金是指一个单位所拥有的各项财产物资的货币表现。资金运动是资金的形态变化和位置移动,资金只有在不断的运动中才能实现增值的目的,因此,资金运动是客观的。资金运动的客观性体现在任何单位的资金都要经过资金投入、资金循环周转和资金退出这样一个运动过程,这个过程不会因为单位所处地点的不同而不同。资金运动过程对任何一个单位来说都是一样的,但具体运动形式并不完全相同。下面以工业企业为例,简要说明资金运动过程。

根据相关法律要求,任何企业成立,都需要筹集资金。企业的所有者向企业投入的资本金,是企业进行生产经营活动的启动资金,因此其资金运动的起点是资金投入。另外,在生产经营过程中,企业还可以向债权人负债来形成资金投入。因此,企业筹集的资金包括投资者投入的资金和向债权人借入的资金,前者形成所有者权益,后者属于债权人权益(负债)。

企业利用所有者和债权人投入企业的资金开展生产经营活动。企业(本书所指企业均为工业企业,下同)的资金,在生产经营活动过程中不断地改变形态,经过供应、生产、销售3个过程。企业进行采购,将投入的资金用于建造或购置厂房、购买机器设备、购买原材料,为生产产品做必要的物资准备,这就是供应过程,这时资金从货币资金形态转化为储备资金形态。工人利用机器设备对原材料进行加工,生产出产品,企业支付职工工资和生产经营中必要的开支,这就是生产过程,这时资金从储备资金形态转化为生产资金形态。产品制造完工后,资金则从生产资金形态转化为成品资金形态。企业将生产的产品销售出去,取得销售收入,这就是销售过程,这时资金从成品资金形态转化为货币资金形态。

在上述过程中,劳动对象的实物形态在供应、生产、销售等环节中依次发生转变,即原材料→在产品→库存商品;资金形态也相应地发生变化,即货币资金→储备资金→生产资金→成品资金→货币资金,资金运动从货币资金开始又回到货币资金形态,我们称之为完成了一次资金循环,资金的不断循环就是资金周转。

当企业的资金从货币资金经过一系列运动又回到货币资金时,会将一部分资金用于购买原材料,支付生产费用,继续进行周转;另外一部分资金用于偿还各项债务,依法缴纳各项税费以及向所有者分配利润等,这就形成了资金退出企业的过程,资金退出是资金运动的终点。

由此可见,工业企业的资金运动主要包括资金投入、资金循环周转和资金退出3个方面的内容。

会计对象的最高概括是资金运动,对资金运动的进一步划分是会计要素,对会计要素的进一步划分就是会计科目,这将在后面章节加以介绍。

(二)会计核算的具体内容

会计核算的内容是指应当进行会计核算的经济业务事项。各单位在生产经营和业务活动中,会发生各种各样的经济业务。不同行业、不同种类、不同规模的单位虽然在经济业务的内容上有较大差别,但归纳起来,会计核算的具体内容不外乎以下7个方面。

1. 款项和有价证券的收付

款项和有价证券是各单位流动性最强的资产,因此,加强对款项和有价证券的管理与控制显得十分重要。款项是作为支付手段的货币资金,主要包括现金、银行存款和其他货币资金及各种备用金等。有价证券是指表示一定财产拥有权或支配权的证券,如国库券、股票、企业债券等。各单位必须按照国家统一的会计制度的规定,及时反映款项和有价证券的增减变化及其结存情况,加强监督管理,保证其流通性和安全性,提高其使用效率。

2. 财物的收发、增减和使用

财物是财产、物资的简称。财物是指单位的具有实物形态的经济资源(实物资产)。一般包括原材料、燃料、包装物、低值易耗品、在产品、库存商品等流动资产和房屋建筑物、机器设备、运输工具、设施等固定资产。这些财物的收发、增减和使用是单位经常性业务,也是会计核算的主要内容。因此,各单位必须加强对财物收发、增减和使用的管理与核算,维护单位正常的生产经营秩序和会计秩序,合理降低其成本费用水平,确保财物的安全性,提高其使用效率。

3. 债权、债务的发生和结算

债权是指企业收取款项的权利,一般包括各种应收和预付款项等。债务是指由于过去的交易或者事项形成的企业需要以资产或劳务等偿付的现时义务,一般包括各项借款、应付和预收款项,以及应交款项等。单位在生产经营活动中,不可避免地要和其他单位或个人发生经济往来,由于各种原因会导致款项没有及时结算,就形成了单位的各种债权和债务,其发生的种类、时间和规模,会直接对单位的财务状况、经营成果和其他单位或个人的经济利益等产生重大的影响,因此,债权、债务的发生和结算是单位一项重要的会计核算内容,各单位必须及时、真实、完整地核算和监督单位的债权、债务。

4. 资本的增减

资本,是指投资者为开展生产经营活动而投入的资金。从会计意义上看,资本专指所有者权益中的投入资本。资本的利益关系人比较明确,用途也基本定向。单位资本的增减,直接涉及企业所有者(或投资者)在企业所享有的权益比例的变化,也会影响单位按规定用途使用资金的责任和义务等。办理资本增减的政策性较强,一般以具有法律效力的合同、协议、董事会决议或政府部门有关文件等为依据,因此,各单位必须按照国家统一的会计制度的规定和具有法律效力的文书进行核算。

5. 收入、支出、费用、成本的计算

收入是指企业在日常活动中所形成的、会导致所有者权益增加的、与所有者投入资本无关的经济利益的总流入，这种总流入表现为资产的增加或债务的清偿。支出是指企业实际发生的各项开支以及在正常生产经营活动以外的支出和损失。费用是指企业在日常活动中所发生的、会导致所有者权益减少的、与向所有者分配利润无关的经济利益的总流出，它通常包括生产成本和期间费用，是为了取得收入而发生的资源耗费。成本是指企业为生产产品、提供劳务而发生的各种耗费，是按一定的产品或劳务对象所归集的费用，是对象化了的费用。收入、支出、费用、成本是计算和判断单位经营成果及盈亏状况的主要依据，因此，各单位应当重视对收入、支出、费用和成本各环节的管理，按照国家统一的会计制度的规定，正确核算收入、支出、费用、成本。

6. 财务成果的计算和处理

财务成果主要是指企业在一定时期内通过从事生产经营活动而在财务上所取得的结果，具体表现为盈利或亏损。财务成果的计算和处理一般包括利润的计算、所得税的计算、利润分配或亏损弥补等。财务成果的计算和处理涉及所有者、国家等多方利益，因此，各单位应按照国家统一的会计制度和有关财经法规的规定，正确计算和处理财务成果。

7. 需要办理会计手续、进行会计核算的其他事项

其他事项是指除上述 6 项经济业务事项以外的、按照国家统一的会计制度规定应办理会计手续和进行会计核算的其他经济业务事项。随着我国经济的不断发展，新的会计业务不断出现，各单位应及时办理有关会计手续，进行会计核算。《中华人民共和国会计法》将各单位可能出现的其他特殊交易或会计事项，尤其是可能出现的新的会计事项作为其他事项纳入各单位的核算范围，主要是考虑经济发展对会计核算工作的要求，保证所有的经济业务事项都能够依法及时得到核算和监督。

第二节　会计基本假设

会计基本假设是会计确认、计量、记录和报告的前提，是对会计核算时间、空间范围及所采用的主要计量单位等所做的合理假定。会计假设对于履行会计职能、实现会计目标要求等具有重要的作用和意义。会计基本假设包括会计主体、持续经营、会计分期和货币计量。

 一、会计主体

会计主体是指会计工作服务的特定对象，是企业会计确认、计量、记录和报告的空间

范围。《企业会计准则——基本准则》第五条指出:"企业应当对其本身发生的交易或者事项进行会计确认、计量和报告。"这是对会计主体假设的描述。为了向财务报告使用者反映企业财务状况、经营成果和现金流量,提供与其决策有用的信息,会计核算和财务报告的编制应当集中反映特定对象的活动,并将其与其他经济实体区别开来,这样才能实现财务报告目标。在会计主体假设下,企业应当对其本身发生的交易或者事项进行会计确认、计量、记录和报告,反映企业本身所从事的各项生产经营活动。如果某项经济交易或事项属于企业所有者个体行为,则不应纳入企业会计主体的核算范围;而企业所有者向企业投入资本或企业向投资者分配利润,则应纳入企业会计主体的核算范围。明确界定会计主体是开展会计确认、计量、记录和报告工作的重要前提。只有明确会计主体,才能界定不同会计主体会计核算的范围,把握会计处理的立场。在会计工作中,只有那些影响企业本身经济利益的交易或事项才能加以确认、计量、记录和报告,那些不影响企业本身经济利益的交易或事项不能加以确认、计量、记录和报告。

会计主体不同于法律主体(法人),一般来说,法律主体必然是一个会计主体。例如,一个企业作为一个法律主体,应当建立财务会计系统,独立地反映其财务状况、经营成果和现金流量等情况。但是,会计主体不一定是法律主体。即会计主体可以是独立法人,也可以是非法人;可以是一个企业,也可以是企业内部的某一个单位或企业中的一个特定部分;可以是一个单一的企业,也可以是由几个独立企业组成的企业集团。就企业集团来说,它由若干具有法人资格的企业组成,各个企业既是独立的会计主体也是法律主体,但为了反映整个集团的财务状况、经营成果和现金流量等情况,还应该编制该集团的合并会计报表。企业集团是会计主体,但通常不是一个独立的法人。

以会计主体作为会计的基本假设,对会计核算范围从空间上进行了有效的界定,有利于正确地反映一个经济实体所拥有的财产及承担的债务,计算其经营收益或可能遭受的损失,提供准确的财务信息。

二、持续经营

持续经营是指在可预见的未来,会计主体将会按当前的规模和状态持续经营下去,不会停业,也不会大规模削减业务。即在可预见的未来,该会计主体不会破产清算,所持有的资产将按照既定用途使用,债务将按照既定的债务合约条件进行偿还,企业会计在此基础上进行会计估计并选择相应的会计原则和会计方法。

《企业会计准则——基本准则》第六条指出:"企业会计确认、计量和报告应当以持续经营为前提。"这是对持续经营假设的描述。会计核算应当以企业持续、正常的生产经营为前提。如果说会计主体是一种空间上的界定,则持续经营是一种时间上的界定。会计核算上所使用的一系列会计方法和原则都是建立在持续经营前提基础上的。如果一个企业在不能持续经营时还假定企业能够持续经营,并仍按持续经营基本假设选择会计确认、计量、记录和报告的原则与方法,就不能客观地反映企业的财务状况、经营成果和现金流量等情况,会误导会计信息使用者的决策。

事实上,持续经营只是一个假定,任何企业都存在经营失败的风险,都可能会因为无力偿债而被迫宣告破产,如果判断企业不会持续经营下去,就应当改变会计确认、计量、记录和报告的原则与方法。例如,一旦企业进入破产清算,就应当改按破产清算进行会计处理。

三、会计分期

会计分期是指将一个会计主体持续经营的生产经营活动划分为一个个连续的、长短相同的期间,以便分期结算盈亏,按期编制财务报告,从而及时向财务报告使用者提供有关企业财务状况、经营成果和现金流量的信息。

《企业会计准则——基本准则》第七条指出:"企业应当划分会计期间,分期结算账目和编制财务会计报告。会计期间分为年度和中期。中期是指短于一个完整的会计年度的报告期间。"这是对会计分期假设的描述。根据企业会计基本准则中的相关规定,会计期间分为年度、半年度、季度和月度,都按公历起讫日期确定,以一年作为一个会计期间(年度)称为会计年度。我国的会计年度从每年的 1 月 1 日至 12 月 31 日;短于一年的会计期间(半年度、季度和月度)统称为会计中期。

会计期间的划分对会计核算有着重要的影响。由于有了会计期间,才产生了本期和非本期的区别,从而出现权责发生制和收付实现制两种不同的会计核算基础,进而出现了应收、应付、预收、预付等会计处理方法。

四、货币计量

货币计量是指会计主体在会计确认、计量、记录和报告时主要以货币作为计量单位,来反映会计主体的生产经营活动过程及其结果。《企业会计准则——基本准则》第八条指出:"企业会计应当以货币计量。"这是对货币计量假设的描述。业务收支以人民币以外的货币为主的单位,可以选定其中一种货币作为记账本位币,但编制的财务会计报告应当折算为人民币反映。在境外设立的中国企业向国内报送的财务会计报告,应当折算为人民币。

货币计量假设是一种币值不变的会计假设,是指在正常的会计处理过程中,不考虑币值变动影响,即假设货币价值稳定不变。这样,不同时期取得的不同性质、不同价值的资产或负债就可以分类相加;不同时期发生的收入和费用就可以相抵以确定盈亏。币值不变假设是历史成本原则的理论基础。

在有些情况下,统一采用货币计量也有缺陷,某些影响企业财务状况和经营成果的因素,如企业经营战略、研发能力、市场竞争力等,往往难以用货币来计量,但这些信息对于使用者决策来讲也很重要,企业可以在财务报告中补充披露有关非财务信息来弥补上述缺陷。

上述会计核算的 4 项基本假设,具有相互依存、相互补充的关系。会计主体确立了会计核算的空间范围,持续经营与会计分期确立了会计核算的时间长度,而货币计量为会计核算提供了必要的手段。没有会计主体就不会有持续经营,没有持续经营就不会有会计分期;没有货币计量就不会有会计信息的综合反映,就不会有现代会计。

第三节 会计核算的基础

一、会计核算基础的概念

会计核算的基础是指会计确认、计量、记录和报告的基础,是确认一定会计期间的收入和费用的标准。由于现代会计采用复式记账,在确认收入或费用的同时,需要确认资产或负债,因此,会计核算基础的选择会影响到收入、费用、资产、负债的确定。正确选择会计核算基础的目的是更加真实、公允地反映企业(单位)某一特定日期的财务状况和某一特定期间的经营成果。

企业的资源流动会引起相应的货币资金流动,但由于存在会计分期,货币资金实际的收付期间和资源流动的发生期间往往有不一致(不在同一会计期间)的情况。例如,企业在一定会计期间内,为进行生产经营活动而发生的费用,可能在本期已经付出货币资金,也可能未付;所形成的收入,可能在本期已经收到货币资金,也可能尚未收到;同时,本期发生的费用可能与本期取得的收入有关,也可能无关。因此,在处理这些收支发生期间和应归属期间不一致的经济业务时,就必须正确选择合适的会计核算基础。

二、会计核算基础的种类

会计核算的基础按其以应收应付还是实收实付作为确认、计量、记录和报告企业(单位)的收入和费用标准,可以分为权责发生制和收付实现制两种。

(一)权责发生制

《企业会计准则——基本准则》第九条指出:"企业应当以权责发生制为基础进行会计确认、计量和报告。"权责发生制也称为应计制或应收应付制,是以取得收款的权利或付款的义务为标准来确定本期收入和费用的会计核算基础。

按照权责发生制的要求,凡是当期已经实现的收入和已经发生或应当负担的费用,无论款项是否收付,都应当作为当期的收入和费用,计入利润表;凡是不属于当期的收入和费用,即使款项已在当期收付,也不应当作为当期的收入和费用。反之,凡不应归属当期的收入,即使款项在当期收到,也不应作为当期的收入;凡不应归属当期的费用,即使款项已经付出,也不能作为当期的费用。

权责发生制基础主要是从时间上规定会计确认的基础,其核心是根据权责关系的实际发生期间来确认企业的收入和费用。根据权责发生制进行收入与费用的核算,能够更准确地反映特定会计期间真实的财务状况及经营成果。但在权责发生制基础上,实务处理比较烦琐,因为企业在日常会计工作中不可能对每项业务都按权责发生制来记录,因而在期末还需要按权责发生制的要求进行账项调整。

(二) 收付实现制

收付实现制是与权责发生制相对应的一种会计基础。收付实现制也称为现金收付制或现金制,是指以现金的实际收付为标志来确定本期收入和费用的会计核算基础。

收付实现制是以实际收到或付出款项的日期确认收入或费用的归属期的制度。按照收付实现制的要求,凡属本期收到的收入和支出的费用,不管其是否归属本期,都作为本期的收入和费用;反之,凡本期未收到的收入和未支付的费用,即使应归属本期,也不能作为本期的收入和费用。

收付实现制的核心是以现金实际收到或付出为标准来确认收入的实现或费用的发生。根据收付实现制进行收入与费用的核算,会计记录比较直观,账务处理比较简便,期末不需要对账簿记录进行账项调整;但是收付实现制不符合配比原则的要求,因此,不能正确计算各期损益。

我国的政府会计(行政、事业单位会计)由预算会计和财务会计构成,其中,预算会计采用收付实现制,国务院另有规定的,依照其规定;财务会计采用权责发生制。

第四节 会计信息质量要求

会计信息质量是指会计信息符合会计法律、会计准则等规定要求的程度,是满足企业利益相关者需要的能力和程度。

会计信息质量要求,是对财务报告所提供的会计信息的质量要求,即对投资者等信息使用者的决策有用的会计信息所应具备的基本特征,主要包括可靠性、相关性、可理解性、可比性、实质重于形式、重要性、谨慎性、及时性等。其中,可靠性、相关性、可理解性和可比性是会计信息的首要质量要求,是企业财务报告中所提供会计信息应具备的基本质量特征;实质重于形式、重要性、谨慎性和及时性是会计信息的次级质量要求,是对可靠性、相关性、可理解性和可比性等首要质量要求的补充与完善,尤其是在对某些特殊交易或事项进行处理时,需要根据这些质量要求来把握其会计处理原则。另外,及时性还是会计信息相关性和可靠性的制约因素,企业需要在相关性和可靠性之间寻求一种平衡,以确定信息及时披露的时间。

 一、可靠性

可靠性要求企业应当以实际发生的交易或事项为依据进行确认、计量、记录和报告,如实反映符合确认和计量要求的各项会计要素及其他相关信息,保证会计信息真实可靠、内容完整。

可靠性是高质量会计信息的重要基础和关键所在。具体要求包括以下3点。第一,内容真实。企业必须以实际发生的交易或事项为依据,不得根据虚构的或者尚未发生的交易或事项进行确认、计量、记录和报告。第二,信息完整。在符合重要性和成本效益原则下,应保证会计信息的完整性,不能随意遗漏或者减少应予披露的信息,与使用者决策相关的有用信息都应当充分披露。第三,中立无偏。会计职业判断和会计政策选择应保持中立、无偏的立场,不得为了达到某种事先设定的结果或效果,通过选择或列示有关会计信息以影响会计信息使用者的决策和判断。

二、相关性

相关性要求企业提供的会计信息应当与财务报告使用者的经济决策需要相关,有助于财务报告使用者对企业过去、现在或者未来的情况做出评价或者预测。

会计信息是否有用是会计信息质量的重要标志和基本特征之一。会计信息的相关性是信息价值的本质体现,信息价值的大小在于其对信息使用者的有用程度。一方面,相关的会计信息应当能够有助于使用者评价企业过去的决策,证实或者修正过去的有关预测,因而具有反馈价值;另一方面,相关的会计信息还应当具有预测价值,有助于财务报告使用者根据会计信息预测企业未来的财务状况、经营成果和现金流量。

会计信息质量的相关性要求企业在确认、计量、记录和报告的过程中,应当充分考虑会计信息使用者的决策模式和信息需要。相关性是以可靠性为基础的,两者之间并不矛盾,不应将两者对立起来。也就是说,在可靠性前提下,尽可能保证会计信息的相关性,以满足投资者等财务报告使用者的决策需要。

三、可理解性

可理解性要求企业提供的会计信息应当清晰明了,便于投资者等财务报告使用者理解和使用。

企业编制财务报告、提供会计信息的目的在于使用。而要让使用者有效使用会计信息,就应当能让其了解会计信息的内涵,弄懂会计信息的内容,这就要求财务报告提供的会计信息清晰明了、易于理解,以提高会计信息的决策有用性。会计信息应当使用明确、贴切的语言和简明扼要、通俗易懂的文字,数据记录和文字说明应能一目了然地反映交易或事项的来龙去脉,对于性质和功能不同的项目应当分别列示,而相同的项目应当合并列示,并均应根据需要加以辅助说明。对于交易或事项本身较为复杂或者会计处理较为复杂的信息,与使用者的经济决策相关的,企业应当在财务报告中予以充分披露。

会计信息毕竟是一种专业性较强的信息产品,在强调其可理解性要求的同时,使用者也应设法提高理解会计信息的能力。

四、可比性

可比性要求企业提供的会计信息应当相互可比。主要包括两层含义。

(一) 同一企业不同时期可比

为了考核企业管理层受托责任的履行情况,有助于投资者等财务报告使用者了解企业财务状况、经营成果和现金流量的变化趋势,比较企业在不同时期的会计信息,全面、客观地评价过去,预测未来,做出决策,可比性要求同一企业不同时期发生的相同或相似的交易或者事项,应当采用一致的会计政策,不得随意变更。但是,如果按照规定或者在会计政策变更后可以提供更可靠、更相关的会计信息,企业可以变更会计政策。有关会计政策变更的情况,应当在财务报告附注中予以说明。

(二) 不同企业相同会计期间可比

为了有助于投资者等财务报告使用者评价不同企业的财务状况、经营成果和现金流量及其差异,比较和分析不同企业相同时期的会计信息产生差异的原因,全面、客观地评价不同企业的优劣,做出相应决策,可比性要求不同企业同一会计期间发生的相同或相似的交易或者事项,应当采用同一会计政策,确保会计信息口径一致、相互可比,以使不同企业按照一致的确认、计量、记录和报告要求提供有关会计信息。

 ## 五、实质重于形式

实质重于形式要求企业按照交易或事项的经济实质进行会计确认、计量、记录和报告,不能仅仅以交易或事项的法律形式为依据。

企业发生的交易或事项在多数情况下其经济实质和法律形式是一致的,但在有些情况下也会出现不一致。例如,企业租入的资产(短期租赁和低值资产租赁除外),虽然从法律形式来讲企业并不拥有其所有权,但是由于租赁合同规定的租赁期相当长,往往接近该资产的使用寿命,租赁期结束时承租企业有优先购买该资产的选择权,在租赁期内承租企业拥有资产使用权并从中受益,等等。从其经济实质来看,企业能够控制租入资产所创造的未来经济利益,在会计确认、计量、记录和报告时就应当将租入的资产视为企业的资产,在企业的资产负债表中以使用权资产进行填列。

 ## 六、重要性

重要性要求企业提供的会计信息应当反映与企业财务状况、经营成果和现金流量有关的所有重要交易或事项。

在实务中,如果某项会计信息的省略或错报会影响投资者等财务报告使用者据此做出决策,该信息就具有重要性。重要性的应用需要依赖职业判断,企业应当根据其所处环境和实际情况,从项目的功能、性质和金额大小等多方面加以判断。例如,企业发生的研发支出中属于研究阶段的支出,尽管多数情况下其金额较大,但从其功能看尚未形成预期会给企业带来经济利益的资源,因而在发生期作为期间费用计入当期损益核算并列报。

七、谨慎性

谨慎性要求企业对交易或者事项进行会计确认、计量、记录和报告时保持应有的谨慎,不应高估资产或收益、低估负债或费用。

企业的生产经营活动面临着许多风险和不确定性,如应收款项的可收回性、固定资产的预期使用寿命、无形资产的预期使用寿命。谨慎性要求企业在面临不确定性因素的情况下做出职业判断时,应当保持应有的谨慎,充分估计到各种风险和损失,既不高估资产或收益,也不低估负债或费用。例如,对固定资产计提折旧采用加速折旧法,对资产减值损失计提资产减值准备,对售出商品很可能发生的保修义务确认预计负债,等等,都是会计信息质量的谨慎性的具体体现。

谨慎性的应用也不允许企业设置秘密准备,如果企业故意低估资产或收益,或者故意高估负债或费用,将不符合会计信息的可靠性和相关性要求,扭曲企业实际的财务状况和经营成果,从而对使用者的决策产生误导。

八、及时性

及时性要求企业对于已经发生的交易或事项及时进行确认、计量、记录和报告,不得提前或延后。

会计信息的价值在于帮助所有者或其他方面做出经济决策,具有时效性。即使是可靠的、相关的会计信息,如果不及时提供,就失去了时效性,对于使用者的效用就会大大降低,甚至不再具有实际意义。在会计确认、计量、记录和报告过程中贯彻及时性,一是要求及时收集会计信息,即在交易或事项发生后,及时收集、整理各种原始单据或凭证;二是要求及时处理会计信息,即按照会计准则的规定,及时对交易或事项进行确认或者计量,并编制财务报告;三是要求及时传递会计信息,即按照国家规定的有关时限,及时地将编制的财务报告传递给财务报告使用者,便于其及时使用和决策。

例如,某企业将自行研制的软硬件为一体的商品进行销售,销售合约约定商品销售后,还将提供免费维护和免费升级服务,如果企业不考虑商品销售后提供免费维护和升级服务,将全部销售一次性确认为当期销售收入,就属于提前确认、计量、记录和报告销售收入;反之,如果企业在提供后续服务合约到期日再确认全部销售收入,则属于延后确认、记录、计量和报告销售收入。正确的会计处理应当按合理的比例,在销售当期和后期维护及升级合约持续期间分配确认各期销售收入。

第五节　会计职业道德

一、会计职业的概念

会计职业是指利用会计专门的知识和技能,为经济社会提供会计服务,获取合理报酬的职业。在会计实务中,会计职业主要是指根据会计法律、法规等相关规定要求,在国家机关、社会团体、企事业单位和其他组织中从事会计核算、实行会计监督的会计工作。

二、会计职业道德的含义

会计职业道德是指会计人员在会计工作中应当遵循的、体现会计职业特征的、调整会计职业关系的职业行为准则和规范。会计职业道德由特定的社会生产关系和经济社会发展水平所决定,属于社会意识形态范畴。准确核算、如实反映、讲求诚信是决定会计工作成败和质量好坏的根本标准。会计人员应当以诚信为本,保持客观公正。会计职业道德的核心是诚信。区块链、云计算、大数据、人工智能等现代信息技术在会计工作中广泛运用,对会计诚信提出了更高的要求。

三、会计人员职业道德规范

为推进会计诚信体系建设、提高会计人员职业道德水平,财政部于 2023 年 1 月 12 日制定印发了《会计人员职业道德规范》。这是我国首次制定全国性的会计人员职业道德规范。该规范提出"三坚三守",强调会计人员"坚"和"守"的职业特性和价值追求,将新时代会计人员职业道德要求总结提炼为以下 3 条核心表述。

(一) 坚持诚信,守法奉公

牢固树立诚信理念,以诚立身、以信立业,严于律己、心存敬畏。学法知法守法,公私分明、克己奉公,树立良好职业形象,维护会计行业声誉。这是对会计人员的自律要求。

(二) 坚持准则,守责敬业

严格执行准则制度,保证会计信息真实完整。勤勉尽责、爱岗敬业,忠于职守、敢于斗争,自觉抵制会计造假行为,维护国家财经纪律和经济秩序。这是对会计人员的履职要求。

（三）坚持学习，守正创新

始终秉持专业精神，勤于学习、锐意进取，持续提升会计专业能力。不断适应新形势新要求，与时俱进、开拓创新，努力推动会计事业高质量发展。这是对会计人员的发展要求。

本章习题

一、单项选择题

1. "四柱清册"的结账与报账方法发明于我国的（　　）。
   A. 西周时期　　B. 秦汉时期　　C. 唐宋时期　　D. 明清时期
2. 会计的本质是（　　）。
   A. 核算　　B. 控制　　C. 管理活动　　D. 资金运动
3. 会计的基本职能包括（　　）。
   A. 会计计划与会计控制　　B. 会计预测与会计决策
   C. 会计控制与会计分析　　D. 会计核算与会计监督
4. 会计核算和监督的内容是特定主体的（　　）。
   A. 经济活动　　B. 实物运动　　C. 资金运动　　D. 经济资源
5. 会计人员在进行会计核算的同时，对特定主体经济活动的真实性、完整性、合法性、合理性进行审查称为（　　）。
   A. 会计决策　　B. 会计核算　　C. 会计监督　　D. 会计分析
6. 形成权责发生制和收付实现制两种不同会计核算基础的会计基本假设是（　　）。
   A. 会计分期　　B. 会计主体　　C. 持续经营　　D. 货币计量
7. 下列各项，不属于资金运动的是（　　）。
   A. 资金投入　　B. 资金循环周转　　C. 资金退出　　D. 资金管理
8. （　　）界定了从事会计工作和提供会计信息的空间范围。
   A. 会计职能　　B. 会计主体　　C. 会计内容　　D. 会计对象
9. （　　）作为会计的基本假设，就是将一个会计主体持续经营的生产经营活动划分为若干个相等的会计期间。
   A. 会计分期　　B. 会计主体　　C. 会计年度　　D. 持续经营
10. 会计以（　　）作为主要计量单位。
    A. 实物　　B. 货币　　C. 劳动量　　D. 价格
11. 下列各项，不属于企业财物的是（　　）。
    A. 专利技术　　B. 在产品　　C. 设备　　D. 原材料

12. 在可预见的未来,会计主体不会破产清算,所持有的资产将正常营运,所负有的债务将正常偿还,这属于(　　)。
    A. 会计主体假设　　　　　　　　B. 持续经营假设
    C. 会计分期假设　　　　　　　　D. 货币计量假设

13. 企业在一定时期内通过从事生产经营活动而在财务上取得的结果称为(　　)。
    A. 经营业绩　　B. 财务成果　　C. 财务状况　　D. 盈利能力

14. 下列各项,应作为债权处理的是(　　)。
    A. 应交税费　　B. 预收账款　　C. 应付账款　　D. 其他应收款

15. 下列各项,不属于会计核算具体内容的是(　　)。
    A. 库存现金的收付　　　　　　B. 财物的使用
    C. 制订下年度管理费用开支计划　D. 资本的增减

16. 下列各项,不属于会计中期的是(　　)。
    A. 年度　　　　B. 半年度　　　C. 季度　　　　D. 月度

17. 在货币计量前提下,我国企业的会计核算可以选用一种外币作为记账本位币,但编制的财务会计报告应折算为(　　)反映。
    A. 记账本位币　B. 人民币　　　C. 美元　　　　D. 功能货币

18. 采用收付实现制基础时,不能确认为当期费用的项目是(　　)。
    A. 支付下年杂志费　　　　　　B. 预提本月短期借款利息
    C. 支付全年的财产保险费　　　D. 支付当月销售部门用房屋租金

19. 采用权责发生制基础时,下列业务不能确认为当期收入的有(　　)。
    A. 收到上月的销货款　　　　　B. 销售商品,货款尚未收到
    C. 销售商品,同时收到货款　　D. 销售商品,同时收到商业汇票

20. 采用权责发生制基础时,下列业务能确认为当期费用的有(　　)。
    A. 支付下年度的杂志费　　　　B. 预付下季度仓库租金
    C. 预提本期短期借款利息　　　D. 支付上月水费

21. 我国企业通常采用(　　)作为其会计核算基础。
    A. 集中核算制　B. 收付实现制　C. 分散核算制　D. 权责发生制

22. 除短期租赁和低值资产租赁外,租入的固定资产视为承租企业的资产,体现了(　　)会计信息质量要求。
    A. 可比性　　　B. 可靠性　　　C. 实质重于形式　D. 谨慎性

23. 谨慎性要求企业(　　)。
    A. 多计费用、少计收入
    B. 少计费用、多计收入
    C. 多计负债、少计资产
    D. 不应高估资产或收益、低估负债或费用

24. 下列各项,不属于会计核算方法的是(　　)。
    A. 登记账簿　　B. 成本计算　　C. 财务管理　　D. 财产清查

二、多项选择题

1. 下列各项,属于会计基本假设的有(　　)。
   A. 会计主体　　B. 持续经营　　C. 会计分期　　D. 会计核算

2. 下列各项,可以作为一个会计主体的有(　　)。
   A. 独资企业　　B. 合伙企业　　C. 集团公司　　D. 分公司

3. 会计核算职能是指会计以货币为主要计量单位,通过(　　)等环节,对特定主体的经济活动进行记账、算账、报账。
   A. 确认　　B. 计量　　C. 记录　　D. 报告

4. 下列关于会计职能的说法,正确的有(　　)。
   A. 会计核算职能是会计的基本职能之一
   B. 会计监督是会计核算职能的基础
   C. 会计拓展职能只包括预测经济前景
   D. 会计监督是会计核算质量的保障

5. 下列各项,属于会计职能的有(　　)。
   A. 会计核算　　B. 会计监督
   C. 预测经济前景　　D. 参与经济决策

6. 下列各项属于财物的有(　　)。
   A. 无形资产　　B. 固定资产　　C. 原材料　　D. 应收账款

7. 下列各项,属于债权的有(　　)。
   A. 应收款项　　B. 预付款项　　C. 应付款项　　D. 预收款项

8. 下列各项,属于债务的有(　　)。
   A. 各项借款　　B. 应付款项　　C. 应收款项　　D. 预收款项

9. 会计期间可以分为(　　)。
   A. 月度　　B. 季度　　C. 半年度　　D. 年度

10. 下列各项,属于有价证券的有(　　)。
    A. 银行本票　　B. 公司债券　　C. 股票　　D. 国库券

11. 下列各项,属于会计核算具体内容的有(　　)。
    A. 款项和有价证券的收付　　B. 财物的收发增减和使用
    C. 债权、债务的发生和结算　　D. 收入、支出、费用、成本的计算

12. 采用权责发生制时,下列业务能确认为当期收入的有(　　)。
    A. 收到购货方前欠销货款　　B. 收到以前年度的销货款
    C. 销售商品,同时收到货款　　D. 销售商品,尚未收到货款

13. 采用权责发生制基础时,下列业务不能确认为当期费用的有(　　)。
    A. 支付下年度的报纸、杂志费　　B. 预提本月长期借款利息
    C. 预付下季度房租　　D. 支付上月暖气费

14. 中期财务会计报告包括(　　)。
    A. 旬报　　B. 月报　　C. 季报　　D. 半年报

15. 下列说法正确的有( )。
    A. 会计核算过程中采用货币为主要计量单位
    B. 我国企业的会计核算只能以人民币为记账本位币
    C. 业务收支以外币为主的单位可以选择某种外币为记账本位币
    D. 在境外设立的中国企业向国内报送的财务报告,应当折算为人民币
16. 下列各项,属于会计核算方法的有( )。
    A. 成本计算   B. 登记账簿   C. 复式记账   D. 会计分析
17. 会计主体发生的一切经济业务,都要依次经过的基本核算环节有( )。
    A. 试算平衡   B. 填制审核凭证   C. 登记账簿   D. 编制会计报表
18. 下列各项,属于会计信息使用者的有( )。
    A. 投资者   B. 债权人   C. 社会公众   D. 政府
19. 下列各项,属于会计信息质量要求的有( )。
    A. 重要性   B. 权责发生制
    C. 实质重于形式   D. 相关性
20. 下列各项,体现会计的谨慎性要求的有( )。
    A. 对财产物资按历史成本计价   B. 对应收款项计提坏账准备
    C. 计提本期销售产品的保修费用   D. 对固定资产计提折旧
21. 可比性包括( )。
    A. 同一企业相同时期可比   B. 同一企业不同时期可比
    C. 不同企业相同会计期间可比   D. 不同企业不同会计期间可比

三、判断题

1. 会计是指以货币为唯一计量单位,反映和监督一个单位经济活动的经济管理工作。 ( )
2. 会计核算和监督的内容就是指企业发生的所有经济活动。 ( )
3. 会计的职能只有两个,即会计核算和会计监督。 ( )
4. 会计监督的合法性审查,主要是检查各项财务收支是否符合特定对象的财务收支计划,以及是否有利于预算目标的实现等。 ( )
5. 预测经济前景和参与经济决策是会计的两大基本职能。 ( )
6. 凡是特定主体能够以货币表现的经济活动都是会计对象。 ( )
7. 会计主体是指企业法人。 ( )
8. 法律主体一般都是会计主体,但会计主体不一定是法律主体。 ( )
9. 会计主体是进行会计核算的基本前提之一,一个企业可以根据具体情况确定一个或若干个会计主体。 ( )
10. 我国企业会计采用的计量单位只有一种,即货币计量。 ( )
11. 在我国境内设立的企业,会计核算都必须以人民币为记账本位币。 ( )
12. 股票、现金和银行存款都是货币资金。 ( )

13. 各项借款、应付和预付款项都是企业的债务。（ ）

14. 成本是企业为生产产品、提供劳务而发生的各种耗费,因而企业发生的各项费用都是成本。（ ）

15. 企业发生的经济业务事项应在依法设置的会计账簿上统一登记、核算,不得私设账簿。（ ）

16. 在我国,企业(单位)应当采用收付实现制作为会计核算的基础。（ ）

17. 谨慎性要求企业少计收入,多计费用,少计利润,从而少交税。（ ）

18. 可靠性要求企业提供的会计信息应当反映与企业财务状况、经营成果和现金流量有关的所有重要交易或事项。（ ）

19. 在实务中,如果某会计信息的省略或错报会影响投资者等财务报告使用者据此做出决策,该信息就具有重要性。（ ）

四、业务题

1. 根据 A 企业 1 月份的下列经济业务按收付实现制和权责发生制计算 A 企业 1 月份的收入和费用,并将结果填入表 1-1。

（1）用现金支付办公费 300 元;

（2）销售产品 50 000 元,货款存入银行;

（3）销售产品 90 000 元,货款尚未收到;

（4）预付今明两年的保险费 60 000 元;

（5）本月应计提银行借款利息 1 000 元;

（6）收到上月应收货款 150 000 元;

（7）用银行存款交纳上月应交税金 9 000 元;

（8）预收 10 000 元货款,已存入银行,下月销售。

表 1-1 A 企业 1 月份收入和费用计算表

单位:元

业务号	收付实现制(现金制)		权责发生制(应计制)	
	收入	费用	收入	费用
1				
2				
3				
4				
5				
6				
7				
8				

2. 根据G企业12月份的下列经济业务按收付实现制和权责发生制计算G企业12月份的收入和费用,并计算出利润,将结果填入表1-2。

(1) 收回11月份销售商品的货款400 000元,存入银行。
(2) 摊销应由本月份负担的财产保险费3 000元。
(3) 用现金支付本月职工工资25 000元。
(4) 销售一批商品,售价300 000元,货款尚未收到。
(5) 用银行存款24 000元预付明后两年的租金。
(6) 用现金400元支付管理部门本月份的水电费。

表1-2 G企业12月份收入、费用和利润计算表

单位:元

业务号	收付实现制(现金制)		权责发生制(应计制)	
	收入	费用	收入	费用
1	400 000			
2				3 000
3		25 000		25 000
4			300 000	
5		24 000		
6		400		400
利润	350 600		271 600	

第二章

会计要素与会计科目

会计要素

会计科目

本章习题

第一节　会 计 要 素

一、会计要素的确认

会计要素是对会计对象进行的基本分类,是会计核算对象的具体化,是对资金运动第二层次的划分。会计核算工作就是围绕会计要素的确认、计量和报告展开的。通过会计要素对会计对象进行分类,为会计核算提供了基础。会计要素同时也为会计报表的构建提供了基本架构,因此,会计要素又称为会计报表要素。根据企业会计准则的规定,我国企业会计要素包括资产、负债、所有者权益、收入、费用、利润6个会计要素。其中,资产、负债和所有者权益是反映企业的财务状况的要素,也是资产负债表的基本要素;收入、费用、利润是反映企业经营成果的要素,也是利润表的基本要素。前3个要素侧重反映企业资金运动的静态情况,后3个要素侧重反映企业资金运动的动态情况。

（一）资产

1. 资产的定义

资产是指企业过去的交易或事项形成的、由企业拥有或控制的、预期会给企业带来经济利益的资源。

资产具有如下特征:

（1）资产是由企业拥有或控制的资源。由企业拥有或控制是指企业享有某项资源的所有权,或者虽然不享有某项资源的所有权,但该项资源能被企业所控制。

（2）资产预期会给企业带来经济利益。预期会给企业带来经济利益是指直接或间接导致现金或现金等价物流入企业的潜力。按照这一特征,那些已没有经济价值,不能给企业带来经济利益的项目,就不能继续确认为企业的资产。

（3）资产是企业过去的交易或事项形成的。即资产必须是现实的资产,而不能是预期的资产。它是企业在过去一个时期里已经发生的交易或事项所产生的结果,至于未来的交易或事项以及未发生的交易或事项可能产生的结果,则不属于现实的资产,不能作为资产确认。

2. 资产的确认条件

将一项资源确认为资产,需要符合资产的定义,并同时满足以下两个条件:

（1）与该资源有关的经济利益很可能流入企业。

（2）该资源的成本或价值能够可靠计量。

3. 资产的分类

资产按其流动性不同，可以分为流动资产和非流动资产。流动资产是指预计在一个正常营业周期中变现、出售或耗用，或者主要为交易目的而持有，或者预计自资产负债表日起 1 年内（含 1 年）变现的资产，以及自资产负债表日起 1 年内交换其他资产或清偿负债的能力不受限制的现金或现金等价物。流动资产主要包括货币资金、交易性金融资产、应收及预付款项、存货等。非流动资产是指流动资产以外的资产，主要包括债权投资、长期股权投资、固定资产、无形资产等。

（二）负债

1. 负债的定义

负债是指企业过去的交易或事项形成的、预期会导致企业经济利益流出企业的现时义务。

负债具有如下特征：

（1）负债是企业承担的现时义务。现时义务是指企业在现行条件下已承担的义务，未来发生的交易或事项形成的义务，不属于现时义务。这里所指的义务可以是法定义务，也可以是推定义务。

（2）负债预期会导致经济利益流出企业。导致经济利益流出企业的形式多种多样，如用现金偿还或用实物资产偿还，用提供劳务的形式偿还，用部分转移资产和部分提供劳务的形式偿还，将负债转为资本等。负债是一项经济责任，它需要企业进行偿还。

（3）负债是企业过去的交易或事项形成的。企业将在未来发生的承诺、签订的合同等交易或事项，不形成负债。

2. 负债的确认条件

将一项现时义务确认为负债，需要符合负债的定义，同时还应当同时满足以下两个条件：

（1）与该义务有关的经济利益很可能流出企业。

（2）未来流出的经济利益的金额能够可靠地计量。

3. 负债的分类

负债按其流动性不同，可以分为流动负债和非流动负债。流动负债是指预计在一个正常营业周期中偿还，或者主要为交易目的而持有，或者自资产负债表日起 1 年（含 1 年）到期应予以清偿，或者企业无权自主地将清偿推迟至资产负债表日后一年以上的负债。流动负债主要包括短期借款、应付票据、应付及预收款项、应交税费、应付职工薪酬、应付利息、应付股利、其他应付款等。非流动负债是指流动负债以外的负债，主要包括长期借款、应付债券、长期应付款、预计负债等。

（三）所有者权益

1. 所有者权益的定义

所有者权益是指企业资产扣除负债后由所有者享有的剩余权益。即所有者权益等于企业的资产总额减去负债总额后的余额,所以,又称为净资产。公司制企业中所有者权益又称为股东权益,即公司股东在企业中所享有的剩余权益。所有者权益是企业所有者对企业资产的剩余索取权,是企业资产中扣除债权人权益后应由企业所有者所享有的部分,所有者权益表明企业归谁所有。

所有者权益具有以下特征:一是它是一种剩余权益。权益可以分为债权人权益(负债)和所有者权益。债权人权益优先于所有者权益,即企业的资产必须在保证企业所有的债务得以清偿后,才归所有者享有。因此,所有者权益在数量上等于企业的全部资产减去全部负债后的余额,它是在保证了债权人权益后的一种权益,即剩余权益;二是除非发生减资、清算,否则企业不需要偿还所有者权益;三是所有者凭借所有者权益能够参与企业利润的分配。

2. 所有者权益的确认条件

所有者权益的确认和计量,主要取决于资产、负债要素的确认和计量。

3. 所有者权益的分类

所有者权益的形成来源包括所有者投入的资本、直接计入所有者权益的利得和损失、留存收益等,通常划分为实收资本、资本公积、其他综合收益、盈余公积和未分配利润等项目。

所有者投入的资本包括实收资本和资本公积。企业的实收资本是指投资者按照企业章程或合同、协议的约定,实际投入企业的资本。资本公积是指企业收到的投资者出资额超过其在注册资本中所占份额的部分。

直接计入所有者权益的利得和损失,是指不应计入当期损益、会导致所有者权益发生增减变动,与所有者投入资本或向所有者分配利润无关的利得或损失。利得是指由企业非日常活动所形成的、会导致所有者权益增加的、与所有者投入资本无关的经济利益的流入;损失是指由企业非日常活动所发生的、会导致所有者权益减少的、与所有者分配利润无关的经济利益的流出。

留存收益是企业历年实现的净利润中提取或形成的留存于企业的内部积累,主要包括累计计提的盈余公积和未分配利润。盈余公积是指企业从利润中提取的公积金;未分配利润是指企业留待以后年度分配的利润。

(四) 收入

1. 收入的定义

收入是指企业在日常活动中形成的、会导致所有者权益增加的、与所有者投入资本无关的经济利益的总流入。

收入具有以下特征:

(1) 收入是从企业的日常经济活动中产生的,而不是从偶然的交易或事项中产生的。日常活动是指企业为完成其经营目标所从事的经常性活动以及与之相关的活动,如销售商品、提供劳务及让渡资产使用权等。明确界定日常活动是为了区分收入与利得,因为企业的非日常活动所形成的经济利益的流入不能确定为收入,而应当计入利得。

（2）收入能引起所有者权益的增加。

（3）收入的取得会导致经济利益流入企业，表现为资产的增加或负债的减少，或者两者兼而有之。

（4）收入只包括本企业经济利益的流入，不包括为第三方或客户代收的款项。

（5）收入是与所有者权益投入资本无关的经济利益的总流入。

2. 收入的确认条件

当企业与客户之间的合同同时满足下列条件时，企业应当在客户取得相关商品控制权时确认收入：

（1）合同各方已批准该合同并承诺将履行各自义务。

（2）该合同明确了合同各方与所转让商品或提供劳务相关的权利和义务。

（3）该合同有明确的与所转让商品或提供劳务相关的支付条款。

（4）该合同具有商业实质，即履行该合同将改变企业未来现金流量的风险、时间分布或金额。

（5）企业因向客户转让商品或提供劳务而有权取得的对价很可能收回。取得相关商品控制权，是指能够主导该商品的使用并从中获得几乎全部的经济利益。

3. 收入的分类

收入按性质不同，可分为销售商品收入、提供服务收入和让渡资产使用权收入等。销售商品收入是指企业通过销售商品实现的收入；提供服务收入是指企业通过提供服务实现的收入；让渡资产使用权收入是指企业通过让渡资产使用权实现的收入。收入按日常活动在企业中所处的地位，可分为主营业务收入和其他业务收入。主营业务收入是指企业经常发生的、主要业务所产生的收入，它一般在企业营业收入中占的比重很大；其他业务收入是指从日常经济活动中取得的主营业务以外的兼营收入，它一般在企业营业收入中占的比重较小。

（五）费用

1. 费用的定义

费用是指企业在日常活动中发生的、会导致所有者权益减少、与向所有者分配利润无关的经济利益的总流出。

费用具有以下特征：

（1）费用是在企业的日常经济活动中发生的。明确界定日常活动是为了能够正确区分费用与损失，因为企业的非日常活动所形成的经济利益的流出不能确定为费用，而应当计入损失。

（2）费用会导致经济利益流出企业。表现为企业资产的减少或负债的增加，或两者兼而有之。

（3）费用会导致企业所有者权益减少。

（4）费用导致的经济利益的总流出与向所有者分配利润无关。

2. 费用的确认条件

除符合上述定义外,费用只有在经济利益很可能流出企业从而导致企业资产减少或负债增加,经济利益的流出金额能够可靠地计量时,才能予以确认。因此,费用确认的条件是:

(1) 与费用相关的经济利益很可能流出企业。
(2) 经济利益流出企业的结果会导致资产的减少或负债的增加。
(3) 经济利益流出的金额能够可靠地计量。

3. 费用的分类

费用按照其与收入的配比关系,可以分为营业成本和期间费用。营业成本是指生产产品或提供服务所发生的成本耗费。包括主营业务成本和其他业务成本。期间费用是指企业在日常活动中发生的、不能计入特定核算对象,而应当直接计入当期损益的费用。包括管理费用、销售费用和财务费用。

(六) 利润

1. 利润的定义

利润是指企业在一定会计期间的经营成果。

利润包括收入减去费用后的净额、直接计入当期利润的利得和损失等。直接计入当期利润的利得和损失是指应当计入当期损益、会导致所有者权益发生变动的、与所有者投入资本或者向所有者分配利润无关的利得或损失。

2. 利润的确认条件

利润的确认主要依赖于收入和费用以及本期利得和损失的确认,其金额的确定也主要取决于收入、费用、利得和损失金额的计量。

3. 利润的分类

利润按照构成,可分为营业利润、利润总额和净利润。营业利润是指主营业务收入加上其他业务收入,减去主营业务成本、其他业务成本、税金及附加、销售费用、管理费用、财务费用、研发费用、信用减值损失、资产减值损失,再加上公允价值变动净收益、投资净收益、资产处置净收益、净敞口套期净收益和其他收益后的金额。它是狭义收入与狭义费用配比的结果。利润总额是指营业利润加上营业外收入,减去营业外支出后的金额。净利润是指利润总额减去所得税后的金额。它是广义收入与广义费用配比的结果。

 二、会计要素的计量

会计计量是为了将符合确认条件的会计要素登记入账并列报于财务报表而确定其金额的过程。企业应当按照规定的会计计量属性进行计量,确定相关金额。计量属性是指所计量的某一要素的特性方面,计量属性反映的是会计要素金额的确定基础,主要包括历史成本、重置成本、可变现净值、现值和公允价值等。根据我国会计准则的规定,企业在对会计要素进行计量时,一般采用历史成本;采用重置成本、可变现净值、现值和公允价值计量的,应当保证所确定的会计要素金额能够取得并可靠地计量。

(一) 历史成本

历史成本又称为实际成本,是取得或制造某项财产物资时所实际支付的现金或其他等价物。在历史成本计量下,资产按照其购置时支付的现金或现金等价物的金额,或者按照购置资产时所付出对价的公允价值计量。负债按照其因承担现时义务而实际收到的款项或资产的金额,或者承担现时义务的合同金额,或者按照日常活动中为偿还负债预期要支付的现金或现金等价物的金额计量。

在采用历史成本的情况下,对企业的资产、负债、所有者权益等项目的计量应当基于经济业务的实际交易成本,而不应考虑随后市场价格变化的影响。

(二) 重置成本

重置成本又称为现行成本,是指按照当前的市场条件,重新取得同样的一项资产所需支付的现金或现金等价物。在重置成本计量下,资产按照现在购买相同或相似资产所需支付的现金或现金等价物的金额计量。负债按照现在偿付该项债务所需支付的现金或现金等价物的金额计量。

重置成本是现在时点的成本,在实务中重置成本多应用于盘盈固定资产的计量等方面。

(三) 可变现净值

可变现净值是指在生产经营过程中,以预计售价减去进一步加工成本和销售所必需的预计税金、费用后的净值。在可变现净值计量下,资产按照其正常对外销售所能收到的现金或现金等价物的金额扣减该资产至完工时估计将要发生的成本、估计的销售费用以及相关税金后的金额计量。

可变现净值通常应用于存货资产减值情况下的后续计量。可变现净值是在不考虑货币的时间价值的情况下,以资产在正常使用过程中可带来的预期净现金流入的金额对资产进行计量。

(四) 现值

现值是指对未来现金流量以恰当的折现率进行折现后的价值,是考虑货币时间价值的一种计量属性。在现值计量下,资产按照预计以其持续使用和最终处置中所产生的未来净现金流入量的折现金额计量。负债按照预计期限内需要偿还的未来净现金流出量的折现金额计量。

现值通常应用于非流动资产可收回金额和以摊余成本计量的金融资产价值的确定等方面。相对于可变现净值,现值计量考虑了货币时间价值因素的影响。

(五) 公允价值

公允价值是指市场参与者在计量日发生的有序交易中,出售一项资产所能收到或者转移一项负债所需支付的价格。企业以公允价值计量相关资产或负债,应当考虑该资产或负债的特征以及该资产或负债是以单项还是以组合的方式进行计量;应当假定市场参与者在计量日出售资产或者转移负债的交易,是在当前市场条件下的有序交易;应当假定以主要市场的价格计算相关资产或负债的公允价值,不存在主要市场的,企业应当以最有利市场的价格计量;企业还应当充分考虑市场参与者之间的交易,采用市场参与者在对该资产或负债定价时为实现其经济利益最大化所使用的假设。

公允价值计量主要应用于交易性金融资产、可供出售金融资产的计量等方面。相对于历史成本计量,公允价值计量所提供的会计信息更具有相关性。

第二节 会计科目

一、会计科目的概念

会计要素是对会计对象的基本分类,而这6个会计要素显得过于简单,难以满足各有关方面对会计信息的需要。为了全面、系统、连续、分门别类地记录和反映会计要素项目的增减变化情况及其变动结果,提供对经济管理有用的会计信息,必须结合管理要求,对会计要素的具体内容进行更为具体和进一步的分类,这种分类是通过设置会计科目来进行的。因此,会计科目是对会计要素按其经济内容进行分类的项目名称,即会计科目是为了满足会计确认、计量、记录和报告的需要,根据企业内部管理和外部信息的需要,对会计要素进一步分类的项目,是对资金运动进行的第三层次的划分。

会计科目,简称科目,是对会计要素具体内容进行分类核算的项目,是进行会计核算和提供会计信息的基础,在会计核算中具有重要意义。

(1) 会计科目是复式记账的基础。复式记账要求每一笔经济业务在两个或两个以上相互联系的会计科目中进行登记,以反映资金运动的来龙去脉。

(2) 会计科目是编制记账凭证的基础。记账凭证是确定所发生的经济业务应记入何种科目以及分门别类登记账簿的凭据。

(3) 会计科目为成本计算与财产清查提供了前提条件。会计科目的设置有助于成本计算,使各种成本计算成为可能;而账面记录与实际结存的核对为财产清查、保证账实相符提供了必备的条件。

(4) 会计科目为编制会计报表提供了方便。会计报表是提供会计信息的主要手段,为了保证会计信息的质量及其提供的及时性,会计报表中的许多项目与会计科目是一致的,并根据会计科目的本期发生额或余额填列。

二、会计科目的分类

(一)按其反映的经济内容分类

会计科目按其反映的经济内容不同,一般分为资产类、负债类、所有者权益类、成本类、损益类5大类。

1. 资产类科目

资产类科目是对资产要素的具体内容进行分类核算的项目。按资产的流动性分为反映流动资产的科目和反映非流动资产的科目。反映流动资产的科目主要有"库存现金"科目、"银行存款"科目、"原材料"科目、"应收账款"科目、"库存商品"科目、"预付账款"科目等。反映非流动资产的科目主要有"长期股权投资"科目、"长期应收款"科目、"固定资产"科目、"无形资产"科目等。

2. 负债类科目

负债类科目是对负债要素的具体内容进行分类核算的项目。按负债的偿还期限分为反映流动负债的科目和反映非流动负债的科目。反映流动负债的科目主要有"短期借款"科目、"应付账款"科目、"应付职工薪酬"科目、"应交税费"科目、"预收账款"科目、"应付利息"科目等。反映非流动负债的科目主要有"长期借款"科目、"应付债券"科目、"长期应付款"科目等。

3. 所有者权益类科目

所有者权益类科目是对所有者权益要素的具体内容进行分类核算的项目。按所有者权益的形成和性质可分为反映资本的科目和反映留存收益的科目。反映资本的科目主要有"实收资本"科目、"资本公积"科目等。反映留存收益的科目主要有"盈余公积"科目、"本年利润"科目、"利润分配"科目等。

4. 成本类科目

成本类科目是对归属于产品生产成本、劳务成本等费用的具体内容进行分类核算的项目,主要有"生产成本"科目、"制造费用"科目等。成本类科目归属于资产要素,成本是企业生产产品、提供劳务所消耗的价值的体现,为了能单独核算产品成本、劳务成本等,因而设置了成本类科目。

5. 损益类科目

损益类科目是对收入和费用要素的具体内容进行分类核算的项目。按损益的不同内容可以分为反映收入的科目和反映费用的科目。反映收入的科目有"主营业务收入"科目、"其他业务收入"科目等。反映费用的科目有"主营业务成本"科目、"其他业务成本"科目、"销售费用"科目、"管理费用"科目、"财务费用"科目等。

（二）按提供信息的详细程度及其统驭关系分类

1. 总分类科目

总分类科目又称一级科目或总账科目，它是对会计要素具体内容进行总括分类、提供总括信息的会计科目。总分类科目反映各种经济业务的概括情况，是进行总分类核算的依据。如"库存商品"科目、"原材料"科目、"应收账款"科目、"应付账款"科目等。

2. 明细分类科目

明细分类科目又称明细科目，是对总分类科目做进一步分类、提供更详细和更具体会计信息的科目。对于明细科目较多的总分类科目，可以设置二级或多级明细分类科目，如设置二级明细分类科目、三级明细分类科目等。二级明细分类科目是对总分类科目进一步分类的科目，三级明细分类科目是对二级明细分类科目进一步分类的科目。明细分类科目反映各种经济业务的详细情况，提供更为详细的信息。例如"生产成本"科目，在企业生产多种产品的情况下，需要分别为每一产品设置明细分类科目，反映每一产品生产过程耗费的具体情况，如表2-1所示。

表2-1 "生产成本"科目和各级明细分类科目之间的关系

总分类科目（一级科目）	明细分类科目	
	二级明细科目	三级明细科目
生产成本	A产品	直接材料
		直接人工
		制造费用
	B产品	直接材料
		直接人工
		制造费用

总分类科目和明细分类科目的关系是，总分类科目对其所属的明细分类科目具有统驭和控制的作用，提供的是总括性指标；而明细分类科目是对其所归属的总分类科目的补充和说明，提供的是比较详细具体的指标。

三、会计科目的设置

（一）会计科目的设置原则

1. 合法性原则

合法性原则是指所设置的会计科目应当符合国家统一的会计制度的规定，以保证会计信息的规范、统一和相互可比。对于国家统一会计制度规定的会计科目，企业可以根据自身的生产经营特点，在不影响统一会计核算要求以及对外提供统一财务报表的前提下，自行增设、减少或合并某些会计科目，做到统一性与灵活性相结合。

2. 相关性原则

相关性原则是指所设置的会计科目应当为有关各方提供所需要的会计信息服务，满足对外报告与对内管理的要求。

3. 实用性原则

实用性原则是指所设置的会计科目应符合单位自身特点，满足单位实际需要。企业的组织形式、所处行业、经营内容及业务种类等不同，在会计科目的设置上亦应有所区别。在合法性的基础上，企业应根据自身特点，设置符合自身需要的会计科目。

另外，会计科目要简明、适用，并要分类、编号。会计科目的编号是会计科目的数字代码。总分类科目的编号一般分为四位数字，其中：首位数字代表大类或会计要素，例如：1 表示资产类，2 表示负债类，3 表示共同类，4 表示所有者权益类，5 表示成本类，6 表示损益类，如表 2-2 所示。第二位数字表示大类下的小类。四位数字组合在一起表示具体的会计科目。统一规定会计科目的编号，是为了便于编制记账凭证，登记会计账簿，查阅账目，实行会计电算化。单位在填制记账凭证、登记会计账簿时，应当填列会计科目的名称，或者同时填列会计科目的名称和编号，不得只填列会计科目编号，不填列会计科目名称。

（二）常用会计科目

一般企业常用的会计科目，如表 2-2 所示。

表 2-2　会计科目简表

顺序号	编号	会计科目名称	顺序号	编号	会计科目名称
		一、资产类	37	2203	预收账款
1	1001	库存现金	38	2211	应付职工薪酬
2	1002	银行存款	39	2221	应交税费
3	1012	其他货币资金	40	2231	应付利息
4	1101	交易性金融资产	41	2232	应付股利
5	1121	应收票据	42	2241	其他应付款
6	1122	应收账款	43	2501	长期借款
7	1123	预付账款	44	2502	应付债券
8	1131	应收股利	45	2701	长期应付款
9	1132	应收利息			三、共同类
10	1221	其他应收款			（略）
11	1231	坏账准备			四、所有者权益类
12	1401	材料采购	46	4001	实收资本
13	1402	在途物资	47	4002	资本公积
14	1403	原材料	48	4003	其他综合收益
15	1404	材料成本差异	49	4101	盈余公积
16	1405	库存商品	50	4103	本年利润
17	1411	周转材料	51	4104	利润分配
18	1471	存货跌价准备			五、成本类
19	1501	债权投资	52	5001	生产成本
20	1502	债权投资减值准备	53	5101	制造费用
21	1505	其他债权投资			六、损益类
22	1511	长期股权投资	54	6001	主营业务收入
23	1531	长期应收款	55	6051	其他业务收入
24	1601	固定资产	56	6101	公允价值变动损益
25	1602	累计折旧	57	6111	投资收益
26	1603	固定资产减值准备	58	6301	营业外收入
27	1604	在建工程	59	6401	主营业务成本
28	1605	工程物资	60	6402	其他业务成本
29	1606	固定资产清理	61	6403	税金及附加
30	1701	无形资产	62	6601	销售费用
31	1702	累计摊销	63	6602	管理费用
32	1801	长期待摊费用	64	6603	财务费用
33	1901	待处理财产损溢	65	6701	资产减值损失
		二、负债类	66	6702	信用减值损失
34	2001	短期借款	67	6711	营业外支出
35	2201	应付票据	68	6801	所得税费用
36	2202	应付账款	69	6901	以前年度损益调整

第二章 会计要素与会计科目

本章习题

一、单项选择题

1. ( )是对会计对象的基本分类。
   A. 会计科目   B. 会计准则   C. 会计方法   D. 会计要素
2. 下列各项,属于资产项目的是( )。
   A. 库存商品   B. 预收账款   C. 实收资本   D. 资本公积
3. 企业在日常活动中形成的、会导致所有者权益增加的、与所有者投入资本无关的经济利益的总流入称为( )。
   A. 资产   B. 利得   C. 收入   D. 利润
4. 由企业非日常活动所发生的、会导致所有者权益减少的、与向所有者分配利润无关的经济利益的流出称为( )。
   A. 费用   B. 损失   C. 负债   D. 所有者权益
5. 权益一般包括( )。
   A. 资产和所有者权益   B. 债权人权益和所有者权益
   C. 所有者权益   D. 资产和债权人权益
6. 流动资产是指预计变现、出售或耗用期限在( )的资产。
   A. 一年以内   B. 一个正常营业周期内
   C. 超过一年的一个营业周期以内   D. 超过两年的一个营业周期以内
7. 下列各项,属于企业流动资产的是( )。
   A. 原材料   B. 厂房   C. 生产设备   D. 商标权
8. 所有者权益在数量上等于( )。
   A. 全部资产减去全部负债后的净额   B. 所有者的投资
   C. 实收资本与资本公积之和   D. 实收资本与未分配利润之和
9. 下列各项,不属于收入要素内容的是( )。
   A. 销售商品取得的收入   B. 提供劳务取得的收入
   C. 出租固定资产取得的收入   D. 营业外收入
10. 下列各项,不属于费用要素内容的是( )。
    A. 销售费用   B. 管理费用   C. 财务费用   D. 预付账款
11. 下列各项,属于所有者权益的是( )。
    A. 短期借款   B. 库存现金   C. 预收账款   D. 实收资本
12. 下列各项,不属于会计要素计量属性的是( )。
    A. 重置成本   B. 公允价值   C. 历史成本   D. 货币计量

13. 下列说法正确的是( )。
    A. 收入是在日常活动中形成的、会导致所有者权益增加的、与所有者投入资本无关的经济利益的总流入
    B. 经济利益的流入必然是由收入形成的
    C. 只有日常经营活动才会产生支出
    D. 费用就是成本

14. 会计科目是指对( )的具体内容进行分类核算的项目。
    A. 会计分析　　　B. 会计信息　　　C. 会计账户　　　D. 会计要素

15. 会计科目按其( )不同,分为总分类科目和明细分类科目。
    A. 反映的会计对象　　　　　　　B. 反映的经济业务
    C. 归属的会计要素　　　　　　　D. 提供信息的详细程度及其统驭关系

16. ( )原则不是设置会计科目的原则。
    A. 重要性　　　B. 合法性　　　C. 相关性　　　D. 实用性

17. ( )原则,是指所设置的会计科目应符合单位自身的特点,满足单位实际需要。
    A. 合法性　　　B. 相关性　　　C. 谨慎性　　　D. 实用性

18. 对会计要素具体内容进行总括分类,提供总括信息的会计科目称为( )。
    A. 总分类科目　　　　　　　　　B. 明细分类科目
    C. 二级科目　　　　　　　　　　D. 备查科目

19. "预付账款"科目按其所归属的会计要素不同,属于( )类科目。
    A. 资产　　　B. 负债　　　C. 成本　　　D. 所有者权益

20. "预收账款"科目按其所归属的会计要素不同,属于( )类科目。
    A. 资产　　　B. 负债　　　C. 成本　　　D. 所有者权益

21. "盈余公积"科目按其所归属的会计要素不同,属于( )类科目。
    A. 资产　　　B. 负债　　　C. 所有者权益　　　D. 损益

22. "其他业务收入"科目按其所归属的会计要素不同,属于( )类科目。
    A. 资产　　　B. 损益　　　C. 成本　　　D. 所有者权益

23. "管理费用"科目按其所归属的会计要素的不同,属于( )类科目。
    A. 资产　　　B. 损益　　　C. 成本　　　D. 所有者权益

24. "制造费用"科目按其所归属的会计要素的不同,属于( )类科目。
    A. 资产　　　B. 负债　　　C. 损益　　　D. 成本

25. 下列会计科目,属于损益类科目的是( )。
    A. 预收账款　　　B. 销售费用　　　C. 制造费用　　　D. 利润分配

26. 下列各项,属于会计科目的是( )。
    A. 应收销货款　　　B. 投入资本　　　C. 现金　　　D. 利润分配

27. 下列会计科目,属于负债类科目的是( )。
    A. 预付账款　　　B. 预收账款　　　C. 财务费用　　　D. 资本公积

28. "应交税费"科目属于( )类会计科目。
   A. 损益 B. 资产 C. 负债 D. 所有者权益
29. 下列会计科目,属于所有者权益类科目的是( )。
   A. 盈余公积 B. 财务费用 C. 预收账款 D. 无形资产
30. 下列会计科目,属于成本类科目的是( )。
   A. 其他业务成本 B. 生产成本
   C. 营业成本 D. 主营业务成本
31. 下列会计科目,属于损益类科目的是( )。
   A. 生产成本 B. 资本公积 C. 制造费用 D. 主营业务成本
32. 所有者权益是企业投资者对企业净资产的所有权,在数量上等于( )。
   A. 全部资产减去全部负债 B. 全部资产减去流动负债
   C. 全部资产加上全部负债 D. 全部资产减去非流动负债
33. 下列各项,不属于企业留存收益的是( )。
   A. 任意盈余公积 B. 法定盈余公积
   C. 资本公积 D. 未分配利润

二、多项选择题

1. 下列各项,属于资产要素特点的有( )。
   A. 必须是经济资源 B. 预期能给企业带来未来经济利益
   C. 必须是有形的 D. 必须是企业拥有或控制的
2. 下列各项,属于资产要素科目的有( )。
   A. 固定资产 B. 在途物资 C. 预收账款 D. 预付账款
3. 下列各项,属于流动资产的有( )。
   A. 商标权 B. 预付账款 C. 包装物 D. 低值易耗品
4. 下列各项,属于货币资金的有( )。
   A. 库存现金 B. 银行存款 C. 银行本票存款 D. 信用卡存款
5. 下列各项,属于非流动资产的有( )。
   A. 固定资产 B. 长期股权投资 C. 无形资产 D. 存货
6. 下列各项,属于负债要素特点的有( )。
   A. 负债是由现在的交易或事项所引起的偿债义务
   B. 负债是由过去的交易或事项所引起的现时义务
   C. 负债是由将来的交易或事项所引起的偿债义务
   D. 负债将会导致经济利益流出企业
7. 下列各项,属于负债要素项目的有( )。
   A. 短期借款 B. 预收账款 C. 预付账款 D. 应交税费
8. 下列各项,属于流动负债的有( )。
   A. 预收账款 B. 预付账款 C. 应交税费 D. 应付债券

9. 下列各项,属于非流动负债的有( )。
   A. 长期应付款　　B. 长期借款　　C. 其他应付款　　D. 应付债券

10. 下列各项,属于所有者权益的有( )。
    A. 实收资本　　B. 盈余公积　　C. 资本公积　　D. 未分配利润

11. 下列各项,属于所有者权益来源的有( )。
    A. 所有者投入的资本　　　　　　B. 不应计入当期利润的利得或者损失
    C. 留存收益　　　　　　　　　　D. 收入

12. 企业的收入可能会导致( )。
    A. 现金的增加　　　　　　　　　B. 银行存款的增加
    C. 企业其他资产的增加　　　　　D. 企业负债的减少

13. 下列各项,属于费用要素特点的有( )。
    A. 企业在日常活动中发生的经济利益的总流出
    B. 会导致所有者权益减少
    C. 与向所有者分配利润无关
    D. 会导致所有者权益增加

14. 下列各项,属于费用要素的有( )。
    A. 管理费用　　B. 预付账款　　C. 材料采购　　D. 销售费用

15. 下列各项,影响利润金额计量的有( )。
    A. 资产　　　　　　　　　　　　B. 收入
    C. 费用　　　　　　　　　　　　D. 直接计入当期损益的利得或损失

16. 下列各项,属于反映企业财务状况的静态要素的有( )。
    A. 资产　　B. 负债　　C. 利润　　D. 所有者权益

17. 下列各项,属于反映企业经营成果的动态要素的有( )。
    A. 收入　　B. 费用　　C. 利润　　D. 负债

18. 下列各项,按其反映的经济内容不同,属于成本类科目的有( )。
    A. 生产成本　　　　　　　　　　B. 制造费用
    C. 其他业务成本　　　　　　　　D. 主营业务成本

19. 发生费用导致会计要素变动的情况有( )。
    A. 费用增加,负债增加　　　　　B. 费用增加,负债减少
    C. 费用增加,资产增加　　　　　D. 费用增加,资产减少

20. 下列各项,属于流动资产的有( )。
    A. 存货　　B. 固定资产　　C. 无形资产　　D. 银行存款

21. 下列关于会计科目的表述,正确的有( )。
    A. 科目是对会计要素具体内容的进一步分类
    B. 科目具有一定格式和结构
    C. 科目由各单位根据需要自行设定
    D. 一级科目以下的科目均称为明细科目

22. 下列表述,正确的有( )。
    A. 会计科目有一定的格式和结构
    B. 二级科目属于明细分类科目
    C. 会计科目是对会计要素的进一步分类
    D. 所有总分类科目都要设置明细分类科目

三、判断题

1. 资产是指企业现实的交易或者事项形成的、由企业拥有或者控制的、预期会给企业带来经济利益的资源。( )
2. 企业只有拥有某项财产物资的所有权才能将其确认为资产。( )
3. 资产包括固定资产和流动资产两部分。( )
4. 按照我国的会计准则,负债不仅仅指现实已经存在的债务责任,还包括某些未来可能发生的、偶然事项形成的债务责任。( )
5. 应付账款和应付债券都属于流动负债科目。( )
6. 预收账款属于资产类科目,预付账款属于负债类科目。( )
7. 所有者权益是指企业投资人对企业资产的所有权。( )
8. 企业如果在一定期间内发生亏损,必将导致企业的所有者权益减少。( )
9. 生产成本及主营业务成本都属于成本类科目。( )
10. 制造费用、管理费用、财务费用和销售费用都属于损益类科目。( )
11. 企业的利得和损失是指直接计入所有者权益的利得和损失。( )
12. 会计要素中既有反映财务状况的要素,又有反映经营成果的要素。( )
13. 对会计要素的具体内容进行分类核算的项目称为会计科目。( )
14. 企业只能使用国家统一的会计制度规定的会计科目,不得自行增减或合并。( )
15. 设置会计科目的相关性原则是指所设置的会计科目应当为提供有关各方所需要的会计信息服务,满足对外报告与对内管理的要求。( )
16. 会计科目的设置原则包括合法性原则、相关性原则和实用性原则。( )
17. 明细分类科目对总分类科目起着补充说明和统驭控制的作用。( )
18. 总分类科目与其所属的明细分类科目的核算内容相同,但后者提供的信息比前者更加详细。( )
19. 设置会计科目的合法性原则是指所设置的会计科目应当符合国家统一的会计制度的规定,以保证会计信息的规范、统一和相互可比。( )
20. 收入一定表现为企业资产的增加。( )

四、业务题

确定表 2-3 中各经济事项是属于资产类、负债类,还是属于所有者权益类,并分别计算出三大类会计要素的合计数。

表 2-3 经济事项的判定及计算

内　　容	资产	负债	所有者权益
1. 某一法人对本企业投资 1 000 000 元			
2. 车间里的生产设备 300 000 元			
3. 企业在银行的存款 50 000 元			
4. 材料仓库里的原材料 130 000 元			
5. 应付购货款 70 000 元			
6. 企业向银行借款 200 000 元			
7. 应收销货款 150 000 元			
8. 职工预借差旅费 2 000 元			
9. 车间里尚未完工的在产品 178 000 元			
10. 应交税务机关的税金 30 000 元			
11. 厂房价值 500 000 元			
12. 应付银行借款利息 10 000 元			
合　　计			

第三章

会计等式与复式记账

会计等式

复式记账

本章习题

第一节　会计等式

会计6大要素之间具有紧密的相关性,它们在数量上存在着特定的平衡关系,这种平衡关系用公式来表示,称为会计等式。因此,会计等式是反映各会计要素之间数量关系的公式。它反映了会计要素之间内在的联系,是制定各项会计核算方法的理论基础。从实质上看,会计等式揭示了会计主体的产权关系、基本财务状况和经营成果。

一、资产=负债+所有者权益

(一) 会计恒等式

任何一个企业要正常地开展经营活动,都必须拥有一定数量的资产,而企业所拥有的资产,又必然有其来源,为企业提供资产来源的人,对企业的资产就具有要求权,这种要求权在会计上称为权益。资产与权益实际上是企业所拥有的经济资源在同一时点上所表现的不同形式。资产表明的是资源在企业存在、分布的形态,而权益表明了资源取得和形成的渠道。因此,权益代表着资产的来源,资产和权益相互依存,没有权益就没有资产,没有资产也就无所谓权益,两者在数量上体现为必然相等的关系。即有一定数量的资产就必然有一定数量的权益;反之,有一定数量的权益也就必然有一定数量的资产。企业有多少数额的资产必有与其等量的权益,资产和权益在任何一个时点都保持恒等的关系,这种恒等关系可用公式表示为:

$$资产=权益$$

企业的资产来源于所有者的投入资本和债权人的借入资金及其在生产经营中所产生的效益,它们分别归属于所有者和债权人。其中归属于所有者的部分形成所有者权益;归属于债权人的部分形成债权人权益(即企业的负债)。可见,资产来源于权益,而权益又包括所有者权益和债权人权益。因此,上述公式可进一步表述为:

$$资产=负债+所有者权益$$

这一会计等式反映企业资金运动过程中某一特定时点上资产的分布和权益的构成,表明资产、负债和所有者权益的基本关系。资产、负债和所有者权益是企业资金运动在相对静止状态下的基本内容,是资金运动的静态表现。资产与权益的恒等关系是复式记账法的理论基础,也是企业会计中设置账户、试算平衡和编制资产负债表的理论依据。由于"资产=负债+所有者权益"等式是会计等式中最通用和最一般的形式,所以,通常也称为会计基本等式或第一会计等式。

（二）经济业务对会计恒等式的影响

1. 对"资产=权益"等式的影响

企业在生产经营过程中，不断地发生各种各样的经济业务，从而引起各会计要素的增减变动，但不会破坏"资产=权益"的恒等关系。

企业经济业务的发生，对"资产=权益"等式的影响归纳起来有4大类型：

（1）资产与权益同时等额增加。
（2）资产方等额有增有减，权益不变。
（3）资产与权益同时等额减少。
（4）权益方等额有增有减，资产不变。

2. 对"资产=负债+所有者权益"等式的影响

由于权益由负债和所有者权益两个会计要素构成，因此，经济业务对会计等式"资产=负债+所有者权益"的影响，就由上述4大类型进一步扩展为9种情形的变化：

（1）资产和负债要素同时等额增加。
（2）资产和负债要素同时等额减少。
（3）资产和所有者权益要素同时等额增加。
（4）资产和所有者权益要素同时等额减少。
（5）资产要素内部项目等额有增有减，负债和所有者权益要素不变。
（6）负债要素内部项目等额有增有减，资产和所有者权益要素不变。
（7）所有者权益要素内部项目等额有增有减，资产和负债要素不变。
（8）负债要素增加，所有者权益要素等额减少，资产要素不变。
（9）负债要素减少，所有者权益要素等额增加，资产要素不变。

但无论经济业务引起资产、负债和所有者权益发生怎样的增减变化，都不会破坏会计等式的平衡关系。下面举例说明经济业务对会计等式的影响。

例 3-1 甲企业20××年1月31日资产总额为800万元，负债和所有者权益总额为800万元，即资产、负债和所有者权益的数量关系为资产(800万元)=负债+所有者权益之和(800万元)。假如甲企业20××年2月份发生以下经济业务：

（1）甲企业向银行借入2年期的长期借款10万元存入银行。

这项经济业务使甲企业的银行存款即资产增加了10万元，同时长期借款即负债也增加了10万元，也就是等式两边同时增加了10万元，资产=负债+所有者权益的数量关系变成了资产=负债+所有者权益=810万元，等式依然成立。

（2）甲企业以银行存款偿还上月所欠乙企业的购料款1万元。

这项经济业务使甲企业的银行存款即资产减少了1万元，同时应付账款即负债也减少了1万元，资产=负债+所有者权益的数量关系变成了资产=负债+所有者权益=809万元，等式依然成立。

（3）甲企业收到丁企业投入资金30万元，款已存入银行。

这项经济业务使甲企业的银行存款即资产增加了30万元，同时实收资本即所有者权益也增加了30万元,资产=负债+所有者权益的数量关系变成了资产=负债+所有者权益=839万元,等式依然成立。

(4) 甲企业因缩小经营规模,经批准减少注册资本10万元,并以银行存款发还投资者。

这项经济业务使甲企业的银行存款即资产减少了10万元,同时实收资本即所有者权益也减少了10万元,资产=负债+所有者权益的数量关系变成了资产=负债+所有者权益=829万元,等式依然成立。

(5) 甲企业从银行提取现金2万元。

这项经济业务使甲企业的银行存款即资产减少了2万元,同时库存现金即资产增加了2万元,即资产内部一个项目增加,另一个项目同时减少,资产=负债+所有者权益的数量关系仍然是资产=负债+所有者权益=829万元,等式依然成立。

(6) 甲企业向银行借入期限10个月的短期借款20万元,直接用于归还拖欠丙企业的货款。

这项经济业务使甲企业的短期借款即负债增加了20万元,同时应付账款即负债减少了20万元,即负债内部一个项目增加,另一个项目同时减少,资产=负债+所有者权益的数量关系仍然是资产=负债+所有者权益=829万元,等式依然成立。

(7) 甲企业经批准将盈余公积9万元转增资本。

这项经济业务使甲企业的盈余公积即所有者权益减少了9万元,同时实收资本即所有者权益增加了9万元,即所有者权益内部一个项目增加,另一个项目同时减少,资产=负债+所有者权益的数量关系仍然是资产=负债+所有者权益=829万元,等式依然成立。

(8) 甲企业经研究决定向投资者分配利润6万元。

这项经济业务使甲企业的未分配利润即所有者权益减少了6万元,同时应付股利即负债增加了6万元,资产=负债+所有者权益的数量关系仍然是资产=负债+所有者权益=829万元,等式依然成立。

(9) 甲企业经与债权人协商并经有关部门批准,将所欠7万元债务转为资本。

这项经济业务使甲企业的应付账款即负债减少了7万元,同时实收资本即所有者权益增加了7万元,资产=负债+所有者权益的数量关系仍然是资产=负债+所有者权益=829万元,等式依然成立。

由此可见,不管企业的经济业务怎样复杂,无论引起资产、负债、所有者权益怎样的增减变动,归纳起来不外乎4大类型9种情况,无论经济业务发生怎样的变化都不会破坏"资产=负债+所有者权益"等式的平衡关系。企业在任何时点上的所有资产总额总是等于负债和所有者权益的总额。

二、收入−费用=利润

"资产=负债+所有者权益"这个会计基本等式是用来反映某个会计期间开始时(某一时点)企业的财务状况的,而企业经营的目的是获取收入,实现盈利。随着经济活动的进行,在会计期间内,企业在取得收入的同时,必然要发生相应的费用。通过收入与费用的比较，才能确定企业一定时期的盈利水平，确定实现的利润总额。它们之间的关系用公式表示为：

$$收入-费用=利润$$

企业一定时期所获得的收入扣除所发生的各项费用后的余额，表现为利润。在实际工作中，由于收入不包括固定资产盘盈、处置固定资产净收益、出售无形资产收益等，费用也不包括处置固定资产净损失、自然灾害损失等，所以，收入减去费用，并经过相关利得和损失的调整后，才等于利润。

"收入-费用=利润"这一会计等式称为第二会计等式，是资金运动的动态表现，体现了一定时期内的经营成果，它是企业编制利润表的基础。

三、各会计要素之间的关系

在会计期初，资金运动处于相对静止状态，企业既没有取得收入，也没有发生费用，因此，会计等式表现为：

$$资产=负债+所有者权益$$

随着企业经营活动的进行，在会计期间内，企业一方面取得收入，并因此而增加了资产或减少了负债；另一方面企业要发生各种各样的费用，并因此而增加了负债或减少了资产。因此，在会计期间内的任何时刻，即未结账之前，会计等式就转化为：

$$资产=负债+所有者权益+（收入-费用）$$

到了会计期末，企业将收入和费用进行配比，计算出利润。此时会计等式转化为：

$$资产=负债+所有者权益+利润$$

企业的利润按照规定的程序进行分配，一部分分配给投资者，从而使企业的资产减少或负债增加；另一部分形成企业的盈余公积和未分配利润，归入所有者权益。因此，在会计期末结账之后，会计等式又恢复到会计期初的形式：

$$资产=负债+所有者权益$$

由此可见，6大会计要素之间的等式关系全面、综合地反映了企业资金运动的内在规律。企业发生各种各样的经济业务，引起资金运动发生不断的变化，当我们从某一时点上观察时，可以看到资金的静态规律；当我们在某一时期内观察时，又可以看到资金的动态规律。

第二节 复式记账

为了全面、系统地反映各会计要素有关具体项目的增减变化情况及其结果，必须采用一定的记账方法，把发生的经济业务登记入账。所谓记账方法，简单地说，就是在账簿中登记经济业务的方法。记账方法按其记录经济业务方式的不同，可分为单式记账法和复式记账法。

一、复式记账法

复式记账法是以资产和权益的平衡关系作为记账基础,对于每一项经济业务,都要在两个或两个以上相互联系的会计账户登记,全面、系统地反映每一项经济业务所引起的会计要素的增减变化及其结果的一种记账方法。

复式记账法是一种科学的记账方法。它与单式记账法相比,有两个明显的特点:

(1) 对于发生的每一项经济业务,都要在两个或两个以上账户中相互联系地进行分类记录,因此,它可以如实地反映经济业务活动的来龙去脉,完整、系统地反映经济活动的过程和结果。

(2) 由于每一项经济业务发生后,都是以相等的金额在两个或两个以上账户中进行登记,这样,使账户之间在数字上产生了一种互相核对、互相平衡的关系,因而可以对记录结果进行试算平衡,以检查账户记录是否正确。

复式记账法可分为借贷记账法、增减记账法和收付记账法。实践证明,增减记账法和收付记账法有其缺陷,因而目前最科学的记账方法是借贷记账法。在我国,所有企事业单位在进行会计核算时,都必须统一采用借贷记账法。借贷记账法是世界各国普遍采用的复式记账法。

二、借贷记账法

(一) 借贷记账法的概念

借贷记账法是以"借""贷"作为记账符号,对每一笔经济业务都要在两个或两个以上相互联系的账户中以借贷相等的金额进行登记的一种复式记账方法。

借贷记账法产生于13世纪的意大利,后经逐步发展和完善,传遍世界各地,成为世界通用的记账方法。20世纪初传入我国,目前已成为我国法定的记账方法。

(二) 借贷记账法的记账符号

记账符号是会计上用来表示经济业务的发生涉及的金额应记入有关账户的左方金额栏还是右方金额栏的符号。借贷记账法以"借""贷"作为记账符号,并分别作为账户的左方和右方。

在借贷记账法下,任何账户都分为借方和贷方两个基本部分,通常左方为借方,右方为贷方。在会计教学中将其简化为"T字形账户"的形式,它的基本结构如图3-1所示。

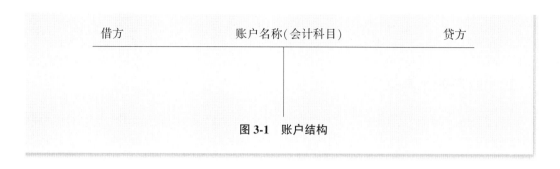

图 3-1 账户结构

在借贷记账法下,一般而言,"借"表示资产、费用的增加和负债、所有者权益、收入的减少;"贷"表示资产、费用的减少和负债、所有者权益、收入的增加。

三、借贷记账法的账户结构

(一) 账户的概念

账户是根据会计科目设置的、具有一定格式和结构、用以分类反映会计要素增减变动情况及其结果的载体。

会计科目是对会计要素具体内容规定的项目名称。在实际工作中企业根据规定的会计科目设置账户,因此,账户和会计科目同时具有对会计对象的具体内容进行科学分类这一特征,会计科目所反映的经济内容也是账户所要登记的经济内容。但是,账户还具有用途和结构的特征,根据会计科目在账页中设置账户,才能具体反映和监督会计要素增减变动的日常动态,提供各种会计信息;而会计科目本身不具有结构问题,只是设置账户的依据,是账户的名称。因此,从理论上讲,账户和会计科目既有联系又有区别。但在实际工作中,账户与会计科目两者往往相互混用。

账户可以根据不同情况进行分类:

1. 账户按提供指标的详细程度不同分类

账户按提供指标的详细程度不同,分为总分类账户和明细分类账户。账户的分类与会计科目的分类相对应。总分类账户是根据总分类科目设置的、用来对会计要素具体内容进行总括分类核算的账户,简称总账账户或总账;明细分类账户是根据明细分类科目设置的、用来对会计要素具体内容进行明细分类核算的账户,简称明细账。

2. 账户按经济内容分类

账户的经济内容是指账户所反映会计对象的具体内容。账户按经济内容分类是对账户最基本的分类,企业会计对象的具体内容可以归结为资产、负债、所有者权益、收入、费用和利润6项会计要素。由于企业在一定时期所获得的收入和发生的费用都体现在当期损益中,因此可以将收入、费用账户归为损益类账户。企业在一定期间实现的利润经过分配之后,最终要归属于所有者权益。许多企业,尤其是制造加工企业,还需要专门设置进行产品成本核算的账户。因此,账户按经济内容分类,可分为资产类账户、负债类账户、所有者权益类账户、成本类账户和损益类账户5大类账户。通常情况下,负债类账户和所有者权益类账户结构相同,所以,在介绍账户结构时,分4大类账户进行阐述。

(二) 账户的基本结构

账户的结构是指账户的格式。为了全面、连续地记录各项经济业务,每一个账户既要有明确的经济内容,又必须有一定的结构。各项经济业务引起的资金运动,尽管各种各样,但从数量上看,不外乎增加和减少两种情况。因此,账户的结构又相应地分为两个基本部分,一部分反映数额的增加,另一部分反映数额的减少。所以,账户分为左右两个方向,一方登记增加,另一方登记减少。至于哪一方登记增加,哪一方登记减少,即"借"表示增加还是"贷"表示增加,则要根据各个账户所反映的经济内容来决定,也就是说,取决于经济业务涉及哪些账户及其账户的性质。在借贷记账法下,账户的左方称为借方,右方称为贷方。

在账户中,登记本期增加的金额,称为本期增加发生额;登记本期减少的金额,称为本期减少发生额;增减相抵后的差额,称为余额;余额按照表示的时间不同,可分为期初余额和期末余额。一定会计期间结束时的期末余额,在下一个会计期间开始时就成为期初余额,所以,期初余额和期末余额是相对于一定会计期间而言的。账户中4个金额要素的关系如下:

本期期末余额=本期期初余额+本期增加发生额-本期减少发生额

账户的结构,尽管各种各样,但一般来说账户的基本结构具体包括以下内容:

(1) 账户的名称(即会计科目)。
(2) 记录经济业务的日期。
(3) 所依据记账凭证的编号。
(4) 摘要,即对经济业务的简要说明。
(5) 增加额、减少额、余额(包括期初余额和期末余额)。

借贷记账法账户的基本结构如表3-1所示。

表3-1 借贷记账法账户的基本结构

年		凭证编号	摘要	借方	贷方	借或贷	余额
月	日						

为了说明上的方便,上述账户的基本结构,可以简化为"T"字形,称为 T 形账户,如图 3-1 所示。

(三) 四大类账户的结构

1. 资产类账户的结构

资产类账户的借方登记资产的增加数,贷方登记资产的减少数,期初及期末余额一般在借方。资产类账户的发生额及余额之间的关系,可用公式表示如下:

资产类账户的期末借方余额＝期初借方余额＋本期借方发生额－本期贷方发生额

资产类账户的结构用 T 字形账户表示,如图 3-2 所示。

资产类账户		
借方	账户名称(会计科目)	贷方
期初余额 本期增加数 ……		本期减少数 ……
本期发生额		本期发生额
期末余额		

图 3-2　资产类账户的结构

2. 负债及所有者权益类账户的结构

负债或所有者权益类账户的借方登记负债或所有者权益的减少数,贷方登记负债或所有者权益的增加数,期初及期末余额一般在贷方。负债或所有者权益类账户的发生额及余额之间的关系,可用公式表示如下:

负债或所有者权益类账户的期末贷方余额＝期初贷方余额＋本期贷方发生额－本期借方发生额

负债或所有者权益类账户的结构用 T 字形账户表示,如图 3-3 所示。

负债或所有者权益类账户		
借方	账户名称(会计科目)	贷方
本期减少数 ……		期初余额 本期增加数 ……
本期发生额		本期发生额
		期末余额

图 3-3　负债或所有者权益类账户的结构

3. 成本类账户的结构

成本类账户的结构与资产类账户的结构一致,其发生额及余额之间的关系也相同。成本类账户的借方登记成本的增加数,贷方登记成本的减少数,期末若有余额,一般在借方。成本类账户的发生额及余额之间的关系,可用公式表示如下:

成本类账户的期末借方余额=期初借方余额+本期借方发生额−本期贷方发生额

成本类账户的结构用 T 字形账户表示,如图 3-4 所示。

成本类账户

借方	账户名称(会计科目)	贷方
期初余额 本期增加数 ……		本期减少数 ……
本期发生额		本期发生额
期末余额		

图 3-4 成本类账户的结构

4. 损益类账户的结构

(1)收入类账户的结构。收入类账户的结构与权益类账户的结构基本相同,即借方登记收入的减少数以及期末转入"本年利润"的数额,贷方登记收入的增加数,该类账户期末结转后一般无余额。

收入类账户的结构用 T 字形账户表示,如图 3-5 所示。

收入类账户

借方	账户名称(会计科目)	贷方
收入的减少数或转销数 ……		收入的增加数 ……
本期发生额		本期发生额

图 3-5 收入类账户的结构

(2)费用类账户的结构。费用类账户的结构与资产类账户的结构基本相同,即借方登记费用的增加数,贷方登记费用的减少数以及期末转入"本年利润"的数额,该类账户期末结转后一般无余额。

费用类账户的结构用 T 字形账户表示,如图 3-6 所示。

费用类账户	
借方　　　　　　　账户名称(会计科目)　　　　　　　贷方	
费用的增加数 ……	费用的减少数或转销数 ……
本期发生额	本期发生额

图 3-6　费用类账户的结构

(四) 借贷记账法的记账规则

记账规则是指记录经济业务时所应遵循的规则,它是由借贷记账法的账户性质和经济业务的类型决定的。

借贷记账法的记账规则是:有借必有贷,借贷必相等。即对每一笔经济业务都要在两个或两个以上相互联系的账户中以借方和贷方相等的金额进行登记。

具体而言,在借贷记账法下,对发生的每一笔经济业务,都必须记入一个账户的借方,同时记入另一个或几个账户的贷方;或者记入一个账户的贷方,同时记入另一个或几个账户的借方;或者记入几个账户的借方,同时记入另几个账户的贷方,并且记入借方的金额和记入贷方的金额必须相等。

运用借贷记账法的记账规则登记经济业务时,一般按以下步骤进行:首先,根据经济业务的内容,确定该笔经济业务应记入哪些账户,这些账户是属于什么类型的账户;其次,确定记入这些账户的金额是增加额,还是减少额;最后,结合前面两条,根据借贷记账法的账户结构,确定应记入各有关账户的借方还是贷方。

例 3-2　下面以本章第一节中的例 3-1 为例来说明借贷记账法的记账规则。

(1) 甲企业向银行借入 2 年期的长期借款 10 万元存入银行。

这项经济业务涉及"银行存款"和"长期借款"两个账户,它使银行存款增加了 10 万元,长期借款增加了 10 万元。银行存款增加属于资产的增加,应记入"银行存款"账户的借方;长期借款的增加属于负债的增加,应记入"长期借款"账户的贷方。因此,该项业务在账户中应做如图 3-7 所示的记录。

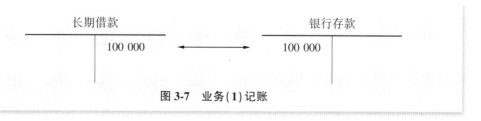

图 3-7　业务(1)记账

(2) 甲企业以银行存款偿还上月所欠乙企业的购料款 1 万元。

这项经济业务涉及"银行存款"和"应付账款"两个账户,它使银行存款减少了 1 万元,应付账款减少了1万元。银行存款减少属于资产的减少,应记入"银行存款"账户的贷方;应付账款减少属于负债的减少,应记入"应付账款"账户的借方。因此,该项业务在账户中应做如图3-8所示的记录。

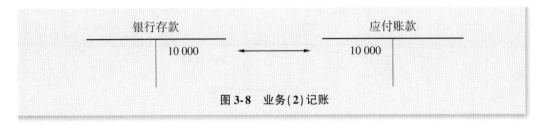

图3-8 业务(2)记账

(3)甲企业收到丁企业投入资金30万元,款已存入银行。

这项经济业务涉及"银行存款"和"实收资本"两个账户,它使银行存款增加了30万元,实收资本增加了30万元。银行存款增加属于资产的增加,应记入"银行存款"账户的借方;实收资本的增加属于所有者权益的增加,应记入"实收资本"账户的贷方。因此,该项业务在账户中应做如图3-9所示的记录。

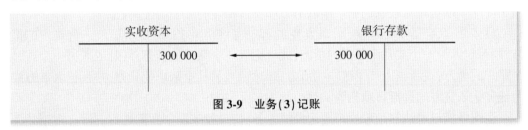

图3-9 业务(3)记账

(4)甲企业因缩小经营规模,经批准减少注册资本10万元,并以银行存款发还投资者。

这项经济业务涉及"银行存款"和"实收资本"两个账户,它使银行存款减少了10万元,实收资本减少了10万元。银行存款减少属于资产的减少,应记入"银行存款"账户的贷方;实收资本减少属于所有者权益的减少,应记入"实收资本"账户的借方。因此,该项业务在账户中应作如图3-10所示的记录。

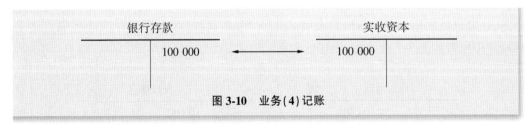

图3-10 业务(4)记账

(5)甲企业从银行提取现金2万元。

这项经济业务涉及"银行存款"和"库存现金"两个账户,它使银行存款减少了2万元,库存现金增加了2万元。银行存款减少属于资产的减少,应记入"银行存款"账户的贷方;库存现金增加属于资产的增加,应记入"库存现金"账户的借方。因此,该项业务在账户中应做如图3-11所示的记录。

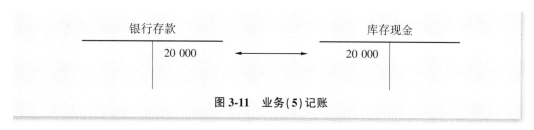

图 3-11 业务(5)记账

(6)甲企业向银行借入期限 10 个月的短期借款 20 万元,直接用于归还拖欠丙企业的货款。

这项经济业务涉及"短期借款"和"应付账款"两个账户,它使短期借款增加了 20 万元,应付账款减少了 20 万元。应付账款的减少属于负债的减少,应记入"应付账款"账户的借方;短期借款的增加属于负债的增加,应记入"短期借款"账户的贷方。因此,该项业务在账户中应做如图 3-12 所示的记录。

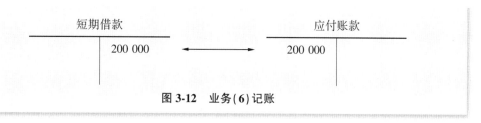

图 3-12 业务(6)记账

(7)甲企业经批准将盈余公积 9 万元转增资本。

这项经济业务涉及"盈余公积"和"实收资本"两个账户,它使盈余公积减少了 9 万元,实收资本增加了 9 万元。盈余公积的减少属于所有者权益的减少,应记入"盈余公积"账户的借方;实收资本的增加属于所有者权益的增加,应记入"实收资本"账户的贷方。因此,该项业务在账户中应做如图 3-13 所示的记录。

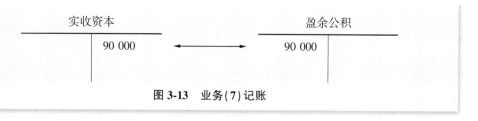

图 3-13 业务(7)记账

(8)甲企业经研究决定向投资者分配利润 6 万元。

这项经济业务涉及"利润分配"和"应付股利"两个账户,它使未分配利润减少了 6 万元,应付股利增加了 6 万元。利润的分配属于所有者权益的减少,应记入"利润分配"账户的借方;应付股利的增加属于负债的增加,应记入"应付股利"账户的贷方。因此,该项业务在账户中应做如图 3-14 所示的记录。

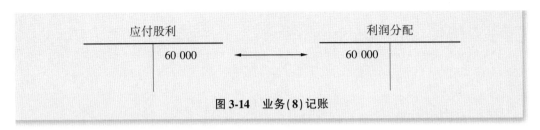

图 3-14 业务(8)记账

(9) 甲企业经与债权人协商并经有关部门批准,将所欠 7 万元债务转为资本。

这项经济业务涉及"应付账款"和"实收资本"两个账户,它使应付账款减少了 7 万元,实收资本增加了 7 万元。应付账款的减少属于负债的减少,应记入"应付账款"账户的借方;实收资本的增加属于所有者权益的增加,应记入"实收资本"账户的贷方。因此,该项业务在账户中应做如图 3-15 所示的记录。

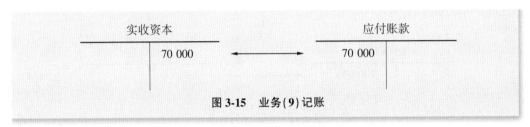

图 3-15 业务(9)记账

以上例子代表了经济业务所引起的资产、负债和所有者权益增减变化的 4 大类型 9 种情况。从这些例子可以看出,不论经济业务的类别如何,在借贷记账法下,对发生的每一项经济业务,都是按照"有借必有贷,借贷必相等"的记账规则来记账的。

(五) 会计账户的对应关系和会计分录

1. 会计账户的对应关系

在借贷记账法下,所有经济业务在进行会计记录时,必须同时记入两个或两个以上的会计账户中,这样,会计账户之间就形成了相互依存的对应关系,会计账户之间的这种相互依存的关系,称为会计账户的对应关系。存在对应关系的会计账户称为对应会计账户。通过会计账户之间的这种对应关系,可以了解每笔经济业务的内容,掌握经济业务的来龙去脉。

2. 会计分录

会计分录是指对某项经济业务事项标明其应借应贷会计账户及其金额的记录,简称分录。可见,会计分录主要是由应借应贷方向、对应会计账户名称及应记金额 3 大要素构成的。在实际工作中,它是根据经济业务的原始凭证在记账凭证上编制的。

编制会计分录是会计工作的初始阶段,也是将经济业务记入会计账簿之前的一项准备工作,会计分录是记账的直接依据,会计分录错了,必然影响整个会计记录的正确性,因此,正确地编制会计分录具有重要的意义。

会计分录按照所涉及的会计账户的多少,分为简单会计分录和复合会计分录两种。

简单会计分录是指由一借一贷两个会计账户组成的会计分录。这种分录,其账户对应关系一目了然。

复合会计分录是指由两个以上会计账户组成的会计分录。一个复合会计分录是由若干个内容相关的简单会计分录合并而成的,一个复合会计分录可以分解为若干个内容相关的简单会计分录。编制复合会计分录可以完整地反映某项经济业务的全貌,简化记账手续,节省记账时间,提高工作效率。通常情况下,复合会计分录的形式可以是一借多贷或多借一贷。特殊经济业务也可以编制多借多贷的会计分录。但不允许把不同类型的经济业务合并编制多借多贷的复合会计分录。

编制会计分录的步骤如下:

(1) 分析经济业务事项涉及的是资产(成本、费用)还是权益(收入)。

(2) 确定涉及哪些会计账户,是增加还是减少。

(3) 确定记入哪些(个)会计账户的借方、哪些(个)会计账户的贷方。

(4) 根据借贷记账法的记账规则,编制会计分录,并检查应借应贷会计账户是否正确,借贷方金额是否相等。

编制会计分录的书面格式,习惯上采用先借后贷、上借下贷,每一个会计账户占一行;借方与贷方应错位表示,一般贷字应对齐借方账户的第一个字,金额也要错开写。

例 3-3 下面仍以本章第一节中的例 3-1 为例来说明简单会计分录的编制。

(1) 甲企业向银行借入 2 年期的长期借款 10 万元存入银行。

借:银行存款　　　　　　　　　　　　　　　　　　100 000
　　贷:长期借款　　　　　　　　　　　　　　　　　100 000

(2) 甲企业以银行存款偿还上月所欠乙企业的购料款 1 万元。

借:应付账款　　　　　　　　　　　　　　　　　　 10 000
　　贷:银行存款　　　　　　　　　　　　　　　　　 10 000

(3) 甲企业收到丁企业投入资金 30 万元,款已存入银行。

借:银行存款　　　　　　　　　　　　　　　　　　300 000
　　贷:实收资本　　　　　　　　　　　　　　　　　300 000

(4) 甲企业因缩小经营规模,经批准减少注册资本 10 万元,并以银行存款发还投资者。

借:实收资本　　　　　　　　　　　　　　　　　　100 000
　　贷:银行存款　　　　　　　　　　　　　　　　　100 000

(5) 甲企业从银行提取现金 2 万元。

借:库存现金　　　　　　　　　　　　　　　　　　 20 000
　　贷:银行存款　　　　　　　　　　　　　　　　　 20 000

(6) 甲企业向银行借入期限 10 个月的短期借款 20 万元,直接用于归还拖欠丙企业的货款。

借:应付账款　　　　　　　　　　　　　　　　　　200 000
　　贷:短期借款　　　　　　　　　　　　　　　　　200 000

(7) 甲企业经批准将盈余公积 9 万元转增资本。

借:盈余公积　　　　　　　　　　　　　　　　　　 90 000

  贷：实收资本   90 000

（8）甲企业经研究决定向投资者分配利润 6 万元。

借：利润分配   60 000

  贷：应付股利   60 000

（9）甲企业经与债权人协商并经有关部门批准，将所欠 7 万元债务转为资本。

借：应付账款   70 000

  贷：实收资本   70 000

例 3-4 企业购买一批原材料，价款共计 28 500 元，其中 500 元用现金支付，其余款项用银行存款支付。用此例来说明复合会计分录的编制。

借：原材料   28 500

  贷：库存现金   500

    银行存款   28 000

这个复合会计分录可以拆分为以下两个简单会计分录：

借：原材料   500

  贷：库存现金   500

借：原材料   28 000

  贷：银行存款   28 000

例 3-5 企业用银行存款 3 890 元支付电话费，其中 2 780 元为行政管理部门的费用，其余为车间的费用。用此例来说明复合会计分录的编制。

借：管理费用   2 780

   制造费用   1 110

  贷：银行存款   3 890

这个复合会计分录可以拆分为以下两个简单会计分录：

借：管理费用   2 780

  贷：银行存款   2 780

借：制造费用   1 110

  贷：银行存款   1 110

（六）借贷记账法的试算平衡

1. 试算平衡的含义

试算平衡是指根据资产与权益的恒等关系以及借贷记账法的记账规则，通过对所有会计账户的记录进行汇总和计算，来检查各类会计账户记录是否正确的一种方法。

采用借贷记账法记账，就要根据借贷必相等的规则进行试算平衡，检查每笔经济业务和会计分录是否正确，以及全部会计账户的本期发生额和期末余额是否正确。

2. 试算平衡的分类

试算平衡可分为发生额试算平衡法和余额试算平衡法两种。

（1）发生额试算平衡法。它是根据本期所有会计账户借方发生额合计与贷方发生额合计的恒等关系,检验本期发生额记录是否正确的方法。

发生额试算平衡法的理论依据是"有借必有贷,借贷必相等"这一记账规则。在借贷记账法下,由于对任何经济业务都是根据"有借必有贷,借贷必相等"的记账规则记账,这样,不仅每笔经济业务记入相关会计账户的借方和贷方发生额相等,而且当一定会计期间的全部经济业务都记入相关会计账户后,所有会计账户的借方发生额合计数与贷方发生额合计数也必然相等。因此,在借贷记账法下,这种数量相等的关系用公式表示为:

全部会计账户本期借方发生额合计=全部会计账户本期贷方发生额合计

我们可以利用这一恒等关系,来检查本期发生额记录是否正确。

发生额试算平衡法是通过编制发生额试算平衡表进行的,发生额试算平衡表的格式如表3-2所示。下面以本节中的例3-3为例来说明发生额试算平衡表的编制。

表3-2 本期发生额试算平衡表

20××年2月　　　　　　　　　　　　　　　单位:元

账户名称	借方发生额	贷方发生额
库存现金	20 000	
银行存款	400 000	130 000
应付账款	280 000	
应付股利		60 000
短期借款		200 000
长期借款		100 000
实收资本	100 000	460 000
盈余公积	90 000	
利润分配	60 000	
合　计	950 000	950 000

(2)余额试算平衡法。它是根据本期所有会计账户借方余额合计与贷方余额合计的恒等关系,检验本期会计账户记录是否正确的方法。

根据余额时间不同,分为期初余额平衡和期末余额平衡两类。期初余额平衡是期初所有会计账户借方余额合计与贷方余额合计相等。期末余额平衡是期末所有会计账户借方余额合计与贷方余额合计相等。这是由"资产=负债+所有者权益"的恒等关系决定的。其公式为:

全部会计账户的借方期初余额合计=全部会计账户的贷方期初余额合计

全部会计账户的借方期末余额合计=全部会计账户的贷方期末余额合计

余额试算平衡法是通过编制试算平衡表进行的,试算平衡表的格式如表3-3所示。

下面仍以本节中的例3-3为例来说明试算平衡表的编制。假设20××年2月甲企业所有会计账户期初余额如表3-3中"期初余额"栏所示,根据甲企业20××年2月发生的九项经济业务及所有会计账户的期初余额可编制试算平衡表。

表 3-3 试算平衡表

20××年 2 月　　　　　　　　　　　　　　　　　　　单位：元

账户名称	期初余额		本期发生额		期末余额	
	借方	贷方	借方	贷方	借方	贷方
库存现金	5 000		20 000		25 000	
银行存款	250 000		400 000	130 000	520 000	
应收账款	85 000				85 000	
在途物资	12 000				12 000	
原材料	58 000				58 000	
固定资产	680 000				680 000	
无形资产	270 000				270 000	
应付账款		280 000	280 000			0
应付股利		30 000		60 000		90 000
短期借款		60 000		200 000		260 000
长期借款		150 000		100 000		250 000
实收资本		720 000	100 000	460 000		1 080 000
盈余公积		120 000	90 000			30 000
利润分配				60 000		60 000
合　计	1 360 000	1 360 000	950 000	950 000	1 710 000	1 710 000

在编制试算平衡表时，还应注意以下几点：

（1）必须保证所有会计账户的余额都已记入试算平衡表。因为，会计等式是对会计要素整体而言的，缺少任何一个会计账户的余额，都会造成期初或期末借方余额合计与贷方余额合计不相等。

（2）如果试算平衡表借贷不相等，说明肯定有错误，应认真查找，直到实现平衡为止。一般按照下列步骤寻找错误：

① 检查试算平衡表的编制是否有误。

② 检查账户记录是否有误。

③ 检查会计分录是否有误。

（3）即使实现了"期初余额""本期发生额""期末余额"3大栏的借贷平衡，也并不能说明账户记录绝对正确，只能说明账户记录基本正确。因为有些错误并不会影响借贷双方的平衡关系，试算平衡存在局限性。例如，存在下列错误是不会影响借贷的平衡关系的：

① 一笔经济业务全部遗漏记账。

② 一笔经济业务全部重复记账。
③ 一笔经济业务的借贷方向颠倒。
④ 账户名称记错。
⑤ 借贷双方发生同金额的错误。
⑥ 借贷某一方发生相互抵消的错误。

因此,在编制试算平衡表之前,应认真核对有关账户记录,以避免上述这些错误的发生。

四、总分类账户与明细分类账户的平行登记

(一) 总分类账户与明细分类账户的关系

总分类账户是总括地反映各个会计要素具体项目增减变化及其结果的账户,简称"总账"。它是根据一级会计科目设置的,只用货币作为计量单位。例如:"原材料"总账。

明细分类账户是详细地反映会计要素具体项目的细项的增减变化及其结果的账户,简称"明细账"。它是根据明细会计科目设置的,除了用货币作为计量单位外,有时也可用实物计量。例如:在"原材料"总账下,可以设置"原料及主要材料""辅助材料"等二级明细分类账户;甚至在二级明细分类账户"原料及主要材料"下,可以按材料的品种、规格等设置三级明细分类账户等。

1. 两者的联系

总分类账户和明细分类账户的内在联系主要表现在:

(1) 反映的经济业务的内容相同。例如,"原材料"总账与其所属的"原料及主要材料""辅助材料"等明细账户都是用来反映原材料的收发及结存情况的。

(2) 登记账簿的原始依据相同。登记总分类账户和明细分类账户的原始凭证是相同的。

2. 两者的区别

总分类账户和明细分类账户的区别主要表现在:

(1) 反映的经济业务的详细程度不同。总分类账户是概括地反映会计对象的具体内容,提供总括性的指标;明细分类账户是详细地反映会计对象的具体内容,提供比较详细具体的指标。

(2) 作用不同。总分类账户对明细分类账户具有统驭控制作用;明细分类账户对总分类账户具有补充说明作用。总分类账户与其所属的明细分类账户在总金额上必须相等。

(二) 总分类账户与明细分类账户的平行登记

1. 平行登记的概念

平行登记是指对所发生的每项经济业务要根据会计凭证一方面在总分类账户中进行总括的登记,另一方面还要在所属的明细分类账户中进行明细登记的方法。

2. 平行登记的要点

总分类账户和明细分类账户平行登记的要点是：原始依据必须相同；借贷方向必须相同；所属会计期间相同；金额必须相等。具体而言：

（1）所依据会计凭证相同（依据相同）。即对发生的经济业务，都要以相关的会计凭证为依据，既要登记有关总分类账户，又要登记其所属的明细分类账户。

（2）借贷方向相同（方向相同）。将经济业务记入总分类账户和明细分类账户时，记账方向必须相同。即总分类账户记入借方，明细分类账户也应记入借方；总分类账户记入贷方，明细分类账户也应记入贷方。

（3）所属会计期间相同（期间相同）。对每项经济业务在记入总分类账户和明细分类账户的过程中，可以有先后，但必须在同一会计期间（如同一个月、同一个季度、同一年度）全部登记入账。

（4）记入总分类账户的金额与记入其所属明细分类账户的金额合计相等（金额相等）。对于发生的每一项经济业务，记入总分类账户的金额必须等于其所属明细分类账户的金额之和。从而，总分类账户本期发生额与其所属明细分类账户的本期发生额合计相等；总分类账户期初余额与其所属明细分类账户的期初余额合计相等；总分类账户期末余额与其所属明细分类账户的期末余额合计相等。

企业可以根据总分类账户与其所属明细分类账户的发生额和余额必然相等的原理，通过总分类账户与其所属明细分类账户的相互核对，来检查总分类账户与其所属明细分类账户的记录是否正确。

本章习题

一、单项选择题

1. 最基本的会计等式是（　　）。
   A. 资产=负债+所有者权益
   B. 期末余额=期初余额+本期增加额-本期减少额
   C. 利润=收入-费用
   D. 资产=负债+所有者权益+(收入-费用)

2. 一个企业的资产总额与权益总额（　　）。
   A. 必然相等　　　　　　　　　　　　B. 有时相等
   C. 不会相等　　　　　　　　　　　　D. 只有在期末时相等

3. 一项资产增加、一项负债增加的经济业务发生后，都会使资产与权益原来的总额（　　）。
   A. 发生同增的变化　　　　　　　　　B. 发生同减的变化

  C. 不会变动   D. 发生不等额变动

4. 下列经济业务,引起资产和负债同时减少的是( )。
  A. 赊购材料一批   B. 用银行存款偿还银行借款
  C. 从银行提取现金   D. 通过银行收到应收账款

5. 某企业月初权益总额为 100 万元,假定本月仅发生一笔以银行存款 30 万元偿还银行借款的经济业务,则该企业月末资产总额为( )万元。
  A. 70   B. 80   C. 90   D. 100

6. 经济业务发生仅涉及资产要素时,必然引起该要素中某些项目发生( )。
  A. 同增变化   B. 同减变化   C. 不变动   D. 此增彼减变化

7. 下列经济业务,只引起同一个会计要素内部增减变动的是( )。
  A. 取得借款存入银行   B. 用银行存款归还前欠款
  C. 赊购固定资产   D. 用银行存款购买材料

8. 下列经济业务,会引起资产类项目和负债类项目同时增加的是( )。
  A. 将现金存入银行
  B. 用银行存款归还向银行借入的短期借款
  C. 赊购原材料
  D. 接受投资者投入的货币资金

9. 下列经济业务,会引起所有者权益项目此增彼减的是( )。
  A. 以短期借款直接偿还应付账款   B. 接受捐赠的货币资金
  C. 以银行存款支付投资者的利润   D. 经批准将盈余公积转增资本

10. 当一笔经济业务只涉及负债要素发生增减变化时,会计等式两边的金额( )。
  A. 不变   B. 同减
  C. 同增   D. 一方增加一方减少

11. 目前我国企业采用的复式记账法是( )。
  A. 收付记账法   B. 来去记账法   C. 增减记账法   D. 借贷记账法

12. 在借贷记账法下,账户的借方用来登记( )。
  A. 资产的增加或权益的减少   B. 资产的减少或权益的增加
  C. 资产的增加或权益的增加   D. 资产的减少或权益的减少

13. 在借贷记账法下,账户的贷方用来登记( )。
  A. 收入的增加或费用(成本)的增加   B. 收入的增加或费用(成本)的减少
  C. 收入的减少或费用(成本)的增加   D. 收入的减少或费用(成本)的减少

14. 在借贷记账法下,资产类账户的期末余额一般在( )。
  A. 借方   B. 增加方   C. 贷方   D. 减少方

15. 权益类账户的余额一般( )。
  A. 在借方   B. 在贷方   C. 无余额   D. 在借方或贷方

16. 收入类账户的余额一般( )。
  A. 在借方   B. 在贷方   C. 无余额   D. 在借方或贷方

17. 在借贷记账法下,资产类账户的期末余额等于( )。
    A. 期初余额+借方发生额-贷方发生额　　B. 期初余额+借方发生额+贷方发生额
    C. 期初余额-借方发生额+贷方发生额　　D. 期初余额-借方发生额-贷方发生额
18. 在借贷记账法下,所有者权益类账户的期末余额等于( )。
    A. 期初贷方余额+本期贷方发生额-本期借方发生额
    B. 期初借方余额+本期贷方发生额-本期借方发生额
    C. 期初借方余额+本期借方发生额-本期贷方发生额
    D. 期初贷方余额+本期借方发生额-本期贷方发生额
19. 下列经济业务,会引起资产和负债同时减少的是( )。
    A. 从银行提取现金　　　　　　　　　B. 购进材料一批,货款暂欠
    C. 以银行存款归还银行借款　　　　　D. 收到其他单位汇来前欠货款
20. 根据资产与权益的恒等关系以及借贷记账法的记账规则,检查所有账户记录是否正确的过程称为( )。
    A. 查账　　　　B. 对账　　　　C. 试算平衡　　　　D. 复式记账
21. 对某项经济业务事项标明应借应贷账户及其金额的记录称为( )。
    A. 对应关系　　B. 会计分录　　C. 对应科目　　　　D. 试算平衡
22. 对所发生的每项经济业务事项都要以会计凭证为依据,一方面记入有关总分类账户,另一方面记入有关总分类账户所属明细分类账户的方法称为( )。
    A. 借贷记账法　B. 试算平衡　　C. 复式记账法　　　D. 平行登记
23. 总分类账户与其明细分类账户的主要区别在于( )。
    A. 记账的期间不同　　　　　　　　　B. 记账的依据不同
    C. 记账的方法不同　　　　　　　　　D. 记录经济业务的详细程度不同
24. 下列有关总分类账户与明细分类账户关系的表述,错误的有( )。
    A. 总分类账户对明细分类账户具有统驭控制作用
    B. 总分类账户与明细分类账户登记的依据不同
    C. 总分类账户与其所属的明细分类账户在总金额上应该相等
    D. 明细分类账户对总分类账户具有补充说明作用
25. 下列会计分录形式,属于简单会计分录的是( )。
    A. 一借一贷　　B. 一借多贷　　C. 一贷多借　　　　D. 多借多贷
26. 存在对应关系的账户称为( )。
    A. 联系账户　　B. 对应账户　　C. 总分类账户　　　D. 明细分类账户
27. 复式记账法是以( )为记账基础的一种记账方法。
    A. 会计账户　　　　　　　　　　　　B. 资产和权益的平衡关系
    C. 经济业务　　　　　　　　　　　　D. 试算平衡
28. 复式记账法是对发生的每一笔经济业务,都要以相等的金额,在( )中进行登记的一种记账方法。
    A. 1个账户　　　　　　　　　　　　B. 两个或两个以上的账户
    C. 两个账户　　　　　　　　　　　　D. 相互联系的两个或两个以上账户

29. 复式记账法的基本理论依据是(　　)的平衡原理。
    A. 收入−费用=利润
    B. 资产=负债+所有者权益
    C. 期初余额+本期增加数−本期减少数=期末余额
    D. 借方发生额=贷方发生额

30. 下列项目,属于成本类账户的是(　　)。
    A. 主营业务成本　　B. 其他业务成本　　C. 营业外支出　　D. 制造费用

31. 借贷记账法余额试算平衡的依据是(　　)。
    A. 借贷记账法的记账规则　　　　B. 账户的对应关系
    C. 账户的结构　　　　　　　　　D. 资产与权益的恒等关系

32. 账户发生额试算平衡方法是根据(　　)来确定的。
    A. 借贷记账法的记账规则　　　　B. 资产=负债+所有者权益
    C. 收入−费用=利润　　　　　　　D. 平行登记原则

33. 下列经济业务,借记资产类账户、贷记负债类账户的是(　　)。
    A. 接受投资　　　　　　　　　　B. 将现金存入银行
    C. 赊购商品　　　　　　　　　　D. 以现金偿还债务

34. 下列记账错误,不能通过试算平衡检查发现的是(　　)。
    A. 漏记了某一账户的发生额
    B. 重复登记了某一账户的发生额
    C. 将某一账户的发生额300元,误写成3 000元
    D. 将应记入"管理费用"账户的借方发生额,误记入"制造费用"账户的借方

35. 下列关于借贷记账法的表述,正确的是(　　)。
    A. 借贷记账法是复式记账的一种
    B. 在借贷记账法下,"借"代表增加,"贷"代表减少
    C. 在借贷记账法下,资产增加记借方,负债减少记贷方
    D. 在借贷记账法下,可以利用试算平衡检查出所有记账错误

36. 借贷记账法的余额试算平衡公式是(　　)。
    A. 每个账户的借方发生额=每个账户的贷方发生额
    B. 全部账户本期借方发生额合计=全部账户本期贷方发生额合计
    C. 全部账户期末借方余额合计=全部账户期末贷方余额合计
    D. 全部账户期末借方余额合计=部分账户期末贷方余额合计

37. 某公司期初资产总额为500 000元,当期期末负债总额比期初减少30 000元,期末所有者权益比期初增加80 000元,则该企业期末资产总额为(　　)元。
    A. 470 000　　　　B. 530 000　　　　C. 550 000　　　　D. 580 000

38. 某公司资产总额为90 000元,负债总额为50 000元,以银行存款30 000元偿还短期借款,并以银行存款20 000元购买设备,则上述业务入账后该公司的资产总额为(　　)元。
    A. 30 000　　　　　B. 40 000　　　　　C. 50 000　　　　　D. 60 000

39. 某企业所有者权益总额为 3 000 万元,负债总额为 2 000 万元,那么该企业的资产总额为( )万元。

    A. 1 000   B. 2 000   C. 3 000   D. 5 000

40. 甲公司月初短期借款余额为 100 万元,本月向银行借入 8 个月的借款 50 万元,归还到期的短期借款 80 万元,则本月末短期借款的余额为( )万元。

    A. 借方 70   B. 贷方 70   C. 借方 150   D. 贷方 150

41. 乙公司月初资产总额为 200 万元,本月发生下列业务:(1) 以银行存款购买固定资产 20 万元;(2) 向银行借款 80 万元,款项存入银行;(3) 以银行存款归还前欠货款 50 万元;(4) 收回应收账款 10 万元,款项已存入银行。则月末该公司资产总额为( )万元。

    A. 220   B. 230   C. 250   D. 280

42. 甲公司月末编制的试算平衡表中,全部账户的本月贷方发生额合计为 150 万元,除库存现金外的本月借方发生额合计 123 万元,则库存现金账户( )。

    A. 本月借方余额为 27 万元   B. 本月贷方余额为 27 万元
    C. 本月贷方发生额为 27 万元   D. 本月借方发生额为 27 万元

43. 在借贷记账法下,"借""贷"记账符号表示( )。

    A. 平衡关系   B. 记账金额
    C. 记账方向   D. 债权债务关系的变化

44. 下列会计分录,属于复合会计分录的是( )。

    A. 借:生产成本   9 000
          管理费用   100
         贷:原材料   9 100
    B. 借:银行存款   500 000
         贷:实收资本——东方公司   300 000
                 ——西方公司   200 000
    C. 借:管理费用   1 000
         贷:原材料——甲材料   800
                ——乙材料   200
    D. 借:销售费用   6 000
         贷:银行存款   6 000

45. 账户是根据会计科目设置的,具有一定( ),用于分类反映会计要素增减变动情况及其结果的载体。

    A. 形式   B. 结构
    C. 格式   D. 格式和结构

46. 账户的基本结构是指( )。

    A. 账户的具体格式   B. 账户登记的方向
    C. 账户登记的日期   D. 账户中登记增减金额等的栏次

47. 一个账户的增加发生额与该账户的期末余额一般都应在该账户的(　　)。
    A. 借方　　　　B. 贷方　　　　C. 相同方向　　　D. 相反方向
48. 会计科目和账户之间的联系是(　　)。
    A. 结构相同　　B. 格式相同　　C. 内容相同　　　D. 互不相关
49. 根据明细分类科目设置的,用来对会计要素具体内容进行明细分类核算的账户称为(　　)。
    A. 总账账户　　B. 明细账户　　C. 备查账户　　　D. 综合账户
50. 根据总分类科目设置的,用于对会计要素具体内容进行总括分类核算的账户称为(　　)。
    A. 总账账户　　B. 明细账户　　C. 备查账户　　　D. 综合账户
51. 下列表述,正确的是(　　)。
    A. 明细账根据明细分类科目设置
    B. 库存现金日记账实质上就是库存现金的总账
    C. 总账的余额不一定等于其所属明细账的余额的合计数
    D. 所有资产类总账的余额合计数应等于所有负债类总账的余额合计数
52. 下列账户,属于负债类账户的是(　　)。
    A. 本年利润　　B. 主营业务收入　C. 应付账款　　　D. 应收账款
53. 账户的余额按照表示的时间不同,分为(　　)。
    A. 期初余额　　　　　　　　　B. 期初余额和期末余额
    C. 期末余额　　　　　　　　　D. 本期增加发生额和本期减少发生额
54. 损益类账户的期末余额一般(　　)。
    A. 在借方　　　B. 在贷方　　　C. 无法确定方向　D. 为零
55. 下列账户,期末一般无余额的是(　　)。
    A. 销售费用　　B. 生产成本　　C. 利润分配　　　D. 应付账款
56. "生产成本"账户的期末余额应归属于(　　)类会计要素。
    A. 资产　　　　B. 负债　　　　C. 所有者权益　　D. 利润
57. 在借贷记账法下,"原材料"账户的余额(　　)。
    A. 只能在借方　　　　　　　　B. 只能在贷方
    C. 肯定为零　　　　　　　　　D. 既可能在借方也可能在贷方
58. 如果某一账户的左方登记增加,右方登记减少,期初余额在左方,而期末余额在右方,则表明(　　)。
    A. 本期增加发生额超过本期减少发生额的差额小于期初余额
    B. 本期增加发生额超过本期减少发生额的差额大于期初余额
    C. 本期增加发生额低于本期减少发生额的差额小于期初余额
    D. 本期增加发生额低于本期减少发生额的差额大于期初余额

二、多项选择题

1. 资产与权益的恒等关系是（　　）。
   A. 复式记账法的理论依据　　　　　B. 编制资产负债表的依据
   C. 试算平衡的理论依据　　　　　　D. 总账与明细账平行登记的理论依据

2. 下列各项经济业务，能引起会计等式左右两边会计要素变动的有（　　）。
   A. 收到某单位前欠货款50 000元存入银行
   B. 以银行存款80 000元偿还银行借款
   C. 收到某单位投入机器一台，价值300 000元
   D. 以银行存款购买材料6 000元

3. 下列各项经济业务，能引起资产和负债同时增加的有（　　）。
   A. 企业赊购材料一批　　　　　　　B. 从银行借入一笔款项存入银行
   C. 用银行存款偿还所欠货款　　　　D. 收到投资人投入的资金存入银行

4. 下列各项经济业务，会使企业资产总额和负债总额同时减少的有（　　）。
   A. 用现金支付职工工资　　　　　　B. 从某企业购买材料一批，货款未付
   C. 将资本公积转增资本　　　　　　D. 用银行存款偿还所欠货款

5. 下列各项经济业务，会使企业资产总额和权益总额同时增加的有（　　）。
   A. 提取盈余公积
   B. 向银行借入一年期的借款，已存入银行
   C. 赊购设备一台，设备已经交付使用
   D. 收到某投资者投资，款项已存入银行

6. 企业向银行借款90万元存入银行，这项业务引起（　　）要素同时增加。
   A. 资产　　　　　B. 负债　　　　　C. 所有者权益类　　　D. 收入

7. 下列各项经济业务，会引起会计等式左右两边会计要素变动的有（　　）。
   A. 从银行提取现金800元
   B. 接受投资100万元，款项存入银行
   C. 购买材料5 000元，款项尚未支付
   D. 购买机器一台，以存款支付5万元货款

8. 下列各项经济业务，能引起资产和所有者权益同时增加的有（　　）。
   A. 收到某一法人投资存入银行　　　B. 提取盈余公积
   C. 收到外单位投入机器一台　　　　D. 将资本公积转增资本

9. 损益类账户一般具有以下特点：（　　）。
   A. 费用类账户的增加额记借方　　　B. 收入类账户的减少额记借方
   C. 期末一般无余额　　　　　　　　D. 年末要结转到"本年利润"账户

10. 会计账户一般可以提供的金额指标有（　　）。
    A. 期初余额　　　　　　　　　　　B. 本期增加发生额
    C. 期末余额　　　　　　　　　　　D. 本期减少发生额

11. 下列项目,属于会计账户基本结构内容的有( )。
    A. 账户名称   B. 增减金额及余额
    C. 记账凭证的编号   D. 经济业务的摘要
12. 在借贷记账法下,当贷记银行存款时,下列会计账户可能成为其对应会计账户的有( )。
    A. 应交税费   B. 库存现金   C. 原材料   D. 本年利润
13. 账户哪一方登记增加,哪一方登记减少,取决于( )。
    A. 账户的基本结构   B. 会计核算方法
    C. 所记录经济业务   D. 账户性质
14. 在借贷记账法下,账户的借方应登记( )。
    A. 费用的增加   B. 所有者权益的减少
    C. 收入的增加   D. 负债的减少
15. 下列账户的四个金额要素,属于本期发生额的是( )。
    A. 期初余额   B. 本期增加额   C. 本期减少额   D. 期末余额
16. 在借贷记账法下,账户的借方应登记( )。
    A. 资产、费用的增加数   B. 权益、收入的减少数
    C. 资产、费用的减少数   D. 权益、收入的增加数
17. 在借贷记账法下,账户的贷方应登记( )。
    A. 资产、费用的增加数   B. 权益、收入的减少数
    C. 资产、费用的减少数   D. 权益、收入的增加数
18. 下列项目,属于借贷记账法特点的有( )。
    A. 以"借""贷"作为记账符号
    B. 以"有借必有贷,借贷必相等"作为记账规则
    C. 记账方向由账户所反映的经济内容来决定
    D. 可以进行发生额试算平衡和余额试算平衡
19. 借贷记账法的试算平衡方法包括( )。
    A. 发生额试算平衡法   B. 增加额试算平衡法
    C. 减少额试算平衡法   D. 余额试算平衡法
20. 下列项目,属于试算平衡表无法发现的错误的有( )。
    A. 用错账户名称   B. 重记某项经济业务
    C. 漏记某项经济业务   D. 记账方向颠倒
21. 会计分录的基本要素包括( )。
    A. 记账符号   B. 记账时间   C. 记账金额   D. 账户名称
22. 下列会计分录形式,属于复合会计分录的有( )。
    A. 一借一贷   B. 一借多贷   C. 一贷多借   D. 多借多贷
23. 总分类账户与其所属的明细分类账户平行登记的结果,一般是( )。
    A. 总分类账户期初余额=所属明细分类账户期初余额之和
    B. 总分类账户期末余额=所属明细分类账户期末余额之和

C. 总分类账户本期借方发生额=所属明细分类账户本期借方发生额之和

D. 总分类账户本期贷方发生额=所属明细分类账户本期贷方发生额之和

24. 有关总分类账户和明细分类账户的关系,下列表述正确的有(　　)。

　　A. 总分类账户对明细分类账户具有统驭控制作用

　　B. 明细分类账户对总分类账户具有补充说明作用

　　C. 总分类账户与其所属的明细分类账户在总金额上应当相等

　　D. 总分类账户与明细分类账户提供信息的详细程度不同

25. 总分类账户与其所属的明细分类账户平行登记的要点包括(　　)。

　　A. 所依据的会计凭证相同

　　B. 借贷方向相同

　　C. 所属会计期间相同

　　D. 记入总分类账户与其所属明细分类账户的金额合计相等

26. 下列业务,没有使所有者权益总额发生变化的有(　　)。

　　A. 向股东分配现金股利　　　　　　B. 以资本公积转增资本金

　　C. 收到投资者投入资金　　　　　　D. 按净利润的10%提取盈余公积

27. 下列错误,可以通过试算平衡发现的有(　　)。

　　A. 漏记或重记某笔经济业务

　　B. 借方发生额大于贷方发生额

　　C. 借贷记账方向彼此颠倒

　　D. 重复登记在某一账户的借方发生额上

28. 下列经济业务,会使资产和权益总额同时增加的有(　　)。

　　A. 收到投资者投入的设备一台　　　B. 赊购原材料

　　C. 用银行存款购入一台计算机　　　D. 生产车间领用一批原材料

29. 企业用银行存款偿还应付账款,引起(　　)。

　　A. 资产增加　　　B. 资产减少　　　C. 负债增加　　　D. 负债减少

30. 总分类账户发生额及余额试算平衡表中的平衡关系有(　　)。

　　A. 期初借方余额合计=期初贷方余额合计

　　B. 本期借方发生额合计=本期贷方发生额合计

　　C. 期初借方余额合计=期末贷方余额合计

　　D. 期末借方余额合计=期末贷方余额合计

31. 关于"平行登记"表述正确的是,对发生的每一项经济业务(　　)。

　　A. 既要记入有关总分类账户,又要记入有关总分类账户所属的明细分类账户

　　B. 登记总分类账户和其所属的明细分类账户的依据应该相同

　　C. 必须在同一天登记总分类账户和其所属的明细分类账户

　　D. 登记总分类账户和其所属明细分类账户的借贷方向相同

32. 期末不需要转入"本年利润"账户的是(　　)类账户。

　　A. 损益　　　　B. 资产　　　　C. 负债　　　　D. 成本

第三章 会计等式与复式记账

33. 下列关于账户的表述,正确的有(　　)。
    A. 账户具有一定格式和结构
    B. 账户是根据会计要素开设的
    C. 设置账户是会计核算的重要方法之一
    D. 一级账户以下的账户均称为明细账户
34. 总分类账户和明细分类账户平行登记要求做到(　　)。
    A. 登记次数相同　　　　　　　B. 登记会计期间相同
    C. 记账的方向相同　　　　　　D. 登记的金额相同
35. 下列表述,正确的有(　　)。
    A. 所有总账都要设置明细账　　B. 账户是根据会计科目开设的
    C. 账户有一定的格式和结构　　D. 账户和会计科目性质相同
36. 下列经济业务,涉及两个资产账户,其中一个记增加、另一个记减少的有(　　)。
    A. 将现金存入银行　　　　　　B. 以银行存款归还前欠货款
    C. 收到其他单位还来前欠货款　D. 以银行存款购买原材料

三、判断题

1. 资产来源于权益,权益与资产必然相等。（　　）
2. 资产和所有者权益在数量上始终是相等的。（　　）
3. "收入－费用＝利润"这一会计等式,是编制利润表的基础。（　　）
4. 资产与负债、所有者权益的平衡关系是企业资金运动处于相对静止状态下出现的,如果考虑收入、费用等动态要素,则资产与权益的平衡关系必然被破坏。（　　）
5. 经济业务的发生,可能影响资产与权益总额发生变化,但是不会破坏会计基本等式的平衡关系。（　　）
6. 账户分为左右两方,左方登记增加,右方登记减少。（　　）
7. 账户基本结构的内容仅包括增减金额及余额。（　　）
8. 会计账户的基本结构包括会计要素、增减金额、余额等。（　　）
9. 复式记账法是以资产与权益平衡关系作为记账基础,对于每一笔经济业务,都要在两个或两个以上相互联系的账户中进行登记,系统地反映资金运动变化结果的一种记账方法。（　　）
10. 借贷记账法下,借表示增加,贷表示减少。（　　）
11. 借贷记账法下账户的基本结构是:每一个账户的左边均为借方,右边均为贷方。（　　）
12. 账户的左方和右方,哪一边登记增加,哪一边登记减少,取决于所记录经济业务和账户的性质。（　　）
13. 在借贷记账法下,费用类账户与资产类账户的结构相反。（　　）
14. 在借贷记账法下,损益类账户的借方登记增加数,贷方登记减少数,期末一般无余额。   (   )
15. 借贷记账法的记账规则为:有借必有贷,借贷必相等。   (   )
16. 借贷记账法下,资产类账户与费用(成本)类账户通常都有期末余额,而且在借方。   (   )
17. 无论发生什么经济业务,会计恒等式始终保持平衡关系。   (   )
18. 企业购入材料而货款未付,该业务会引起资产与负债同时减少。   (   )
19. 复合会计分录是指多借多贷形式的会计分录。   (   )
20. 在会计处理中,只能编制一借一贷、一借多贷、一贷多借的会计分录,不能编制多借多贷的会计分录,以避免对应关系混乱。   (   )
21. 企业可以将不同类型的经济业务合并在一起,编制多借多贷的会计分录。   (   )
22. 会计分录包括业务涉及的账户名称、记账方向和金额3方面内容。   (   )
23. 会计分录中的账户之间的相互依存关系称为账户的对应关系。   (   )
24. 为了判断账户记录是否正确,通常采用编制试算平衡表的方法来进行试算平衡。只要该试算平衡表实现了平衡,就说明账户记录正确无误。   (   )
25. 发生额试算平衡是根据资产与权益的恒等关系,检验本期发生额记录是否正确的方法。   (   )
26. 余额试算平衡是由"资产=负债+所有者权益"的恒等关系确定的。   (   )
27. 总分类账户与明细分类账户之间存在统驭与被统驭、控制与被控制的关系。   (   )
28. 按照平行登记中同时期登记的要求,每项经济业务必须在记入总分类账户当天记入所属的明细分类账户。   (   )
29. 通过平行登记,可以是总分类账户对其所属明细分类账户进行统驭与控制,便于核对与检查,纠正错误与遗漏。   (   )
30. 收入类账户与费用类账户一般没有期末余额,但有期初余额。   (   )
31. 账户的对应关系是指总分类账户与其所属的明细分类账户之间的关系。   (   )
32. "制造费用"账户和"管理费用"账户的本期发生额都应当在期末转入"本年利润"账户。   (   )
33. 在账户中,登记本期增加的金额称为本期借方发生额,登记本期减少的金额称为本期减少额。   (   )
34. 账户中上期的期末余额转入本期即为本期的期初余额。   (   )
35. 账户的余额一般和账户的增加额方向一致。   (   )
36. 账户的4个金额要素之间的关系可以用下面等式表示:期末余额=期初余额+本期增加发生额−本期减少发生额   (   )
37. 账户的本期发生额是动态资料,而期末余额与期初余额是静态资料。   (   )
38. 所有者权益类账户及负债类账户的结构一般与资产类账户的结构是相反的。   (   )
39. 如果某一账户的期初余额为3 000元,本期增加发生额为50 000元,本期减少发

生额为 20 000 元,则期末余额为 33 000 元。 ( )

40. 会计科目和会计账户的口径一致,性质相同,都具有一定的格式或结构,所以在实际工作中,对会计科目和账户不加严格区分。 ( )

41. 所有者权益类账户的结构一般与负债类账户的结构是一致的。 ( )

四、业务题

(一) 练习简单会计分录的编制

1. 资料:长诚企业 20×× 年 1 月份发生下列经济业务:

(1) 5 日,生产 A 产品,领用原材料 10 000 元。

(2) 6 日,收到东方公司投入资本金 700 000 元,存入银行。

(3) 7 日,用银行存款向光明企业购入原材料 30 000 元。

(4) 8 日,向远方企业销售产品 90 000 元,货款未收到。

(5) 9 日,将库存现金 50 000 元送存银行。

(6) 10 日,发工资 80 000 元,直接转入各职工工资卡中。

(7) 16 日,用库存现金 800 元购入厂部办公用品。

(8) 18 日,以现金支付车间主任出差预借差旅费 2 000 元。

(9) 21 日,向银行借入短期借款 150 000 元,存入银行。

(10) 22 日,用银行存款购入机器设备一批,价值 600 000 元。

(11) 25 日,收到本月 8 日向远方企业销售产品的货款,存入银行。

(12) 31 日,用银行存款 1 000 元支付管理部门使用的电话费。

2. 要求:根据上列资料编制会计分录。

(二) 练习复合会计分录的编制

1. 资料:明辉工厂 20×× 年 2 月份发生下列经济业务:

(1) 1 日,向明成工厂购入材料 150 800 元,80 000 元已通过银行支付,其余尚欠。

(2) 2 日,用银行存款 2 800 元支付办公费,其中厂部 1 900 元,车间 900 元。

(3) 5 日,领用原材料 10 800 元,其中生产产品领料 9 000 元,车间一般性消耗领料 1 000 元,厂部修理领料 800 元。

(4) 8 日,报销车间主任差旅费 2 080 元,出差时预借 2 000 元,不足部分用现金补付。

(5) 10 日,向银行取得借款 960 000 元,存入银行,其中长期借款 600 000 元,短期借款 360 000 元。

(6) 13 日,向丹东厂销售产品 198 000 元,货款 130 000 元已收到并存入银行,其余对方尚欠。

(7) 17 日,向高岭厂销售产品 127 500 元,货款 127 000 元已汇入银行,500 元收到现金。

(8) 22 日,支付本月 1 日向明成厂购料时的欠款,其中 800 元用现金支付,其余通过银行存款支付。

2. 要求:根据上列资料编制会计分录。

(三) 练习借贷记账法的运用

1. 资料：

前进公司20××年1月31日有关账户的余额如下：

库存现金	1 000	短期借款	40 000
银行存款	52 000	应付账款	63 000
应收账款	26 000	应交税费	6 900
原材料	78 000	应付股利	55 100
生产成本	53 000	实收资本	730 000
库存商品	15 000	盈余公积	50 000
固定资产	750 000	本年利润	30 000

前进公司2月份发生下列经济业务：

(1) 从银行提取现金2 000元。

(2) 以现金支付采购员小陈出差预借款1 500元。

(3) 生产产品领用原材料13 000元。

(4) 用银行存款缴清上月欠缴税金6 900元。

(5) 收回苏州厂前欠货款26 000元，存入银行。

(6) 向银行借入短期借款260 000元，存入银行。

(7) 用银行存款购入汽车一台，计价170 000元。

(8) 用银行存款向三风厂购入原材料29 000元。

(9) 用银行存款偿还前欠清风厂货款35 000元。

(10) 本月完工产品验收入库，成本66 000元。

(11) 用银行存款支付应付股利55 100元。

2. 要求：

(1) 开设有关账户，登记期初余额。

(2) 根据所提供的经济业务，编制会计分录，并据以登记各有关账户。

(3) 结出各账户的本期发生额和期末余额，并编制试算平衡表。

(四) 练习总分类账户和明细分类账户的平行登记

1. 资料：

(1) 友谊工厂20××年1月31日"原材料"总分类账户的期末余额如下：

"原材料"总分类账户借方余额19 000元，其中：甲材料8 000元，乙材料7 000元，丙材料4 000元。

(2) 友谊工厂2月份发生的有关经济业务如下：

① 向东方厂购入甲材料35 000元，购入乙材料4 200元，货款已支付，材料均已验收入库。

② 向西方厂购入乙材料29 000元，丙材料37 000元，材料已经验收入库，货款尚未支付。

③ 生产A产品领用甲材料12 000元，乙材料17 000元。

④ 生产B产品领用乙材料9 000元，丙材料18 000元。

2. 要求：

第一，根据上述资料(1)，开设"原材料"总分类账户及所属明细分类账户，并登记期初余额。

第二，根据上述资料(2)，编制会计分录，登记"原材料"总分类账户及所属明细分类账户。

第三，结算出各个账户的本期发生额和期末余额，将"原材料"总分类账户的本期发生额及期末余额分别与所属明细分类账户的本期发生额和期末余额合计数核对。

第四章

基本经济业务的核算

资金筹集业务的核算
采购业务的核算
生产加工业务的核算
销售业务的核算
财务成果业务的核算
资金退出业务的核算
本章习题

第四章 基本经济业务的核算

在第三章中介绍了借贷记账法的基本原理。为了全面、完整地理解借贷记账法的原理,本章将以工业企业发生的主要经济业务为例,系统地说明借贷记账法的具体运用。

在各种企业单位中,工业企业的生产经营活动比较典型,其基本经济业务可概括为6个方面:资金筹集业务、采购业务、生产加工业务、销售业务、财务成果业务、资金退出业务。本章将通过这六类基本经济业务的核算来具体说明账户和借贷记账法的运用。

第一节 资金筹集业务的核算

一、资金筹集业务的内容

任何企业成立,都需要资金的投入,即来自所有者投入的资本,企业的所有者向企业投入的资本金,是企业进行生产经营活动的启动资金,因此其资金运动的起点是资金投入。当然,企业在扩大再生产的过程中,根据相关法律制度的规定,可以继续接受投资者的投资或增加新的投资者。投资者投入的资金属于所有者权益。另外,在生产经营过程中,企业还可以向债权人负债(需要支付相应利息)来形成借入资金。向债权人借入的资金,属于债权人权益,即负债。

投资者可以用货币资金进行投资,也可以用非货币资金(例如固定资产、无形资产等)进行投资;债权人可以通过提供贷款等方式向企业投入资金。因此,本节主要介绍企业接受以银行存款、固定资产、无形资产等形式的资产投资的账务处理和企业向银行借入长期借款和短期借款等的账务处理。

二、资金筹集业务的账户设置

为了记录资金筹集业务,企业主要应设置"实收资本""资本公积""银行存款""固定资产""无形资产""长期借款""短期借款""财务费用""应付利息"等账户。

(一)"实收资本"账户

(1)账户的性质:属于所有者权益类账户。如果企业是股份有限公司,则应将该账户改为"股本"账户。

(2)账户的用途:用来核算企业实际收到投资者投入资本的增减变化情况。

(3)账户的结构:其贷方登记企业接受投资者投入的注册资本,以及以资本公积或盈余公积转增资本的金额;借方登记按法定程序报经批准减少的注册资本的金额;期末余额在贷方,表示期末所有者投资的实有数额。"实收资本"账户的结构如图4-1所示。

实收资本	
减少的注册资本金额	① 投资者投入的注册资本增加数 ② 用资本公积或盈余公积转增资本的金额
	余额：实收资本总额

图 4-1 "实收资本"账户的结构

（4）明细账的设置：为了详细地反映各投资者的投资情况，该账户一般按投资者设置明细账，进行明细分类核算。

（二）"资本公积"账户

（1）账户的性质：属于所有者权益类账户。

（2）账户的用途：用来核算企业收到投资者出资额超出其在注册资本或股本中所占份额的部分（即资本或股本溢价）。

（3）账户的结构：其贷方登记企业收到投资者出资额超出其在注册资本或股本中所占份额的部分（即资本或股本溢价）及其他增加额；借方登记经股东大会或类似机构决议用资本公积转增资本的金额；期末余额在贷方，反映企业实有的资本公积。"资本公积"账户的结构如图 4-2 所示。

资本公积	
用资本公积转增资本的金额	① 出资额中资本溢价或股本溢价金额 ② 增加的其他资本公积
	余额：资本公积实有数额

图 4-2 "资本公积"账户的结构

（4）明细账的设置：该账户一般按"资本溢价（股本溢价）""其他资本公积"设置明细账，进行明细分类核算。

（三）"银行存款"账户

（1）账户的性质：属于资产类账户。

（2）账户的用途：用来核算企业存入银行或其他金融机构的各种存款的增减变动情况。但银行汇票存款、银行本票存款、信用卡存款、信用保证金存款、存出投资款、外埠存款等，不在本账户内核算，在"其他货币资金"账户中核算。

（3）账户的结构：其借方登记银行存款的增加数；贷方登记银行存款的减少数；期末余额在借方表示期末银行存款的结存数。"银行存款"账户的结构如图 4-3 所示。

银行存款	
银行存款增加的金额	银行存款减少的金额
余额：银行存款结存数	

图 4-3　"银行存款"账户的结构

（4）明细账的设置：该账户可按开户银行和其他金融机构及存款种类，分别设置"银行存款日记账"，进行明细分类核算。

（四）"固定资产"账户

（1）账户的性质：属于资产类账户。
（2）账户的用途：用来核算固定资产的增减变动情况。
（3）账户的结构：其借方登记增加的固定资产原始价值数；贷方登记减少的固定资产原始价值数；期末余额在借方，表示期末结存的固定资产原始价值数。"固定资产"账户的结构如图 4-4 所示。

固定资产	
固定资产原始价值的增加额	固定资产原始价值的减少额
余额：现有固定资产的原始价值	

图 4-4　"固定资产"账户的结构

（4）明细账的设置：该账户应按固定资产的类别、项目等设置明细账，进行明细分类核算。

注意：在这节中只是初步了解"固定资产"账户，主要了解企业在接受以固定资产形式投资时的账务处理。至于购入固定资产的账务处理将在本章第二节中介绍；固定资产折旧的账务处理将在本章第三节中介绍；固定资产的盘盈盘亏等账务处理将在第八章中介绍。

（五）"无形资产"账户

（1）账户的性质：属于资产类账户。
（2）账户的用途：用来核算企业持有的无形资产的增减变动情况。无形资产包括专利权、非专利技术、商标权、著作权、土地使用权等。
（3）账户的结构：其借方登记无形资产价值的增加额；贷方登记无形资产价值的减少额；期末余额在借方，表示期末无形资产的价值额。"无形资产"账户的结构如图 4-5 所示。

无形资产	
无形资产增加的金额	无形资产减少的金额
余额:无形资产实有金额	

图 4-5　"无形资产"账户的结构

（4）明细账的设置:该账户可按无形资产种类设置明细账,进行明细分类核算。

注意:在这节中只是初步了解"无形资产"账户,主要了解企业在接受以无形资产形式投资时的账务处理。至于购入、自创等形式取得的无形资产的账务处理本书没有展开阐述;无形资产摊销的账务处理将在本章第三节中介绍。

（六）"长期借款"账户

（1）账户的性质:属于负债类账户。

（2）账户的用途:用来核算企业向银行或其他金融机构借入的期限在 1 年以上(不含 1 年)的各项借款的增减变动情况。

（3）账户的结构:其贷方登记长期借款本息的增加额;借方登记长期借款本息的减少额;期末余额在贷方,表示企业尚未偿还的长期借款。"长期借款"账户的结构如图 4-6 所示。

长期借款	
本期偿还的长期借款本息额	① 借入的各种长期借款本金额 ② 到期一次还本付息长期借款的应付利息
	余额:企业尚未偿还的长期借款本息

图 4-6　"长期借款"账户的结构

（4）明细账的设置:该账户可按照贷款单位和贷款种类,分别设置"本金""利息调整""应计利息"等明细账,进行明细核算。

（七）"短期借款"账户

（1）账户的性质:属于负债类账户。

（2）账户的用途:用来核算企业向银行或其他金融机构借入的期限在 1 年以下(含 1 年)的各项借款的增减变动情况。

（3）账户的结构:其贷方登记取得的各种短期借款的本金额;贷方登记到期偿还的各种短期借款的本金额;期末余额在贷方,表示企业尚未偿还的短期借款。"短期借款"账户的结构如图 4-7 所示。

短期借款	
本期偿还的短期借款本金额	借入的各种短期借款本金额
	余额：企业尚未偿还的短期借款

图 4-7 "短期借款"账户的结构

（4）明细账的设置：该账户可按借款种类、贷款人和币种设置明细账，进行明细核算。

（八）"财务费用"账户

（1）账户的性质：属于损益类账户。

（2）账户的用途：用来核算企业为筹集生产经营所需资金等而发生的筹资费用情况，包括利息支出（减利息收入）、汇兑损益以及相关的手续费、企业发生的现金折扣或收到的现金折扣等。

（3）账户的结构：其借方登记企业发生的各项财务费用；贷方登记期末转入"本年利润"账户的财务费用；结转后该账户无余额。"财务费用"账户的结构如图 4-8 所示。

图 4-8 "财务费用"账户的结构

（4）明细账的设置：该账户可按费用项目设置明细账，进行明细核算。

（九）"应付利息"账户

（1）账户的性质：属于负债类账户。

（2）账户的用途：用来核算企业按照合同约定应支付的利息。包括预提短期借款利息、分期付息到期还本的长期借款、企业债券等应支付的利息。

（3）账户的结构：其贷方登记企业按照合同利率确定的应付未付利息；借方登记实际支付的利息；期末余额在贷方，表示企业应付未付的利息。"应付利息"账户的结构如图 4-9 所示。

应付利息	
实际支付的利息	企业按照合同利率确定的应付未付利息
	余额：企业应付未付的利息

图4-9 "应付利息"账户的结构

（4）明细账的设置：该账户可按存款人或债权人设置明细账，进行明细核算。

三、资金筹集业务的账务处理

下面举例说明企业资金筹集业务的账务处理。

林达公司为一般纳税人，20××年3月份发生有关业务如下：

例4-1 3月5日，林达公司收到东方公司投入资金1 000 000元，存入银行。

借：银行存款　　　　　　　　　　　　　　　　　　1 000 000
　　贷：实收资本　　　　　　　　　　　　　　　　　　1 000 000

例4-2 3月6日，林达公司收到永方公司投入固定资产一批，价值500 000元，假设不考虑增值税。

借：固定资产　　　　　　　　　　　　　　　　　　　500 000
　　贷：实收资本　　　　　　　　　　　　　　　　　　　500 000

例4-3 3月7日，林达公司收到超越公司投入无形资产一批，价值600 000元，假设不考虑增值税。

借：无形资产　　　　　　　　　　　　　　　　　　　600 000
　　贷：实收资本　　　　　　　　　　　　　　　　　　　600 000

例4-4 3月1日，林达公司向开户银行借入3年期的长期借款800 000元，年利率7.5%，到期一次还本付息；借入6个月的短期借款300 000元，年利率6%，到期一次还本付息。款项已存入银行。

借：银行存款　　　　　　　　　　　　　　　　　　1 100 000
　　贷：长期借款　　　　　　　　　　　　　　　　　　　800 000
　　　　短期借款　　　　　　　　　　　　　　　　　　　300 000

例4-5 承例4-4，3月31日，企业借入款项后，应于期末计提银行借款利息。本月应计提短期借款利息为1 500元（300 000元×6%÷12），应计提长期借款利息为5 000元（800 000元×7.5%÷12）。

借：财务费用　　　　　　　　　　　　　　　　　　　　6 500
　　贷：应付利息　　　　　　　　　　　　　　　　　　　1 500
　　　　长期借款　　　　　　　　　　　　　　　　　　　5 000

例4-6 承例4-5，6个月后，支付短期借款利息9 000元。

借：应付利息　　　　　　　　　　　　　　　　　　　　9 000
　　贷：银行存款　　　　　　　　　　　　　　　　　　　9 000

第四章 基本经济业务的核算

第二节 采购业务的核算

一、采购业务的内容

工业企业是从事工业产品生产和销售的营利性经营单位,其再生产过程是以生产过程为中心的供应、生产和销售过程的统一。采购过程是生产的准备过程,在这个阶段,为了保证生产的正常进行,企业一方面需要购买原材料,将原材料验收入库;另一方面,要与供货单位办理货款结算。材料物资是否购入,主要不是由材料是否验收入库或货款是否支付来确定,而是由材料物资的所有权是否转移来确定。因此,采购业务的具体内容,从材料物资是否验收入库方面来看,有购入材料还在途中尚未验收入库的"在途物资"和购入材料物资已验收入库的"原材料"之分;从货款结算方面来看,有先预付货款后购入材料、购入材料的同时支付货款、先收进材料后支付货款之分。

在采购原材料的过程中会发生材料买价、运输费、装卸费等材料的采购成本,因此,在采购供应业务的核算中,还必须计算材料的采购成本。

企业为了从事生产经营活动,还需要购买机器设备等固定资产,因此,本节中还要介绍购入固定资产的账务处理等。

二、采购业务的账户设置

为了记录采购业务,企业主要应设置"在途物资""原材料""库存现金""其他货币资金""交易性金融资产""固定资产""应付账款""应付票据""预付账款""其他应收款""应交税费"等账户。

(一)"在途物资"账户

(1)账户的性质:属于资产类账户。

(2)账户的用途:用来核算企业采用实际成本进行材料日常核算时,材料已采购但尚未运达或尚未验收入库的材料的采购成本。企业外购材料的采购成本包括材料买价、相关税费、运输费、装卸费、保险费以及其他可归属于材料采购成本的费用。

(3)账户的结构:其借方登记已购入但尚未验收入库材料的采购成本;贷方登记材料运达已验收入库的采购成本;期末余额在借方,表示期末已购入但尚未验收入库的各种在途物资的采购成本。"在途物资"账户的结构如图4-10所示。

(4)明细账的设置:该账户可按供应单位和物资品种设置明细账,进行明细核算。

在途物资	
购入材料的采购成本	已验收入库材料的采购成本
余额：尚未运达或尚未验收入库的在途材料的采购成本	

图 4-10 "在途物资"账户的结构

(二)"原材料"账户

（1）账户的性质：属于资产类账户。

（2）账户的用途：用来核算企业库存的各种原材料的增减变动情况。原材料包括：原料及主要材料、辅助材料、外购半成品（外购件）、修理用备件（备品备件）、包装材料、燃料等。

（3）账户的结构：其借方登记已验收入库材料的实际成本；贷方登记发出材料的实际成本；期末余额在借方，表示期末结存材料的实际成本。"原材料"账户的结构如图 4-11 所示。

原材料	
已验收入库材料的实际成本	发出材料的实际成本
余额：库存材料的实际成本	

图 4-11 "原材料"账户的结构

（4）明细账的设置：该账户可按原材料的类别、品种、规格等设置明细账，进行明细核算。

(三)"库存现金"账户

（1）账户的性质：属于资产类账户。

（2）账户的用途：用来核算企业库存现金的增减变动情况。

（3）账户的结构：其借方登记库存现金的增加数；贷方登记库存现金的减少数；期末余额在借方，表示期末企业实际持有的库存现金金额。"库存现金"账户的结构如图 4-12 所示。

库存现金	
库存现金的增加数	库存现金的减少数
余额：企业实际持有的库存现金金额	

图 4-12 "库存现金"账户的结构

(4) 明细账的设置：该账户可按币种设置"库存现金日记账"，进行明细分类核算。

另外注意，库存现金是指存放于企业财务部门由出纳人员经管的货币。它是企业流动性最强的一项资产。企业应当严格遵守国家有关现金管理制度，按照现金使用范围的规定和库存现金限额的规定，正确进行现金收付的核算。

根据国务院发布的《现金管理暂行条例》的规定，现金的使用范围是指按照国家规定可以使用现金进行结算的范围。它主要有以下几个方面：

(1) 职工工资、各种工作性津贴。
(2) 个人劳务报酬。
(3) 根据国家规定颁发给个人的科学技术、文化艺术、体育等各种奖金。
(4) 各种劳保、福利费用以及国家规定的对个人的其他支出。
(5) 向个人收购农副产品和其他物资的价款。
(6) 出差人员必须随身携带的差旅费。
(7) 结算起点以下的零星支出。按规定结算起点定为 1 000 元，超过结算起点的，应该实行银行转账结算。
(8) 中国人民银行确定需要支付现金的其他支出。

除上述情况可以使用现金支付外，其余款项的支付应通过银行转账结算。

除了了解现金的使用范围外，还应了解库存现金限额的规定。库存现金限额是指为保证企业日常零星支付按规定允许留存的库存现金的最高数额。库存现金限额由银行核定，核定的依据一般是企业 3~5 天的正常开支需要量，远离银行机构或交通不便的企业可以依据情况适当放宽，但最高不超过 15 天的开支需要量。企业每天结存的库存现金不能超过核定的限额，超过部分，应按规定期限及时送存银行。

（四）"其他货币资金"账户

(1) 账户的性质：属于资产类账户。

(2) 账户的用途：用来核算企业的银行汇票存款、银行本票存款、信用卡存款、信用保证金存款、存出投资款、外埠存款等其他货币资金的增减变动情况。本书主要介绍存出投资款的核算。

(3) 账户的结构：其借方登记其他货币资金的增加数；贷方登记其他货币资金的减少数；期末余额在借方，表示期末其他货币资金的结存数。"其他货币资金——存出投资款"账户的结构如图 4-13 所示。

其他货币资金——存出投资款	
① 企业从银行账户转入证券公司资金账户的款项 ② 出售金融资产取得的款项	① 企业从证券公司资金账户转入银行的款项 ② 购买金融资产支付的款项
余额：企业在证券公司开设的资金账户的余额	

图 4-13 "其他货币资金——存出投资款"账户的结构

(4)明细账的设置:该账户可按银行汇票或本票、信用证的收款单位、外埠存款的开户银行,分别设置"银行汇票""银行本票""信用卡""信用证保证金""存出投资款""外埠存款"等明细账,进行明细核算。

(五)"交易性金融资产"账户

(1)账户的性质:属于资产类账户。

(2)账户的用途:用来核算企业分类为以公允价值计量且其变动计入当期损益的金融资产。

(3)账户的结构:其借方登记企业取得的交易性金融资产的公允价值;贷方登记企业出售的交易性金融资产的账面价值;期末余额在借方,表示期末交易性金融资产的公允价值。"交易性金融资产"账户的结构如图4-14所示。

交易性金融资产	
企业取得的交易性金融资产的公允价值	企业出售的交易性金融资产的账面价值
余额:期末交易性金融资产的公允价值	

图4-14 "交易性金融资产"账户的结构

(4)明细账的设置:该账户应按交易性金融资产的类别和品种设置明细账,进行明细核算。

注意:交易性金融资产主要是指企业为了近期内出售而持有的金融资产,例如企业以赚取价差为目的从二级市场上购入的股票、债券、基金等。企业初始确认交易性金融资产时,应当按照公允价值计量,取得交易性金融资产发生的支付给代理机构、咨询公司、券商等的手续费和佣金等交易费用应当在发生时直接记入投资收益。

企业取得交易性金融资产可能是以支付货币资金的方式购入,也可能以非货币性资产交换、债务重组、投资人投入等方式取得。本书只介绍企业以支付货币资金的方式购入交易性金融资产的会计处理方法。

(六)"固定资产"账户

固定资产是指同时具有下列特征的有形资产:一是为生产商品、提供劳务、出租或经营管理而持有;二是使用寿命超过一个会计年度。"固定资产"账户的性质、用途、结构及明细账的设置已在本章第一节中介绍。这一节主要介绍外购固定资产的账务处理。外购固定资产的成本,包括购买价款、相关税费、使固定资产达到预定可使用状态前所发生的可归属于该项资产的运输费、装卸费、安装费和专业人员服务费等。企业外购的固定资产又可分为外购不需要安装的固定资产和外购需要安装的固定资产,本书只介绍外购不需要安装的固定资产。企业购入不需要安装的固定资产,是指企业购置了不需要安装即可直接交付使用的固定资产,即不需要安装直接达到预定可使用状态的固定资产。如果企业为增值税一般纳税人,则企业购入机器设备等固定资产支付的进项税额不纳入固定资产成本,可以在销项税额中抵扣。

(七)"应付账款"账户

(1)账户的性质:属于负债类账户。

(2)账户的用途:用来核算企业因购买材料、商品和接受服务等经营活动而应支付的款项。

(3)账户的结构:其贷方登记因购买材料、商品等而应支付的款项;借方登记实际归还供应单位的款项;期末余额在贷方,表示期末尚未支付的应付账款余额。"应付账款"账户的结构如图 4-15 所示。

应付账款	
实际归还供应单位的款项	因购买材料、商品等而应支付的款项
	余额:期末尚未支付的应付账款余额

图 4-15 "应付账款"账户的结构

(4)明细账的设置:该账户可按债权人设置明细账,进行明细核算。

(八)"应付票据"账户

(1)账户的性质:属于负债类账户。

(2)账户的用途:用来核算企业购买材料、商品和接受服务供应等开出、承兑的商业汇票,包括银行承兑汇票和商业承兑汇票。

(3)账户的结构:其贷方登记企业开出、承兑的商业汇票;借方登记汇票到期支付的款项;期末余额在贷方,表示期末尚未支付的商业汇票。"应付票据"账户的结构如图 4-16 所示。

应付票据	
已偿付应付票据金额	企业开出、承兑的应付票据的金额
	余额:期末尚未支付的应付票据金额

图 4-16 "应付票据"账户的结构

(4)明细账的设置:该账户可按债权人设置明细账,进行明细核算。为了加强应付票据的管理,企业应设置"应付票据备查簿",详细登记每一张应付票据的种类、号数、签发日期、票面金额、收款单位名称、付款日期等资料。

(九)"预付账款"账户

(1) 账户的性质:属于资产类账户。

(2) 账户的用途:用来核算企业按购货合同规定预付给供应单位的货款的增减变动情况。

(3) 账户的结构:其借方登记预付给供应单位的货款的增加额;贷方登记预付给供应单位的货款的减少额;期末余额一般在借方,表示期末企业预付给供应单位货款的实有数;如果余额在贷方,表示企业期末尚未补付的款项(实际已成应付款项)。"预付账款"账户的结构如图4-17所示。

预付账款	
预付及补付的款项	购进货物所需支付的款项及退回多余的款项
余额:期末尚未结算的预付款项	余额:期末尚未补付的款项

图4-17 "预付账款"账户的结构

(4) 明细账的设置:该账户按供应单位设置明细账,进行明细核算。

另外应注意,在预付账款业务不多的企业,也可以将预付的账款直接记入"应付账款"账户,而不设置"预付账款"账户。

(十)"其他应收款"账户

(1) 账户的性质:属于资产类账户。

(2) 账户的用途:用来核算企业除应收票据、应收账款、预付账款、应收股利、应收利息、长期应收款等以外的其他各种应收及暂付款项。

(3) 账户的结构:其借方登记发生的其他各种应收款;贷方登记已收回的其他各种应收款;期末余额在借方,表示期末尚未收回的其他应收款项。"其他应收款"账户的结构如图4-18所示。

其他应收款	
发生的其他各种应收款	已收回的其他各种应收款
余额:期末尚未收回的其他应收款项	

图4-18 "其他应收款"账户的结构

(4) 明细账的设置:该账户可按对方单位或个人设置明细账,进行明细核算。

（十一）"应交税费"账户

（1）账户的性质：属于负债类账户。

（2）账户的用途：用来核算企业按照税法等规定应交纳的各种税费，包括增值税、消费税、所得税、资源税、环境保护税、土地增值税、城市维护建设税、房产税、土地使用税、车船使用税、教育附加费、矿产资源补偿费等。

（3）账户的结构：其贷方登记企业按规定应交的各种税费；借方登记实际交纳的各种税费；期末如为贷方余额，表示期末企业尚未交纳的税费；期末如为借方余额，表示期末企业多交或尚未抵扣的税费。"应交税费"账户的结构如图 4-19 所示。

应交税费	
交纳的各种税费	应交未交的各种税费
余额：期末企业多交或尚未抵扣的税费	余额：期末企业尚未交纳的税费

图 4-19 "应交税费"账户的结构

（4）明细账的设置：该账户一般按应交的税费项目设置明细账，进行明细核算。"应交税费——应交增值税"还应分别"进项税额""销项税额""出口退税""进项税额转出""已交税金"等设置专栏。

注意：增值税的纳税人为在我国境内发生应税交易且销售额达到增值税起征点的单位和个人，以及进口货物的收货人。应税交易是指销售货物、服务、无形资产、不动产和金融商品。我国税法规定，增值税的纳税人分为一般纳税企业和小规模纳税企业两种。小规模纳税企业实行简易征收办法，而一般纳税企业实行增值税专用发票抵扣税款的办法。一般纳税企业从销项税额中抵扣进项税额后向税务部门交纳增值税。小规模纳税企业不得抵扣进项税额。一般纳税企业和小规模纳税企业的计税方法不同，相应的会计处理方法也不同，两者"应交税费——应交增值税"账户的结构分别如图 4-20、图 4-21 所示。

应交税费——应交增值税	
① 进项税额 ② 已交税金	① 销项税额 ② 出口退税 ③ 进项税额转出
余额：期末企业多交或尚未抵扣的增值税	余额：期末企业尚未交纳的增值税

图 4-20 一般纳税人"应交税费——应交增值税"账户的结构

应交税费——应交增值税	
实际交纳的增值税	应交未交的增值税
余额:期末企业多交的增值税	余额:期末企业尚未交纳的增值税

图 4-21　小规模纳税人"应交税费——应交增值税"账户的结构

三、采购业务的账务处理

企业在购买原材料时,一方面要收进材料,另一方面要结算货款,这两方面除了材料验收入库的同时支付货款外,往往由于付款时间与收料时间不一致,还会发生以下几种情况:先收料后付款,已付款但材料还在途,先预付货款后到货,先收料但到月末发票还未到,无法确定其实际成本等。

企业除了购买原材料外,还会购买固定资产、交易性金融资产等。

例 4-7　3 月 1 日,林达公司从牡丹公司购入甲材料 10 000 元,增值税税率 13%,价税均已用银行存款支付,材料已验收入库。

借:原材料——甲材料　　　　　　　　　　　　　　10 000
　　应交税费——应交增值税(进项税额)　　　　　　1 300
　　贷:银行存款　　　　　　　　　　　　　　　　11 300

例 4-8　3 月 2 日,林达公司从永辉公司购入乙材料 20 000 元,增值税税率 13%,价税均已用银行存款支付,材料未验收入库。

借:在途物资——乙材料　　　　　　　　　　　　　20 000
　　应交税费——应交增值税(进项税额)　　　　　　2 600
　　贷:银行存款　　　　　　　　　　　　　　　　22 600

例 4-9　3 月 4 日,上述乙材料运达,验收入库。

借:原材料——乙材料　　　　　　　　　　　　　　20 000
　　贷:在途物资——乙材料　　　　　　　　　　　20 000

例 4-10　3 月 5 日,林达公司从明成公司购入丙材料 30 000 元,增值税税率 13%,价税均已用银行存款支付;另外,用现金支付运费 500 元,材料已验收入库。

按照税法规定,运费可以按 9% 计算允许抵扣增值税进项税额 45 元。

借:原材料——丙材料　　　　　　　　　　　　　　30 455
　　应交税费——应交增值税(进项税额)　　　　　　3 945
　　贷:银行存款　　　　　　　　　　　　　　　　33 900
　　　　库存现金　　　　　　　　　　　　　　　　500

例 4-11　3 月 6 日,林达公司从美汾公司购入丁材料 40 000 元,增值税税率 13%。材料已验收入库,但款项尚未支付。

借:原材料——丁材料　　　　　　　　　　　　　　40 000
　　应交税费——应交增值税(进项税额)　　　　　　5 200

贷：应付账款——美汾公司　　　　　　　　　　　　　　　　45 200
例 4-12　3 月 16 日,林达公司开出转账支票支付美汾公司上述款项。
　　　借：应付账款——美汾公司　　　　　　　　　　　　　　　　45 200
　　　　贷：银行存款　　　　　　　　　　　　　　　　　　　　　45 200
例 4-13　3 月 17 日,林达公司从牡丹公司购入甲材料 50 000 元,增值税税率 13%,材料已验收入库。开出为期 3 个月、票面金额 56 500 元的商业汇票一张。
　　　借：原材料——甲材料　　　　　　　　　　　　　　　　　　50 000
　　　　应交税费——应交增值税(进项税额)　　　　　　　　　　　 6 500
　　　　贷：应付票据　　　　　　　　　　　　　　　　　　　　　56 500
例 4-14　3 月 18 日,林达公司用银行转账支票预付盛开公司采购特种材料的货款 10 000 元。
　　　借：预付账款——盛开公司　　　　　　　　　　　　　　　　10 000
　　　　贷：银行存款　　　　　　　　　　　　　　　　　　　　　10 000
例 4-15　3 月 25 日,承例 4-14,收到盛开公司发来的特种材料,发票标明的价款为 15 000 元,增值税为 1 950 元,特种材料已验收入库。
　　　借：原材料——特种材料　　　　　　　　　　　　　　　　　15 000
　　　　应交税费——应交增值税(进项税额)　　　　　　　　　　　 1 950
　　　　贷：预付账款——盛开公司　　　　　　　　　　　　　　　16 950
例 4-16　3 月 28 日,承例 4-15,林达公司用银行转账支票补付盛开公司货款 6 950 元。
　　　借：预付账款——盛开公司　　　　　　　　　　　　　　　　 6 950
　　　　贷：银行存款　　　　　　　　　　　　　　　　　　　　　 6 950
例 4-17　3 月 29 日,林达公司从美汾公司购入丁材料一批,材料已验收入库。但到月末发票账单尚未收到,也无法确定其实际成本,暂估价值为 18 000 元。
　　　借：原材料——丁材料　　　　　　　　　　　　　　　　　　18 000
　　　　贷：应付账款——美汾公司(暂估价)　　　　　　　　　　　18 000
例 4-18　4 月 1 日,承例 4-17,在下月初做相反分录予以冲销,待收到发票账单后再按照实际成本记账。
　　　借：应付账款——美汾公司(暂估价)　　　　　　　　　　　　18 000
　　　　贷：原材料——丁材料　　　　　　　　　　　　　　　　　18 000
例 4-19　4 月 8 日,林达公司收到美汾公司的发票账单,上月 29 日的丁材料价值 18 100 元,增值税 2 353 元,全部款项用转账支票付讫。
　　　借：原材料——丁材料　　　　　　　　　　　　　　　　　　18 100
　　　　应交税费——应交增值税(进项税额)　　　　　　　　　　　 2 353
　　　　贷：银行存款　　　　　　　　　　　　　　　　　　　　　20 453
例 4-20　4 月 9 日,林达公司从黄河公司购入甲、乙两种材料,发票上标明甲材料 20 000 元,乙材料 35 800 元,增值税 7 254 元,价税均已通过银行转账支付,材料尚未验收入库。

注意:在采购原材料的过程中会发生材料买价、运输费、装卸费等材料的采购成本,在采购供应业务的核算中,还必须计算材料的采购成本。材料采购成本的计算就是将采购过程中所发生的材料的买价和有关采购费用,按一定种类的材料进行归集和分配,确定各种材料的实际成本。外购材料的采购成本主要包括:① 材料买价:供应单位的发票价格;② 采购费用:包括运输费、装卸费、仓储费、保险费,运输途中的合理损耗,入库前的挑选、整理、包装等费用以及购入材料应负担的其他有关税费。材料采购过程中发生的采购费用,凡是能够分清为采购某种(或某类)材料发生的,应当直接记入该材料的采购成本;凡是不能直接记入某种(或某类)材料的采购费用(如同时采购几种材料时,共同发生的采购费用),应选择合理的标准分配记入各种材料的采购成本。分配标准可分别不同情况采用按材料的买价、材料质量或体积的比例进行分配。材料采购费用的分配公式为:

采购费用分配率=应分配的采购费用总额÷材料买价总额(或材料质量或体积)

某种材料应分配的采购费用=该种材料的买价(或材料质量或体积)×采购费用分配率

根据例4-20,这项经济业务编制的会计分录如下:

借:在途物资——甲材料	20 000
——乙材料	35 800
应交税费——应交增值税(进项税额)	7 254
贷:银行存款	63 054

例4-21 4月10日,林达公司用银行存款支付上述向黄河公司购买的甲、乙两种材料的运输费3 000元。

根据材料采购成本的计算方法,又假设例4-20这项经济业务中采用按材料买价为标准进行采购费用的分配,因此,这项业务做如下会计处理:

运费3 000元可抵扣9%的增值税270元,因此,应分摊的运费为2 730元。

采购费用分配率=2 730÷(20 000+35 800)=0.048 924 73

甲材料应承担的采购费用=20 000×0.048 924 73=978.49(元)

乙材料应承担的采购费用=35 800×0.048 924 73=1 751.51(元)

借:在途物资——甲材料	978.49
——乙材料	1 751.51
应交税费——应交增值税(进项税额)	270
贷:银行存款	3 000

例4-22 4月12日,上述向黄河公司购入的甲、乙两种材料验收入库。

根据这项经济业务编制的会计分录如下:

借:原材料——甲材料	20 978.49
——乙材料	37 551.51
贷:在途物资——甲材料	20 978.49
——乙材料	37 551.51

注意:在实际工作中,已验收入库材料的采购成本结转的程序有两种:一是每批材料验收入库并计算出材料的实际采购成本后,逐批结转其实际采购成本,如例 4-22;二是已验收入库材料的采购成本不是逐批结转,而是月末汇总计算出各种材料的实际采购成本后,一并结转。

此外应注意,在材料采购业务核算中,如果材料采购采用实际成本计价,则设置"在途物资"账户和"原材料"账户来进行核算;如果材料采用计划成本计价,则设置"材料采购""材料成本差异""原材料"账户来进行核算。

例 4-23　4 月 9 日,用现金支付采购员陈明预借差旅费 2 000 元。

借:其他应收款——陈明　　　　　　　　　　　　　　　　2 000
　　贷:库存现金　　　　　　　　　　　　　　　　　　　　　　2 000

例 4-24　4 月 10 日,林达公司购入不需要安装的设备一台,价款 100 000 元,增值税 13 000 元,另外支付包装费 300 元,款项均已通过银行支付,该公司为一般纳税人。

该固定资产的原价 = 100 000+300 = 100 300(元)

借:固定资产　　　　　　　　　　　　　　　　　　　　　100 300
　　应交税费——应交增值税(进项税额)　　　　　　　　　13 000
　　贷:银行存款　　　　　　　　　　　　　　　　　　　　　113 300

例 4-25　4 月 11 日,林达公司为购买阳光上市公司股票,将其银行基本账户中的 3 000 000 元转入其在华泰证券公司开设的资金账户;委托华泰证券公司从上海证券交易所购入阳光上市公司股票 150 000 股,并将其划分为交易性金融资产,这些股票的公允价值为 2 925 000 元,林达公司支付了相关交易费用 11 700 元(假设不考虑增值税)。

借:其他货币资金——存出投资款　　　　　　　　　　　3 000 000
　　贷:银行存款　　　　　　　　　　　　　　　　　　　　3 000 000
借:交易性金融资产——成本　　　　　　　　　　　　　2 925 000
　　投资收益　　　　　　　　　　　　　　　　　　　　　　11 700
　　贷:其他货币资金——存出投资款　　　　　　　　　　　2 936 700

第三节　生产加工业务的核算

一、生产加工业务的内容

工业企业的生产过程是指从原材料投入生产到产品完工入库的过程。在生产加工过程中,企业为了生产出产品,要发生各种各样的劳动耗费。生产过程中的劳动耗费,包括劳动对象与劳动资料等物化劳动的耗费和活劳动的耗费两大部分。劳动资料的耗费有厂房、建筑物、机器设备等固定资产折旧费;劳动对象的耗费有原材料等的耗费;活劳动的耗费有职工的工资费用等。即在生产加工过程中,劳动者付出劳动,利用厂房、机器设备等劳动资料,对原材料等劳动对象进行生产加工,生产出各种各样的产品。在这个过程中,企业要耗费各种材料,要发生厂房、机器设备等的折旧,要支付职工各种薪酬等,还要发生其他各项费用。以上费用按其经济用途又可分为直接材料、直接人工、制造费用和期间费用等。直接材料是指企业生产过程中直接用于产品生产、构成产品实体的原材料及主要材料、外购半成品等费用。直接人工是指支付给生产工人的各种薪酬,包括工资以及为职工支付的其他费用,如福利费、工会经费、职工教育经费、职工养老保险支出等。制造费用是指企业生产车间为生产产品而发生的各项间接费用,主要包括生产车间发生的机物料消耗,生产车间管理人员的工资等各种薪酬,生产车间计提的固定资产折旧,支付的办公费、修理费、保险费、水电费以及其他间接生产费用。期间费用是指企业在生产经营过程中发生的管理费用、财务费用和销售费用。管理费用是指企业行政管理部门为组织和管理生产经营活动而发生的各项费用,如行政管理人员的工资等各种薪酬、行政管理部门领用的材料、行政管理部门计提的固定资产折旧,以及办公费、修理费、保险费、水电费、咨询费、诉讼费、排污费、技术转让费、研究费用、聘请中介机构费、业务招待费等;财务费用是指企业为筹集资金而发生的各项支出,如利息支出等;销售费用是指企业在产品销售过程中发生的包装费、运输费、宣传广告费等费用。现行制度规定产品成本计算采用制造成本法,在制造成本法下,直接材料、直接人工、制造费用3项构成产品的生产成本即制造成本,并从产品的销售收入中得到补偿。其中直接材料和直接人工是直接为生产产品所发生的费用,称为直接费用;制造费用是为生产产品而发生但与产品生产没有直接联系的费用,称为间接费用,它不能直接计入成本对象,应先进行归集,然后按照一定的分配标准分配计入有关的成本计算对象。期间费用与产品生产没有关系而是与一定期间有关,因此,不能计入产品成本,而是直接计入当期损益。

二、生产加工业务的账户设置

为了记录生产加工业务,反映费用发生、归集和分配情况,企业主要应设"生产成本""制造费用""管理费用""应付职工薪酬""累计折旧""累计摊销""库存商品"等账户。

(一)"生产成本"账户

(1)账户的性质:属于成本类账户。

(2)账户的用途:用来核算企业为进行产品生产而发生的各项生产费用。

(3)账户的结构:其借方登记为进行产品生产而发生的各种费用(包括直接材料、直接人工以及分配计入有关成本计算对象的制造费用);贷方登记已经完成生产并已验收入库的产成品的生产成本;期末余额一般在借方,表示期末企业尚未加工完成的在产品的成本。"生产成本"账户的结构如图4-22所示。

生产成本	
① 直接材料成本 ② 直接人工成本 ③ 分配转入的制造费用	已完成生产并已验收入库的产成品的生产成本
余额:期末尚未完工的在产品的成本	

图 4-22 "生产成本"账户的结构

(4) 明细账的设置:该账户可按基本生产成本和辅助生产成本设置明细账,进行明细核算。基本生产是指企业为生产主要产品而进行的生产;辅助生产是指为基本生产提供服务而进行的生产。基本生产成本还应分别按照基本生产车间和成本计算对象(例如产品的品种、类别等)设置明细账(或称产品成本计算单),并按规定的成本项目设置专栏。

注意:在大量、大批、单步骤生产的企业中,产品成本计算的基本程序是:

① 按产品品种为成本计算对象设置生产成本明细账(即成本计算单,如表4-4、表4-5所示)和其他成本费用账户。② 归集和分配各项费用。③ 月末计算完工产品实际生产成本,编制各种产品成本计算汇总表,如表4-6所示。

产品的生产成本就是指产品在其生产过程中所发生的各种生产费用。计入产品成本的生产费用按其用途不同,可进一步划分为若干项目,这些项目作为产品成本的构成内容,会计上称为成本项目。成本项目一般包括直接材料、直接人工和制造费用等。

在计算产品成本时,一般将产品生产过程中发生的各项生产费用,按产品的名称或类别分别进行归集和分配,以便分别计算各种产品的总成本和单位成本。由于直接材料和直接人工费用都是直接用于产品生产的费用,在发生时能够分清是为哪些产品的生产而耗用,应由哪种产品来承担,因而一般可以直接计入各种产品生产成本中;而制造费用在其发生时,一般不能分清应由哪种产品承担,因而不能直接归属于某种产品,应先归集,然后按照一定的标准分配后再计入各种产品的成本中。如果某企业生产车间里只生产一种产品,制造费用在其发生时不需要分配而直接计入该产品生产成本明细账。

期末,会计部门根据编制的记账凭证,分别登记各种产品的"生产成本"账户,如表4-4、表4-5所示,以确定本期各产品的生产成本。在期末没有在产品的情况下,"生产成本"账户归集的某产品的生产费用就是该产品本期完工产品的生产成本,如例4-39、表4-4、表4-5所示;在期末有在产品的情况下,即期末既有完工产品又有在产品的情况下,需要采用一定的方法将本期归集的某产品的生产费用在该产品的完工产品和期末在产品之间进行分配,分别计算出完工产品成本和在产品成本,如例4-40所示。其计算公式如下:

期初在产品成本+本期生产费用=本期完工产品成本+期末在产品成本

某种完工产品总成本除以该种完工产品数量就能得到该种完工产品单位成本,如表4-6所示。

(二)"制造费用"账户

(1)账户的性质:属于成本类账户。
(2)账户的用途:用来核算企业为生产产品而发生的各项间接费用。
(3)账户的结构:其借方登记各项间接费用的全部发生数;贷方登记分配转入有关成本计算对象的间接费用数;期末一般无余额。"制造费用"账户的结构如图4-23所示。

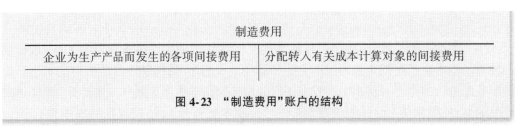

图4-23 "制造费用"账户的结构

(4)明细账的设置:该账户一般按照不同的生产车间、部门和费用项目设置明细账,进行明细核算。

注意:生产产品时发生的间接费用,先在"制造费用"账户中归集,月末按照适当的分配方法,将制造费用分配到各种产品成本中。制造费用分配的方法有多种,通常采用按生产工时比例或生产工人工资比例进行分配,其计算公式如下:

制造费用分配率=应分配的制造费用总额÷生产工时总数或生产工人工资总额

某种产品应负担的制造费用=该种产品耗用的生产工时数(或生产工人工资额)×制造费用分配率

(三)"管理费用"账户

(1)账户的性质:属于损益类账户。
(2)账户的用途:用来核算企业行政管理部门为组织和管理生产经营活动而发生的各项管理费用。
(3)账户的结构:其借方登记企业为组织和管理生产经营活动而发生的各项管理费用;贷方登记期末结转到"本年利润"账户的管理费用;该账户期末结转后应无余额。"管理费用"账户的结构如图4-24所示。

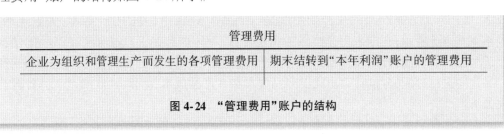

图4-24 "管理费用"账户的结构

(4)明细账的设置:该账户一般按照管理费用的项目设置明细账,进行明细核算。

（四）"应付职工薪酬"账户

（1）账户的性质：属于负债类账户。

（2）账户的用途：用来核算企业根据有关规定应付给职工的各种薪酬。职工薪酬的内容包括：① 职工工资、奖金、津贴和补贴；② 职工福利费；③ 社会保险费（医疗保险费、养老保险费、失业保险费、工伤保险费、生育保险等）；④ 住房公积金；⑤ 工会经费和职工教育经费；⑥ 非货币性福利；⑦ 辞退福利（辞退补偿）；⑧ 带薪缺勤；⑨ 利润分享计划；⑩ 设定提存计划；⑪ 设定受益计划等。

（3）账户的结构：其贷方登记企业应支付给职工的各种职工薪酬；借方登记企业实际支付的各种职工薪酬；期末余额一般在贷方，表示期末企业应付未付的职工薪酬。"应付职工薪酬"账户的结构如图 4-25 所示。

应付职工薪酬	
企业实际支付的各种职工薪酬	企业应支付给职工的各种职工薪酬
	余额：期末企业应付未付的职工薪酬

图 4-25 "应付职工薪酬"账户的结构

（4）明细账的设置：该账户一般按照上述各种职工薪酬项目设置明细账，进行明细核算。

（五）"累计折旧"账户

（1）账户的性质：属于资产类账户，它是"固定资产"账户的备抵调整账户。

（2）账户的用途：用来核算企业固定资产的累计损耗价值。

（3）账户的结构：其贷方登记企业按月计提的固定资产折旧额；借方登记减少固定资产时已提折旧的注销额；期末余额在贷方，表示期末企业固定资产的累计折旧额。"累计折旧"账户的结构如图 4-26 所示。

累计折旧	
已提固定资产折旧的减少数或转销数	计提的固定资产折旧额
	余额：期末固定资产已提的累计折旧

图 4-26 "累计折旧"账户的结构

（4）明细账的设置：该账户可按固定资产的类别或项目设置明细账，进行明细核算。

注意：调整账户是用来调整被调整账户的余额，以确定被调整账户的实际余额而设置的账户。调整账户按其调整方式的不同，可分为备抵账户、附加账户和备抵附加账户 3 类。下面主要介绍备抵账户。备抵账户也称为抵减账户，是用来抵减被调整账户的余

额,以求得被调整账户实际余额的账户。其调整方式可用公式表示为:

被调整账户的实际余额=被调整账户的余额-备抵账户余额

可见,被调整账户的余额与备抵账户余额一定是在相反的方向上,如果调整账户的余额在借方,其备抵账户的余额一定在贷方;如果调整账户的余额在贷方,其备抵账户的余额一定在借方。

按照被调整账户的性质,备抵账户又可分为资产备抵账户和权益备抵账户两类。资产备抵账户是用来抵减某一资产账户余额,以求得该资产账户实际余额的账户。例如,"累计折旧"账户是"固定资产"账户的备抵账户;"累计摊销"账户是"无形资产"账户的备抵账户;"坏账准备"账户是"应收账款"账户、"其他应收款"账户的备抵账户等。权益备抵账户是用来抵减某一权益账户余额,以求得该权益账户实际余额的账户。例如,"利润分配"账户是"本年利润"账户的备抵账户。"本年利润"账户的期末贷方余额,反映期末已实现的净利润数额,"利润分配"账户的期末借方余额,反映期末已分配的净利润数额,用"本年利润"账户的贷方余额减去"利润分配"账户的借方余额,其差额表示企业期末尚未分配的利润数额。

(六)"累计摊销"账户

(1)账户的性质:属于资产类账户,它是"无形资产"账户的备抵调整账户。

(2)账户的用途:用来核算企业无形资产的累计摊销价值。

(3)账户的结构:其贷方登记企业按月计提的无形资产摊销额;借方登记减少无形资产时已提摊销的注销额;期末余额在贷方,表示期末企业无形资产的累计摊销额。"累计摊销"账户的结构如图4-27所示。

累计摊销	
已提无形资产摊销的减少数或转销数	计提的无形资产摊销额
	余额:期末无形资产已提的累计摊销额

图4-27 "累计摊销"账户的结构

(4)明细账的设置:该账户可按无形资产的项目进行明细核算。

(七)"库存商品"账户

(1)账户的性质:属于资产类账户。

(2)账户的用途:用来核算企业生产完工并验收入库的产品的实际成本。

(3)账户的结构:其借方登记已经完工并已验收入库的各种产品的实际成本;贷方登记已经出库的各种产品的实际成本;期末余额在借方,表示期末企业库存产成品的实际成本。"库存商品"账户的结构如图4-28所示。

第四章 基本经济业务的核算

库存商品	
已经完工并验收入库的各种产品的实际成本	已经出库的各种产品的实际成本
余额：期末企业库存产品的实际成本	

图 4-28 "库存商品"账户的结构

（4）明细账的设置：该账户按库存商品的品名、种类和规格等进行明细核算。

注意：在对生产加工业务的核算中，除了要重点掌握生产加工业务的账务处理方法以外，也要理解存货发出的计价方法。在生产产品过程中，生产加工车间需要领用材料，从材料仓库的角度讲，是发出材料，实际工作中，企业发出材料（存货）成本的计价方法有先进先出法、月末一次加权平均法、移动加权平均法、个别计价法。企业应当根据自身情况合理选择发出存货的计价方法。

1. 先进先出法

先进先出法是假定先收到的存货先发出（销售或耗费），以此计算发出存货成本和期末结存存货成本的方法。采用这种方法，收入存货时要逐笔登记每一批存货的数量、单价和金额；发出存货时要按照先进先出的原则计价，逐笔登记存货的发出和结存金额。先进先出法可以随时结转存货成本，但较烦琐，如果存货收发业务较多，并且存货单价不稳定，则计算工作量较大。另外，在物价持续上升时，采用这种方法会使发出存货成本偏低，利润偏高。

例 4-26 林达公司采用先进先出法计算发出材料和期末材料的成本。20××年 3 月甲材料明细账如表 4-1 所示。

表 4-1 材料明细账

材料类别：甲材料　　　　　　　　　　　　　　　　　　　　　　　　　计量单位：公斤、元

20××年		凭证号	摘要	收入			发出			结存		
月	日			数量	单价	金额	数量	单价	金额	数量	单价	金额
3	1		期初							2 000	5.00	10 000
	5		购入	1 000	5.10	5 100				2 000 1 000	5.00 5.10	10 000 5 100
	10		领用				2 000 600	5.00 5.10	10 000 3 060	400	5.10	2 040
	16		购入	2 500	5.29	13 225				400 2 500	5.10 5.29	2 040 13 225
	22		领用				400 800	5.10 5.29	2 040 4 232	1 700	5.29	8 993
	30		领用				500	5.29	2 645	1 200	5.29	6 348
	30		合计	3 500	—	18 325	4 300	—	21 977	1 200	5.29	6 348

2. 月末一次加权平均法

月末一次加权平均法是指以月初结存存货和本月收入存货的数量为权数,在月末一次计算存货平均单价,据以计算当月发出存货成本和月末结存存货成本的一种方法。即平时收入存货时按数量、单价、金额登记,但每次不确定其结存单价,而是在月末时一次计算其本期的加权平均单价。本期耗用或出售的存货,平时只登记数量,不登记单价和金额,到月末时,再按此加权平均单价确定其金额。月末一次加权平均法手续简便,有利于简化成本计算工作,但由于必须到月末才能计算出本月的平均单价,平时在存货明细账上无法反映发出和结存存货的实际成本,因此不利于存货成本的日常管理与控制。月末一次加权平均法计算公式如下:

$$加权平均单价 = \frac{月初结存存货实际成本 + 本月收入存货实际成本}{月初结存存货数量 + 本月收入存货数量}$$

本月发出存货实际成本 = 本月发出存货数量 × 加权平均单价

月末结存存货实际成本 = 月末结存存货数量 × 加权平均单价

例 4-27 承例 4-26,假设林达公司采用月末一次加权平均法计算发出材料和期末材料的成本,其他条件不变。

加权平均单价 = (10 000+18 325) ÷ (2 000+3 500) = 5.15(元)

本月发出存货实际成本 = 4 300×5.15 = 22 145(元)

月末结存存货实际成本 = 1 200×5.15 = 6 180(元)

3. 移动加权平均法

移动加权平均法是指在每次进货以后,立即根据库存存货数量和总成本,计算出新的平均单位成本,作为下次进货前发出存货的单位成本的一种方法。移动加权平均法与月末一次加权平均法的计算原理基本相同,只是要求在每次(批)收入存货时重新计算加权平均单价。移动加权平均法可以随时计算存货的平均单位成本,计算出的发出和结存存货的成本比较客观。但在存货单价不同的情况下,由于每收入一次(批)存货就要重新计算一次平均单价,计算工作量较大。因此,存货收发频繁的企业不适宜采用此法。移动加权平均法的计算公式如下:

$$移动平均单价 = \frac{库存存货成本 + 本批进货成本}{库存存货数量 + 本批进货数量}$$

例 4-28 强力公司采用移动加权平均法计算发出材料和期末材料的成本。20××年3月甲材料明细账如表4-2所示。

表 4-2 材料明细账

材料类别：甲材料　　　　　　　　　　　　　　　　　　　　　　　计量单位：公斤、元

20××年		凭证号	摘要	收入			发出			结存		
月	日			数量	单价	金额	数量	单价	金额	数量	单价	金额
3	1		期初							2 000	5.00	10 000
	5		购入	3 000	5.20	15 600				5 000	5.12	25 600
	10		领用				4 000	5.12	20 480	1 000	5.12	5 120
	16		购入	5 000	5.00	25 000				6 000	5.02	30 120
	22		领用				1 500	5.02	7530	4 500	5.02	22 590
	30		领用				500	5.02	2 510	4 000	5.02	20 080
	30		合计	8 000	—	40 600	6 000	—	30 520	4 000	5.02	20 080

3 月 5 日结存存货单价 5.12（元）=（10 000+15 600）÷（2 000+3 000）
3 月 16 日结存存货单价 5.02（元）=（5 120+25 000）÷（1 000+5 000）

4. 个别计价法

个别计价法也称为个别认定法、具体辨认法、分批实际法。采用这一方法是假设存货的成本流转与实物流转相一致，按照各种存货，逐一辨认各批发出存货和期末存货所属的购进批别或生产批别，分别按其购入或生产时所确定的单位成本计算各批发出存货和期末存货成本的方法。采用此法，计算发出存货的成本和期末存货的成本比较合理、准确，但这种方法的前提是需要对发出和结存存货的批次进行具体认定，以辨认其所属的收入批次，因此，实际操作的工作量很大。此法适用于容易识别、存货品种数量不多、单位成本较高、一般不能替代使用的存货，以及为特定项目专门购入或制造的存货等。

三、生产加工业务的账务处理

例 4-29　4 月 1 日，林达公司为生产 A 产品领用甲材料 53 500 元，为生产 B 产品领用甲材料 25 200 元，车间一般性消耗领用乙材料 700 元，厂部管理部门领用修理用丙材料 600 元。

借：生产成本——A 产品　　　　　　　　　　　　　　　53 500
　　　　　　——B 产品　　　　　　　　　　　　　　　25 200
　　制造费用　　　　　　　　　　　　　　　　　　　　　700
　　管理费用　　　　　　　　　　　　　　　　　　　　　600
　　贷：原材料——甲材料　　　　　　　　　　　　　　　78 700
　　　　　　——乙材料　　　　　　　　　　　　　　　　　700
　　　　　　——丙材料　　　　　　　　　　　　　　　　　600

例 4-30　4 月 12 日，承例 4-23，采购员陈明出差归来，报销差旅费 1 980 元，交回现

金 20 元。

借：管理费用　　　　　　　　　　　　　　　　　　　1 980
　　库存现金　　　　　　　　　　　　　　　　　　　　20
　　贷：其他应收款——陈明　　　　　　　　　　　　　　　　　2 000

例 4-31　4 月 13 日，林达公司从银行提取现金 197 000 元，以备发放本月份职工工资。

借：库存现金　　　　　　　　　　　　　　　　　　　197 000
　　贷：银行存款　　　　　　　　　　　　　　　　　　　　197 000

例 4-32　4 月 14 日，用现金发放本月职工薪酬 197 000 元。

借：应付职工薪酬——工资　　　　　　　　　　　　　197 000
　　贷：库存现金　　　　　　　　　　　　　　　　　　　　197 000

例 4-33　4 月 15 日，林达公司以银行存款支付本月办公用品费 1 600 元，其中企业行政管理部门 1 100 元，基本生产车间 500 元。

借：管理费用　　　　　　　　　　　　　　　　　　　1 100
　　制造费用　　　　　　　　　　　　　　　　　　　　500
　　贷：银行存款　　　　　　　　　　　　　　　　　　　　1 600

例 4-34　4 月 30 日，林达公司分配本月应付职工薪酬 197 000 元，其中 A 产品生产工人薪酬 80 000 元，B 产品生产工人薪酬 30 000 元，车间管理人员薪酬 28 000 元，行政管理部门薪酬 46 000 元，产品销售人员薪酬 13 000 元。

借：生产成本——A 产品　　　　　　　　　　　　　　80 000
　　　　　　——B 产品　　　　　　　　　　　　　　30 000
　　制造费用　　　　　　　　　　　　　　　　　　　28 000
　　管理费用　　　　　　　　　　　　　　　　　　　46 000
　　销售费用　　　　　　　　　　　　　　　　　　　13 000
　　贷：应付职工薪酬——工资　　　　　　　　　　　　　　197 000

例 4-35　4 月 30 日，承例 4-34，按工资总额 20% 的比例计提社会保险费。

本月应计提社会保险费 = 197 000×20% = 39 400(元)
其中：计提生产 A 产品工人的社会保险费 = 80 000×20% = 16 000(元)
计提生产 B 产品工人的社会保险费 = 30 000×20% = 6 000(元)
计提车间管理人员的社会保险费 = 28 000×20% = 5 600(元)
计提行政管理部门人员的社会保险费 = 46 000×20% = 9 200(元)
计提产品销售人员的社会保险费 = 13 000×20% = 2 600(元)

借：生产成本——A 产品　　　　　　　　　　　　　　16 000
　　　　　　——B 产品　　　　　　　　　　　　　　6 000
　　制造费用　　　　　　　　　　　　　　　　　　　5 600
　　管理费用　　　　　　　　　　　　　　　　　　　9 200
　　销售费用　　　　　　　　　　　　　　　　　　　2 600
　　贷：应付职工薪酬——社会保险费　　　　　　　　　　　39 400

例 4-36 4 月 30 日,林达公司按规定计提本月固定资产折旧费 10 000 元,其中生产车间 7 000 元,企业行政管理部门 3 000 元。

借:制造费用　　　　　　　　　　　　　　　　　　　7 000
　　管理费用　　　　　　　　　　　　　　　　　　　3 000
　　贷:累计折旧　　　　　　　　　　　　　　　　　　　　　10 000

例 4-37 4 月 30 日,林达公司按规定计提本月无形资产摊销额 15 000 元。

借:管理费用　　　　　　　　　　　　　　　　　　　15 000
　　贷:累计摊销　　　　　　　　　　　　　　　　　　　　　15 000

例 4-38 4 月 30 日,林达公司结转本月制造费用(按生产 A、B 产品的工人工资分配)。

本月共发生制造费用 = 700+500+28 000+5 600+7 000 = 41 800(元)
制造费用分配率 = 41 800÷(80 000+30 000) = 0.38
A 产品应承担的制造费用 = 80 000×0.38 = 30 400(元)
B 产品应承担的制造费用 = 30 000×0.38 = 11 400(元)

借:生产成本——A 产品　　　　　　　　　　　　　　30 400
　　　　　　——B 产品　　　　　　　　　　　　　　11 400
　　贷:制造费用　　　　　　　　　　　　　　　　　　　　　41 800

例 4-39 4 月 30 日,林达公司 A 产品 1 000 件全部完工,B 产品 800 件全部完工,结转本月完工入库产品的生产成本。

A 产品的总生产费用 = 53 500+80 000+16 000+30 400 = 179 900(元),即为完工 A 产品总成本。
B 产品的总生产费用 = 25 200+30 000+6 000+11 400 = 72 600(元),即为完工 B 产品总成本。

借:库存商品——A 产品　　　　　　　　　　　　　　179 900
　　　　　　——B 产品　　　　　　　　　　　　　　72 600
　　贷:生产成本——A 产品　　　　　　　　　　　　　　　179 900
　　　　　　　——B 产品　　　　　　　　　　　　　　　72 600

例 4-40 4 月 30 日,假设例 4-39,改为 A 产品月末在产品 900 元,B 产品月末在产品 600 元,结转本月完工入库产品的生产成本。

A 产品的总生产费用 = 53 500+80 000+16 000+30 400 = 179 900(元)
其中 A 产品有 900 元在产品,则完工 A 产品的总成本 = 179 900-900 = 179 000(元)
B 产品的总生产费用 = 25 200+30 000+6 000+11 400 = 72 600(元)
其中 B 产品有 600 元在产品,则完工 B 产品的总成本 = 72 600-600 = 72 000(元)

借:库存商品——A 产品　　　　　　　　　　　　　　179 000
　　　　　　——B 产品　　　　　　　　　　　　　　72 000
　　贷:生产成本——A 产品　　　　　　　　　　　　　　　179 000
　　　　　　　——B 产品　　　　　　　　　　　　　　　72 000

根据上述例 4-29 到例 4-39 经济业务登记生产成本账并编制产品成本汇总表,如表 4-3—表 4-6 所示。

表4-3 生产成本总账

单位:元

20××年		凭证号	摘 要	借方	贷方	借或贷	余额
月	日						
4	1		领用材料	78 700		借	78 700
4	30		分配工资费用	110 000		借	188 700
4	30		计提社会保险费	22 000		借	210 700
4	30		结转制造费用	41 800		借	252 500
4	30		完工产品入库		252 500	平	0
4	30		本月发生额及余额	252 500	252 500	平	0

表4-4 生产成本明细账(A产品)

产品名称:A产品　　　　　　　　　　　　　　　　　　　　　　　　　　　单位:元

20××年		凭证号	摘 要	借方(项目)			余额
月	日			直接材料	直接人工	制造费用	
4	1		领用甲材料	53 500			53 500
4	30		分配工资费用		80 000		133 500
4	30		计提社会保险费		16 000		149 500
4	30		结转制造费用			30 400	179 900
4	30		结转完工产品成本	53 500	96 000	30 400	179 900

表4-5 生产成本明细账(B产品)

产品名称:B产品　　　　　　　　　　　　　　　　　　　　　　　　　　　单位:元

20××年		凭证号	摘 要	借方(项目)			余额
月	日			直接材料	直接人工	制造费用	
4	1		领用甲材料	25 200			25 200
4	30		分配工资费用		30 000		55 200
4	30		计提社会保险费		6 000		61 200
4	30		结转制造费用			11 400	72 600
4	30		结转完工产品成本	25 200	36 000	11 400	72 600

表 4-6　产品成本计算汇总表

20××年4月　　　　　　　　　　　　　　　　　　　　　　　　　　单位:元

项目	A 产品		B 产品	
	总成本(1 000 件)	单位成本	总成本(800 件)	单位成本
直接材料	53 500	53.50	25 200	31.50
直接人工	96 000	96.00	36 000	45.00
制造费用	30 400	30.40	11 400	14.25
产品生产成本	179 900	179.90	72 600	90.75

第四节　销售业务的核算

一、销售业务的内容

工业企业生产的产品,从验收入库到销售给购买方为止的过程称为销售过程。在产品的销售过程中,企业按照销售价格将产品销售给购买方,并按产品的销售价格向购买方办理货款结算,收回销货款,从而实现销售收入(即主营业务收入)。由于在销售过程中企业必须付出相应数量的产品,因而企业在确认和计量销售收入的同时,还应当结转为制造这些产品而耗费的生产成本,通常将已销售产品的生产成本称为产品销售成本。用公式表示为:

产品销售成本=产品销售数量×产品单位生产成本(即单位成本)

同时,为了销售产品,还会发生包装费、运输费、广告费以及专设销售机构所发生的各种费用等,此外,还应按照国家税法的规定,计算并交纳相关税费。

工业企业的销售业务除了产品销售以外,还有一些其他销售业务,例如销售材料、出租包装物等业务。这些业务发生所取得的收入称为其他业务收入;所发生的成本称为其他业务成本。

二、销售业务的账户设置

为了记录销售业务,反映销售收入的实现和销售成本、销售费用、销售税金等的发生,企业主要应设置"主营业务收入""主营业务成本""其他业务收入""其他业务成本""销售费用""税金及附加""应收账款""应收票据""预收账款"等账户。

(一)"主营业务收入"账户

(1)账户的性质:属于损益类账户。

(2)账户的用途:用来核算企业销售产品、提供服务等日常活动所实现的收入。

(3)账户的结构:其贷方登记企业销售产品实现的销售收入;借方登记本期发生的销售退回应冲减的销售收入以及期末结转到"本年利润"账户的金额;该账户期末结转后应无余额。"主营业务收入"账户的结构如图4-29所示。

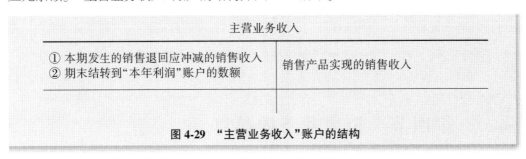

图4-29 "主营业务收入"账户的结构

(4)明细账的设置:该账户一般按照主营业务收入的种类设置明细账,进行明细核算。

(二)"主营业务成本"账户

(1)账户的性质:属于损益类账户。

(2)账户的用途:用来核算企业确认销售商品、提供服务等主营业务收入时应结转的成本。

(3)账户的结构:其借方登记所发生的主营业务成本;贷方登记期末转入"本年利润"账户的主营业务成本;该账户期末结转后应无余额。"主营业务成本"账户的结构如图4-30所示。

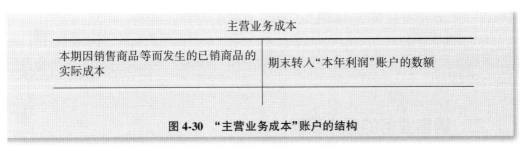

图4-30 "主营业务成本"账户的结构

(4)明细账的设置:该账户可按主营业务成本的种类设置明细账,进行明细核算。

(三)"其他业务收入"账户

(1)账户的性质:属于损益类账户。

（2）账户的用途：用来核算企业确认的除主营业务活动以外的其他日常经营活动实现的收入，包括销售材料、出租固定资产、出租无形资产、出租包装物等实现的收入。

（3）账户的结构：其贷方登记企业发生的各种其他业务收入；借方登记期末转入"本年利润"账户的其他业务收入；该账户期末结转后应无余额。"其他业务收入"账户的结构如图4-31所示。

其他业务收入	
期末结转到"本年利润"账户的数额	本期发生的各种其他业务收入数额

图4-31　"其他业务收入"账户的结构

（4）明细账的设置：该账户可按其他业务收入的种类设置明细账，进行明细核算。

（四）"其他业务成本"账户

（1）账户的性质：属于损益类账户。

（2）账户的用途：用来核算企业确认的除主营业务活动之外的其他日常经营活动所发生的支出，包括销售材料的成本、出租固定资产的折旧额、出租无形资产的摊销额、出租包装物的成本或摊销额等。

（3）账户的结构：其借方登记发生的各种其他业务成本；贷方登记期末转入"本年利润"账户的其他业务成本；该账户期末结转后应无余额。"其他业务成本"账户的结构如图4-32所示。

其他业务成本	
本期发生的各种其他业务成本	期末转入"本年利润"账户的数额

图4-32　"其他业务成本"账户的结构

（4）明细账的设置：该账户可按其他业务成本的种类设置明细账，进行明细核算。

（五）"销售费用"账户

（1）账户的性质：属于损益类账户。

（2）账户的用途：用来核算企业销售商品和材料、提供服务的过程中发生的各种费用，包括保险费、包装费、展览费和广告费、商品维修费、预计产品质量保证损失、运输费、装卸费，以及为销售本企业商品而专设的销售机构(含销售网点、售后服务网点等)的职工薪酬、业务费、折旧费等经营费用。企业发生的与专设销售机构相关的固定资产修理费用等后续支出，也在本账户核算。

(3)账户的结构:其借方登记销售商品过程中发生的各种销售费用;贷方登记期末转入"本年利润"账户的销售费用;该账户期末结转后应无余额。"销售费用"账户的结构如图4-33所示。

图4-33 "销售费用"账户的结构

(4)明细账的设置:该账户可按费用项目设置明细账,进行明细核算。

(六)"税金及附加"账户

(1)账户的性质:属于损益类账户。

(2)账户的用途:用来核算企业经营活动发生的消费税、城市维护建设税、资源税、环境保护税、房产税、土地使用税、车船使用税、印花税和教育费附加等相关税费。

(3)账户的结构:其借方登记企业按照规定计算应由本期负担的税金及附加;贷方登记期末转入"本年利润"账户的税金及附加;该账户期末结转后应无余额。"税金及附加"账户的结构如图4-34所示。

图4-34 "税金及附加"账户的结构

(七)"应收账款"账户

(1)账户的性质:属于资产类账户。

(2)账户的用途:用来核算企业因销售商品、提供服务等经营活动时,应向购货单位或接受服务单位收取的款项。

(3)账户的结构:其借方登记由于销售产品或提供服务而发生的应收款项;贷方登记企业已经收回的款项;期末余额一般在借方,表示企业尚未收回的应收账款;如果期末余额在贷方,表示企业预收的账款。"应收账款"账户的结构如图4-35所示。

应收账款	
由于销售产品或提供劳务而发生的应收款项	企业已经收回的款项
余额:企业尚未收回的应收账款	余额:企业预收的账款

图 4-35 "应收账款"账户的结构

(4)明细账的设置:该账户可按债务人设置明细账,进行明细核算。

(八)"坏账准备"账户

(1)账户的性质:属于资产类账户。它是"应收账款""其他应收款"等账户的备抵调整账户。

(2)账户的用途:用来核算企业应收款项的坏账准备。

(3)账户的结构:其贷方登记按期计提的坏账准备数额;借方登记已确认为坏账损失应予转销的坏账准备数额;期末余额一般在贷方,表示期末企业已经计提但尚未转销的坏账准备数。"坏账准备"账户的结构如图 4-36 所示。

坏账准备	
① 应收款项无法收回而转销的坏账准备 ② 冲减的坏账准备	① 计提的坏账准备 ② 已转销的应收款项收回而增加的坏账准备
	余额:企业已计提但尚未转销的坏账准备数

图 4-36 "坏账准备"账户的结构

(4)明细账的设置:该账户可按应收款项的类别设置明细账,进行明细核算。

注意:计提坏账准备的方法主要有应收款项余额百分比法、账龄分析法、销货百分比法等,这里仅介绍应收款项余额百分比法。

企业应当在资产负债表日对应收款项的账面价值进行测试,有客观证据表明该应收款项发生减值的,应当将该应收款项的账面价值减记至预计未来现金流量现值,减记的金额确认减值损失,并采用备抵法计提坏账准备。

对于单项金额重大的应收款项,应当单独进行减值测试;对于单项金额非重大的应收款项,可以单独进行减值测试,也可以与经单独测试后未减值的应收款项一起采用组合方式进行减值测试。方法是将这些应收款项按类似信用风险特征划分为若干组合,再按这些应收款项组合在资产负债表日余额的一定比例计算确定减值损失,计提坏账准备。

应收款项减值的有关会计处理主要包括 3 个方面:

第一,期末按一定方法计算确定应收款项的减值损失,计提坏账准备。

当期应计提坏账准备=期末应收款项余额×坏账准备计提率-(或+)"坏账准备"账

户的期末贷方(借方)余额

如果当期应计提坏账准备大于0,则计提的坏账准备应借记"信用减值损失"科目,贷记"坏账准备"科目;如果当期应计提坏账准备小于0,则应冲销原来已计提的坏账准备,冲销时借记"坏账准备"科目,贷记"信用减值损失"科目。

第二,实际发生坏账时,借记"坏账准备"科目,贷记"应收账款""其他应收款"等科目。

债务人破产或死亡,以其破产财产或者遗产清偿后仍无法收回的,或因债务人逾期未履行偿债义务超过三年而且具有明显特征表明无法收回的应收款项,应确认为坏账。

第三,已经确认的坏账又收回,根据收回的数额,借记"应收账款""其他应收款"等科目,贷记"坏账准备"科目,同时借记"银行存款"科目,贷记"应收账款""其他应收款"等科目,或者直接借记"银行存款"科目,贷记"坏账准备"科目。参见例4-52。

(九)"信用减值损失"账户

(1)账户的性质:属于损益类账户。

(2)账户的用途:用来核算企业计提金融资产减值准备形成的预期信用损失。

(3)账户的结构:其借方登记计提的有关金融资产发生的减值;贷方登记有关金融资产价值得以恢复而减少的损失以及期末转入"本年利润"账户的减值损失;期末结转后该账户无余额。"信用减值损失"账户的结构如图4-37所示。

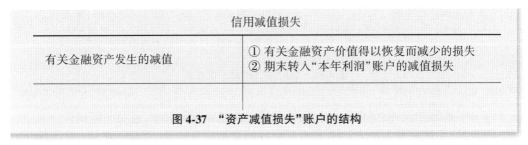

图4-37 "资产减值损失"账户的结构

(4)明细账的设置:该账户可按减值损失的项目设置明细账,进行明细核算。

(十)"应收票据"账户

(1)账户的性质:属于资产类账户。

(2)账户的用途:用来核算企业因销售商品或提供服务等而收到的商业汇票,包括银行承兑汇票和商业承兑汇票。

(3)账户的结构:其借方登记应收票据的增加数;贷方登记到期收回的应收票据款;期末余额在借方,表示期末企业尚未到期的应收票据款项。"应收票据"账户的结构如图4-38所示。

应收票据	
应收票据的增加数	到期收回的应收票据款
余额：尚未到期的应收票据款项	

图 4-38 "应收票据"账户的结构

（4）明细账的设置：该账户可按债务人设置明细账，进行明细核算。企业应设置"应收票据备查簿"登记应收票据的详细资料。

（十一）"预收账款"账户

（1）账户的性质：属于负债类账户。

（2）账户的用途：用来核算企业按照合同规定向购货单位预收的款项。

（3）账户的结构：其贷方登记企业收到的预收款项；借方登记销售实现时与购货单位结算的预收款项；期末余额一般在贷方，表示企业向购货单位预收的款项；如果期末余额在借方，表示应由购货单位补付的款项。"预收账款"账户的结构如图 4-39 所示。

预收账款	
销售实现时与购货单位结算的预收款项	企业收到的预收款项
余额：应由购货单位补付的款项	余额：向购货单位预收的款项

图 4-39 "预收账款"账户的结构

（4）明细账的设置：该账户可按购货单位设置明细账，进行明细核算。

（十二）"其他应收款"账户

（1）账户的性质：属于资产类账户。其他应收款属于企业发生的非购销活动的应收债权。

（2）账户的用途：用来核算企业除应收票据、应收账款、预付账款、应收股利、应收利息、长期应收款等以外的其他各种应收及暂付款项。

（3）账户的结构：其借方登记发生的各种其他应收款；贷方登记已收回的各种其他应收款；期末余额一般在借方，表示期末企业尚未收回的各种其他应收款项。"其他应收款"账户的结构如图 4-40 所示。

其他应收款	
发生的各种其他应收款	已收回的各种其他应收款
余额：企业尚未收回的其他应收款项	

图 4-40 "其他应收款"账户的结构

(4) 明细账的设置:该账户可按对方单位(或个人)设置明细账,进行明细核算。

三、销售业务的账务处理

例 4-41 5 月 8 日,林达公司销售给东方公司 A 产品 500 件,销售价款 150 000 元,增值税销项税额 19 500 元,价税全部收到,存入银行。

借:银行存款 169 500
  贷:主营业务收入——A 产品 150 000
    应交税费——应交增值税(销项税额) 19 500

例 4-42 5 月 9 日,林达公司销售给达能公司 A 产品 300 件,销售价款 90 000 元,增值税销项税额 11 700 元,价税均未收到。

借:应收账款——达能公司 101 700
  贷:主营业务收入 ——A 产品 90 000
    应交税费——应交增值税(销项税额) 11 700

例 4-43 5 月 10 日,林达公司销售给明知公司 A 产品 100 件,销售价款 30 000 元,增值税销项税额 3 900 元,收到为期三个月的商业汇票一张。

借:应收票据 33 900
  贷:主营业务收入——A 产品 30 000
    应交税费——应交增值税(销项税额) 3 900

例 4-44 5 月 11 日,按照合同规定,预收浪花公司购买 B 产品的货款 80 000 元,已存入银行。

借:银行存款 80 000
  贷:预收账款——浪花公司 80 000

例 4-45 5 月 12 日,以银行存款支付广告费 50 000 元。

借:销售费用 50 000
  贷:银行存款 50 000

例 4-46 5 月 13 日,林达公司销售甲材料一批,销售价款 6 000 元,增值税销项税额 780 元,价税均已收到,存入银行。

借:银行存款 6 780
  贷:其他业务收入 6 000
    应交税费——应交增值税(销项税额) 780

例 4-47 5 月 23 日,林达公司向浪花公司发出预定的 B 产品 600 件,销售价款 96 000 元,增值税销项税额 12 480 元(5 月 11 日已预付部分货款)。

借:预收账款——浪花公司 108 480
  贷:主营业务收入——B 产品 96 000
    应交税费——应交增值税(销项税额) 12 480

例 4-48 5 月 25 日,收到浪花公司补付的货款 28 480 元,存入银行。

借:银行存款 28 480

　　　　贷：预收账款——浪花公司　　　　　　　　　　　　　　　　　28 480

例 4-49　5 月 31 日，结转本月已销 A、B 产品的成本（A、B 产品的生产成本见表 4-6）。A 产品共销售 500 件+300 件+100 件=900（件），B 产品共销售 600 件。

　　根据表 4-6 所示，A 产品的单位成本为 179.90 元/件，因此，已销 A 产品的总成本=900 件×179.90 元/件=161 910（元）。

　　根据表 4-6 所示，B 产品的单位成本为 90.75 元/件，因此，已销 B 产品的总成本=600 件×90.75 元/件=54 450（元）。

　　借：主营业务成本——A 产品　　　　　　　　　　　　　　　161 910
　　　　　　　　　　　——B 产品　　　　　　　　　　　　　　　54 450
　　　　贷：库存商品——A 产品　　　　　　　　　　　　　　　　161 910
　　　　　　　　　　——B 产品　　　　　　　　　　　　　　　　54 450

例 4-50　5 月 31 日，结转本月销售甲材料成本 5 000 元。

　　借：其他业务成本　　　　　　　　　　　　　　　　　　　　　5 000
　　　　贷：原材料——甲材料　　　　　　　　　　　　　　　　　　5 000

例 4-51　5 月 31 日，按规定计算本月已销产品应交的消费税，消费税税率 A 产品为 12%，B 产品为 15%，A 产品应交消费税 32 400 元，B 产品应交消费税 14 400 元。

　　借：税金及附加　　　　　　　　　　　　　　　　　　　　　　46 800
　　　　贷：应交税费——应交消费税　　　　　　　　　　　　　　　46 800

例 4-52　假设林达公司 2021 年开始计提坏账准备。2021 年 12 月 31 日对应收账款进行减值测试。应收账款余额合计为 700 000 元，根据对方资信情况确定按 5‰ 计提坏账准备（该公司采用应收款项余额百分比法）。

　　2021 年年末应计提的坏账准备金额=700 000×5‰=3 500（元）

　　借：信用减值损失——计提的坏账准备　　　　　　　　　　　　3 500
　　　　贷：坏账准备　　　　　　　　　　　　　　　　　　　　　　3 500

　　假设 2022 年 2 月 12 日，该公司发现有 2 000 元的应收账款确实无法收回，按有关规定确认为坏账损失。

　　借：坏账准备　　　　　　　　　　　　　　　　　　　　　　　2 000
　　　　贷：应收账款　　　　　　　　　　　　　　　　　　　　　　2 000

　　假设 2022 年 12 月 31 日，该公司应收账款余额合计为 800 000 元，经减值测试后决定仍按 5‰ 计提坏账准备。按本年年末应收账款余额应保持的坏账准备金额为：2022 年年末应计提的坏账准备金额=800 000×5‰=4 000（元）

　　2022 年年末计提坏账准备前，"坏账准备"账户的贷方余额为：

　　3 500-2 000=1 500（元）

　　2022 年年末应补提的坏账准备金额为：4 000-1 500=2 500（元）

　　借：信用减值损失——计提的坏账准备　　　　　　　　　　　　2 500
　　　　贷：坏账准备　　　　　　　　　　　　　　　　　　　　　　2 500

　　假设 2023 年 2 月 22 日，接银行通知，公司上年度已冲销的 1 800 元坏账又收回，款项已存入银行。

借：应收账款	1 800	
贷：坏账准备		1 800
同时：借：银行存款	1 800	
贷：应收账款		1 800

假设 2023 年 12 月 31 日，该公司应收账款余额合计为 600 000 元，经减值测试后决定仍按 5‰ 计提坏账准备。按本年年末应收账款余额应保持的坏账准备金额为：2023 年年末应计提的坏账准备金额 = 600 000×5‰ = 3 000(元)

2023 年年末计提坏账准备前，"坏账准备"账户的贷方余额为：
4 000+1 800 = 5 800(元)

2023 年年末应冲销多提的坏账准备金额为：5 800-3 000 = 2 800(元)

借：坏账准备	2 800	
贷：信用减值损失——计提的坏账准备		2 800

第五节　财务成果业务的核算

一、财务成果业务的内容

财务成果是企业生产经营活动的最终成果，即利润或亏损。利润是企业生产经营活动的经济效益的一种综合反映。利润分为营业利润、利润总额、净利润 3 个层次。财务成果业务主要是指企业净利润的形成和分配两方面的经济业务。

(一) 营业利润

营业利润是指企业一定期间经营活动取得的利润。

营业利润=营业收入-营业成本-税金及附加-销售费用-管理费用-研发费用-财务费用-信用减值损失-资产减值损失+其他收益+投资收益(-投资损失)+净敞口套期收益(-净敞口套期损失)+公允价值变动收益(-公允价值变动损失)+资产处置收益(-资产处置损失)

其中：营业收入=主营业务收入+其他业务收入
　　　营业成本=主营业务成本+其他业务成本

(二) 利润总额

利润总额是指企业在一定期间的营业利润与营业外收支净额的合计总额，即所得税前利润总额。

利润总额=营业利润+营业外收入-营业外支出

营业外收入是指企业发生的与其日常活动无直接关系的各项利得。
营业外支出是指企业发生的与其日常活动无直接关系的各项损失。

(三) 净利润

净利润是指企业一定期间的利润总额减去所得税费用后的净额。
净利润=利润总额−所得税费用
所得税费用是指按照税法规定计算的应由本期负担的应纳所得税额。
所得税费用=利润总额×所得税税率

企业所获得的净利润,应按规定进行利润分配。企业的净利润应按下列顺序进行分配:首先是弥补以前年度的亏损;其次是提取盈余公积;最后是向投资者分配利润。企业的净利润经过上述分配后仍有余额,即为未分配利润。

财务成果业务主要包括期末将各个损益类账户的累计发生额转入"本年利润"账户,结平各个损益类账户(包括所得税费用的计算,并结转"所得税费用"账户);结转后"本年利润"账户的贷方余额为当期实现的净利润,借方余额为当期发生的净亏损;将"本年利润"账户的余额转入"利润分配"账户,成为可供分配利润的一部分,然后进行利润分配。

二、财务成果业务的账户设置

为了记录财务成果的形成和分配情况,企业主要应设置"本年利润""利润分配""所得税费用""投资收益""营业外收入""营业外支出""盈余公积""应付股利"等账户。

(一)"本年利润"账户

(1) 账户的性质:属于所有者权益类账户。
(2) 账户的用途:用来核算企业当期实现的净利润(或发生的净亏损)。
(3) 账户的结构:其贷方登记从损益类(收入类)账户转入的各项收入额;借方登记从损益类(费用类)账户转入的各项费用额。在没有结转所得税费用之前,该账户的贷方余额表示截至本期累计实现的利润总额,借方余额表示截至本期累计发生的亏损总额;在转入所得税费用之后,贷方余额表示企业实现的净利润,借方余额表示企业发生的净亏损。年度终了,企业应将本年实现的净利润或净亏损转入"利润分配"账户,结转后该账户无余额。"本年利润"账户的结构如图 4-41 所示。

本年利润	
期末转入的各项费用额	期末转入的各项收入额
余额:① 当期发生的净亏损 ② 年末结转到"利润分配"账户的净利润	余额:① 当期实现的净利润 ② 年末结转到"利润分配"账户的净亏损

图 4-41 "本年利润"账户的结构

(二)"所得税费用"账户

(1) 账户的性质:属于损益类账户。
(2) 账户的用途:用来核算企业按规定从当期利润总额中扣除的所得税费用。
(3) 账户的结构:其借方登记按规定应由当期损益负担的所得税费用;贷方登记期末转入"本年利润"账户的所得税费用;结转后该账户期末无余额。"所得税费用"账户的结构如图4-42所示。

所得税费用	
按规定应由当期损益负担的所得税费用	期末转入"本年利润"账户的所得税费用

图4-42 "所得税费用"账户的结构

(三)"利润分配"账户

(1) 账户的性质:属于所有者权益类账户。
(2) 账户的用途:用来核算企业利润的分配(或亏损的弥补)和历年分配(或弥补)后的余额。它是"本年利润"账户的一个调整账户。
(3) 账户的结构:其借方登记企业净利润的分配数或从"本年利润"账户转入的净亏损;贷方登记年度终了企业从"本年利润"账户转入的净利润或已弥补的净亏损;年终,该账户的贷方余额表示年末可供分配而尚未分配的净利润,借方余额表示年末尚未弥补的净亏损。"利润分配"账户的结构如图4-43所示。

利润分配	
① 从"本年利润"账户转入的净亏损 ② 当年企业按规定提取的盈余公积 ③ 分配给投资者的利润	从"本年利润"账户转入的净利润
余额:历年累计未弥补的亏损	余额:历年累计未分配的利润

图4-43 "利润分配"账户的结构

(4) 明细账的设置:该账户可按利润分配的去向设置明细账,进行明细核算。

(四)"投资收益"账户

(1) 账户的性质:属于损益类账户。
(2) 账户的用途:用来核算企业确认的投资收益或投资损失。
(3) 账户的结构:其贷方登记取得的对外投资收入;借方登记发生的对外投资损失;

期末将投资净收益或净损失转入"本年利润"账户后应无余额。"投资收益"账户的结构如图 4-44 所示。

图 4-44 "投资收益"账户的结构

(4) 明细账的设置：该账户可按投资项目设置明细账，进行明细核算。

（五）"营业外收入"账户

(1) 账户的性质：属于损益类账户。

(2) 账户的用途：用来核算企业发生的各项营业外收入，主要包括非流动资产毁损报废收益以及与企业日常活动无关的政府补助、捐赠利得、盘盈利得等。

(3) 账户的结构：其贷方登记企业取得的各项营业外收入；借方登记期末转入"本年利润"账户的营业外收入，结转后该账户无余额。"营业外收入"账户的结构如图 4-45 所示。

营业外收入	
期末转入"本年利润"账户的营业外收入	取得的营业外收入

图 4-45 "营业外收入"账户的结构

(4) 明细账的设置：该账户可按营业外收入项目设置明细账，进行明细核算。

（六）"营业外支出"账户

(1) 账户的性质：属于损益类账户。

(2) 账户的用途：用来核算企业发生的各项营业外支出，主要包括非流动资产毁损报废损失、非常损失、捐赠支出、盘亏损失、罚款支出等。

(3) 账户的结构：其借方登记企业发生的各项营业外支出；贷方登记期末转入"本年利润"账户的营业外支出，结转后该账户无余额。"营业外支出"账户的结构如图 4-46 所示。

营业外支出	
发生的各项营业外支出	期末转入"本年利润"账户的营业外支出

图 4-46 "营业外支出"账户的结构

（4）明细账的设置：该账户可按营业外支出项目设置明细账，进行明细核算。

（七）"盈余公积"账户

（1）账户的性质：属于所有者权益类账户。
（2）账户的用途：用来核算企业从净利润中提取的盈余公积。
（3）账户的结构：其贷方登记按规定从本年实现的净利润中提取的盈余公积；借方登记经股东大会或类似机构决议，用盈余公积弥补的亏损额或转增的资本额；期末余额在贷方，表示企业期末的盈余公积。"盈余公积"账户的结构如图4-47所示。

盈余公积	
用盈余公积弥补的亏损额或转增的资本额	提取的盈余公积
	余额：盈余公积的结余数额

图 4-47 "盈余公积"账户的结构

（4）明细账的设置：该账户应按"法定盈余公积""任意盈余公积"设置明细账，进行明细核算。

（八）"应付股利"账户

（1）账户的性质：属于负债类账户。
（2）账户的用途：用来核算企业分配的现金股利或利润。企业分配的股票股利，不在本账户内核算。
（3）账户的结构：其贷方登记应支付给投资者的利润数；借方登记实际支付给投资者的利润数；期末余额在贷方，表示期末企业应付而未支付的利润数。"应付股利"账户的结构如图4-48所示。

应付股利	
实际支付给投资者的利润数	应支付给投资者的利润数
	余额：期末企业应付而未支付的利润数

图 4-48 "应付股利"账户的结构

(4) 明细账的设置:该账户可按投资者设置明细账,进行明细核算。

三、财务成果业务的账务处理

例 4-53 12 月 18 日,林达公司收到 5 000 元罚款收入,存入银行。
借:银行存款　　　　　　　　　　　　　　　　　　　　　5 000
　　贷:营业外收入　　　　　　　　　　　　　　　　　　　　5 000

例 4-54 12 月 20 日,林达公司进行公益性捐款 20 000 元,已通过银行存款支付。
借:营业外支出　　　　　　　　　　　　　　　　　　　　20 000
　　贷:银行存款　　　　　　　　　　　　　　　　　　　　20 000

例 4-55 承例 4-25,12 月 26 日,林达公司将 4 月 11 日购入的阳光上市公司股票全部出售,售价为每股 23 元,扣除交易费用后,实际收到 3 436 200 元(假设不考虑增值税)。
借:其他货币资金——存出投资款　　　　　　　　　　　3 436 200
　　贷:交易性金融资产——成本　　　　　　　　　　　　2 925 000
　　　　投资收益　　　　　　　　　　　　　　　　　　　　511 200

例 4-56 12 月 31 日,结转有关损益类科目,假设本月主营业务收入 1 448 000 元、其他业务收入 35 800 元、投资收益 511 200 元、营业外收入 5 000 元。
借:主营业务收入　　　　　　　　　　　　　　　　　　1 448 000
　　其他业务收入　　　　　　　　　　　　　　　　　　　35 800
　　营业外收入　　　　　　　　　　　　　　　　　　　　5 000
　　投资收益　　　　　　　　　　　　　　　　　　　　　511 200
　　贷:本年利润　　　　　　　　　　　　　　　　　　　2 000 000

例 4-57 12 月 31 日,结转有关损益类科目,假设本月管理费用 180 000 元、财务费用 53 000 元、主营业务成本 770 000 元、销售费用 50 000 元、税金及附加 46 000 元、其他业务成本 31 000 元、营业外支出 20 000 元。
借:本年利润　　　　　　　　　　　　　　　　　　　　1 150 000
　　贷:主营业务成本　　　　　　　　　　　　　　　　　　770 000
　　　　税金及附加　　　　　　　　　　　　　　　　　　　46 000
　　　　其他业务成本　　　　　　　　　　　　　　　　　　31 000
　　　　营业外支出　　　　　　　　　　　　　　　　　　　20 000
　　　　销售费用　　　　　　　　　　　　　　　　　　　　50 000
　　　　管理费用　　　　　　　　　　　　　　　　　　　180 000
　　　　财务费用　　　　　　　　　　　　　　　　　　　　53 000

例 4-58 12 月 31 日,按 25% 的税率计算本月应交所得税。
利润总额 = 2 000 000 − 1 150 000 = 850 000(元)
本月应交所得税 = 850 000 × 25% = 212 500(元)
借:所得税费用　　　　　　　　　　　　　　　　　　　　212 500

　　　　贷：应交税费——应交所得税　　　　　　　　　　　　　　　212 500

例4-59　12月31日,结转本月所得税费用212 500元。

　　借：本年利润　　　　　　　　　　　　　　　　　　　　　　212 500
　　　　贷：所得税费用　　　　　　　　　　　　　　　　　　　　　212 500

例4-60　12月31日,结转企业全年实现的净利润7 000 000元(假设期初净利润为6 362 500元,本月净利润为637 500元)。

　　借：本年利润　　　　　　　　　　　　　　　　　　　　　　7 000 000
　　　　贷：利润分配　　　　　　　　　　　　　　　　　　　　　7 000 000

例4-61　12月31日,从净利润中提取10%的法定盈余公积,再提取5%的任意盈余公积。

　　借：利润分配　　　　　　　　　　　　　　　　　　　　　　1 050 000
　　　　贷：盈余公积——法定盈余公积　　　　　　　　　　　　　　700 000
　　　　　　　　　　——任意盈余公积　　　　　　　　　　　　　　350 000

例4-62　12月31日,按40%的比率从净利润中计算出应付投资者的利润。

　　借：利润分配　　　　　　　　　　　　　　　　　　　　　　2 800 000
　　　　贷：应付股利　　　　　　　　　　　　　　　　　　　　　2 800 000

第六节　资金退出业务的核算

一、资金退出业务的内容

　　企业实现的利润,按规定应以税金的形式上交一部分给国家,还要按照有关合同或协议偿还各项债务,另外,还要按照企业章程或董事会决议向投资者分配利润。这样,企业的资金就有一部分退出企业。资金退出企业的业务,主要是企业各种负债的偿付,包括偿还各种银行借款,交纳税金,支付应付投资者利润,偿付各种应付账款、应付票据、其他应付款等。

二、资金退出业务设置的账户

　　资金退出业务涉及的账户前面均已介绍。

三、资金退出业务的账务处理

例4-63　1月8日,用银行存款交纳应交税费212 500元。

　　借：应交税费　　　　　　　　　　　　　　　　　　　　　　212 500

　　　　贷：银行存款　　　　　　　　　　　　　　　　　　　　212 500

例 4-64　1 月 10 日,用银行存款支付应付投资者利润 2 800 000 元。
　　借：应付股利　　　　　　　　　　　　　　　　　　　　2 800 000
　　　　贷：银行存款　　　　　　　　　　　　　　　　　　　　2 800 000

例 4-65　1 月 15 日,以现金归还收取购货单位借用包装物的押金 200 元。
　　借：其他应付款　　　　　　　　　　　　　　　　　　　　200
　　　　贷：库存现金　　　　　　　　　　　　　　　　　　　　200

例 4-66　1 月 20 日,用银行存款归还银行长期借款 500 000 元,短期借款 30 000 元,应付利息 5 000 元。
　　借：长期借款　　　　　　　　　　　　　　　　　　　　500 000
　　　　短期借款　　　　　　　　　　　　　　　　　　　　30 000
　　　　应付利息　　　　　　　　　　　　　　　　　　　　5 000
　　　　贷：银行存款　　　　　　　　　　　　　　　　　　　　535 000

例 4-67　1 月 25 日,用银行存款偿还前欠牡丹公司的应付账款 150 000 元。
　　借：应付账款　　　　　　　　　　　　　　　　　　　　150 000
　　　　贷：银行存款　　　　　　　　　　　　　　　　　　　　150 000

例 4-68　1 月 26 日,用银行存款支付到期商业汇票 200 000 元。
　　借：应付票据　　　　　　　　　　　　　　　　　　　　200 000
　　　　贷：银行存款　　　　　　　　　　　　　　　　　　　　200 000

本章习题

一、单项选择题

1. 某一般纳税企业购入原材料一批,增值税专用发票注明买价 10 000 元,增值税 1 300 元,该批材料的入账价值为(　　)。
　　A. 10 000 元　　　B. 11 000 元　　　C. 11 300 元　　　D. 12 700 元

2. 某企业购买材料一批,买价 5 000 元,增值税进项税额为 650 元,运杂费 100 元,开出商业汇票支付,但材料尚未收到,应贷记(　　)账户。
　　A. 原材料　　　B. 材料采购　　　C. 银行存款　　　D. 应付票据

3. 某一般纳税企业购入不需要安装设备一台,取得的增值税专用发票注明:买价 50 000 元,增值税 6 500 元,保险费 700 元。则该设备的入账价值为(　　)元。
　　A. 50 000　　　B. 50 700　　　C. 58 700　　　D. 58 000

4. 某一般纳税企业购入材料一批,取得的增值税专用发票注明:买价 200 000 元,增值税 26 000 元,另支付运杂费 1 200 元,其中运费 1 000 元(可抵扣增值税税率为 9%)。

则该材料收到时的入账价值为( )元。

A. 200 000　　　　B. 201 110　　　　C. 201 200　　　　D. 233 000

5. 某一般纳税企业购入甲材料 900 公斤、乙材料 500 公斤,增值税专用发票上注明甲材料的买价为 22 500 元,乙材料的买价为 15 000 元,增值税为 4 875 元。甲、乙材料共同发生运杂费 5 194 元,其中运费 5 000 元,运费中允许抵扣的增值税进项税额为 450 元。企业规定按甲、乙材料的重量比例分配采购费用。则甲材料应负担的运杂费为( )元。

A. 1 730　　　　B. 1 659　　　　C. 3 050　　　　D. 3 339

6. 某企业月初甲产品在产品成本为 8 500 元,本月为生产甲产品投入生产费用 20 000 元,月末有在产品成本为 3 200 元,则本月完工入库甲产品成本为( )元。

A. 20 000　　　　B. 25 300　　　　C. 28 500　　　　D. 31 700

7. 某企业 9 月份一车间生产 A、B 两种产品,本月一车间发生制造费用 31 200 元,要求按照生产工人的工资比例分配制造费用。本月 A 产品生产工人工资为 90 000 元,B 产品生产工人工资为 30 000 元。则 A 产品应负担的制造费用为( )元。

A. 7 800　　　　B. 20 000　　　　C. 23 400　　　　D. 30 000

8. 某企业 20××年 8 月 31 日"本年利润"账户的贷方余额为 80 万元,表明( )。

A. 该企业 20××年 1—8 月份的利润为 80 万元
B. 该企业 20××年 8 月份的利润为 80 万元
C. 该企业 20××年全年的利润为 80 万元
D. 该企业 20××年 12 月份的利润为 80 万元

9. 下列项目,不应计入材料采购成本的是( )。

A. 运杂费　　　　　　　　　　　B. 运输途中的合理损耗
C. 入库前的挑选整理费用　　　　D. 采购人员工资

10. 一般纳税人购进货物取得的增值税专用发票注明的增值税额应记入"应交税费——应交增值税(进项税额)"账户的( )。

A. 借方　　　　　　　　　　　　B. 贷方
C. 不一定　　　　　　　　　　　D. 有时记有时不记

11. 下列项目,应确认为营业外收入的是( )。

A. 罚款收入　　　　　　　　　　B. 租金收入
C. 材料销售收入　　　　　　　　D. 商品销售收入

12. 无法支付的应付账款应转入( )账户。

A. 营业外收入　　　　　　　　　B. 其他业务收入
C. 其他应付款　　　　　　　　　D. 资本公积

13. 某企业收到捐赠款 30 000 元,收存银行,应贷记( )账户。

A. 主营业务收入　　　　　　　　B. 其他业务收入
C. 营业外收入　　　　　　　　　D. 营业外支出

14. 下列项目,应确认为营业外支出的是( )。

A. 材料销售损失　　　　　　　　B. 借款费用

C. 离退休工资　　　　　　　　　　D. 公益性捐赠支出
15. 下列项目,属于"营业外支出"账户核算内容的是(　　)。
　　A. 非常损失　　　　　　　　　　B. 各种销售费用
　　C. 借款的利息　　　　　　　　　D. 车间管理人员的工资
16. 下列项目,影响营业利润的是(　　)。
　　A. 营业外收入　　B. 管理费用　　C. 所得税费用　　D. 营业外支出
17. 当企业不设置"预付账款"账户时,预付的货款应通过(　　)核算。
　　A. 应收账款的借方　　　　　　　B. 应收账款的贷方
　　C. 应付账款的借方　　　　　　　D. 应付账款的贷方
18. 当企业不设置"预收账款"账户时,预收货款应通过(　　)核算。
　　A. 应收账款的借方　　　　　　　B. 应收账款的贷方
　　C. 应付账款的借方　　　　　　　D. 应付账款的贷方
19. 某企业为管理部门房屋计提折旧3 900元,应借记(　　)账户。
　　A. 制造费用　　B. 生产成本　　C. 管理费用　　D. 库存商品
20. 某企业以银行存款支付产品展览费6 000元,应借记(　　)账户。
　　A. 管理费用　　B. 销售费用　　C. 财务费用　　D. 制造费用
21. 某企业以银行存款支付业务招待费5 800元,应借记(　　)账户。
　　A. 管理费用　　B. 销售费用　　C. 财务费用　　D. 制造费用
22. 某企业月末计提短期借款利息800元,应借记(　　)账户。
　　A. 管理费用　　B. 销售费用　　C. 财务费用　　D. 制造费用
23. 某企业月末计提短期借款利息1 000元,应贷记(　　)账户。
　　A. 制造费用　　B. 财务费用　　C. 管理费用　　D. 应付利息
24. 下列项目,不应作为其他业务收入核算的是(　　)。
　　A. 出售材料收入　　　　　　　　B. 产品销售收入
　　C. 出租无形资产收入　　　　　　D. 出租固定资产收入
25. 企业以银行存款支付合同违约金3 800元,应借记(　　)账户。
　　A. 管理费用　　B. 销售费用　　C. 其他业务成本　　D. 营业外支出
26. 厂部小陈出差,预借差旅费2 000元,应借记(　　)账户。
　　A. 管理费用　　B. 销售费用　　C. 其他应付款　　D. 其他应收款
27. 某企业生产车间主任出差归来,报销会议费等差旅费2 130元,应借记(　　)账户。
　　A. 管理费用　　B. 制造费用　　C. 财务费用　　D. 销售费用
28. 某企业支付罚款900元,应借记(　　)账户。
　　A. 营业外收入　　B. 营业外支出　　C. 管理费用　　D. 销售费用
29. 所有损益类账户期末都应结转至(　　)账户,结转后损益类账户无余额。
　　A. 资本公积　　　　　　　　　　B. 本年利润
　　C. 实收资本　　　　　　　　　　D. 利润分配——未分配利润
30. 企业为生产产品和提供劳务而发生的间接费用应先在"制造费用"账户归集,期末再按一定的标准和方法分配记入( )账户。

  A. 管理费用   B. 生产成本   C. 本年利润   D. 库存商品

31. 下列票据,应通过"应收票据"账户核算的是( )。

  A. 现金支票   B. 银行汇票   C. 银行本票   D. 商业汇票

32. 现行《企业会计准则》规定,我国企业一般采用( )核算坏账损失。

  A. 直接转销法   B. 备抵法

  C. 应收账款百分比法   D. 账龄分析法

33. 投资者投入的超过注册资本或股本的金额应计入( )。

  A. 营业外收入   B. 资本公积   C. 盈余公积   D. 实收资本

34. 企业为筹集生产经营所需资金而发生的费用,应记入( )账户。

  A. 制造费用   B. 财务费用   C. 管理费用   D. 销售费用

35. 下列项目,应确认为主营业务成本的有( )。

  A. 专项工程成本   B. 材料销售成本

  C. 商品销售成本   D. 包装物销售成本

36. 下列项目,应列入其他业务收入核算的是( )。

  A. 商品销售收入   B. 材料销售收入

  C. 固定资产出售收入   D. 无形资产出售收入

37. 费用与成本的联系可以用一句话概括,即( )。

  A. 费用就是成本   B. 费用是对象化的成本

  C. 成本就是费用   D. 成本是对象化的费用

38. 生产工人的工资应列入生产成本的( )项目。

  A. 管理费用   B. 直接材料   C. 直接人工   D. 制造费用

39. 下列项目,应计入产品生产成本的是( )。

  A. 车间管理人员工资   B. 厂部管理人员工资

  C. 专设销售部门人员工资   D. 专项工程人员工资

40. "生产成本"账户期末借方余额表示( )。

  A. 已完工产品成本   B. 当期投入的总成本

  C. 在产品成本   D. 当期和以前期间所有产品的总成本

41. 下列项目,不属于期间费用的是( )。

  A. 销售费用   B. 管理费用   C. 制造费用   D. 财务费用

42. "制造费用"账户余额一般在期末应转入( )账户。

  A. 库存商品   B. 生产成本   C. 本年利润   D. 管理费用

43. 发放生产工人工资应借记( )账户。

  A. 应付工资   B. 应付职工薪酬   C. 生产成本   D. 管理费用

44. 分配工资费用时,车间管理人员的工资应记入( )的贷方。

  A. 管理费用   B. 制造费用   C. 应付职工薪酬   D. 生产成本

45. 计提生产车间的机器设备的折旧应作为( )列支。

  A. 管理费用   B. 制造费用   C. 生产成本   D. 销售费用

46. 出售交易性金融资产时，其账面余额与实际收到价款的差额，应确认为(　　)。
    A. 本年利润　　　B. 资本公积　　　C. 其他收入　　　D. 投资收益

47. 年末结账时需要转入"本年利润"的是(　　)。
    A. 所有账户　　　B. 资产类账户　　　C. 负债类账户　　　D. 损益类账户

48. 下列关于"本年利润"账户的表述，不正确的是(　　)。
    A. 贷方登记转入的营业收入、营业外收入等金额
    B. 借方登记转入的营业成本、营业外支出等金额
    C. 年度终了结账后，该账户无余额
    D. 全年的任何一个月末都不应有余额

49. 下列项目，期末应转入"本年利润"账户借方的是(　　)。
    A. 应交税费——应交所得税　　　B. 应交税费——应交增值税
    C. 应交税费——应交消费税　　　D. 所得税费用

50. 销售产品发生的消费税应记入(　　)账户的借方。
    A. 应交税费　　　B. 税金及附加　　　C. 本年利润　　　D. 利润分配

二、多项选择题

1. 某企业20××年4月销售一批化妆品，化妆品的成本为70万元，为了销售发生广告费用10万元，化妆品的销售价款为100万元，应收取的增值税销项税额为13万元，销售该批化妆品应交纳的消费税为30万元。根据该项经济业务，下列表述中正确的项目有(　　)。
    A. "主营业务成本"账户应反映借方发生额70万元
    B. "主营业务收入"账户应反映贷方发生额100万元
    C. "税金及附加"账户应反映借方发生额30万元
    D. "销售费用"账户应反映借方发生额10万元

2. A公司原由甲、乙、丙三人投资，三人各投入100万元。三年后丁打算加入A公司，经协商，甲、乙、丙、丁四人各拥有100万元的资本，但丁必须多投入30万元的银行存款方可拥有100万元的资本。若丁以130万元投入A公司，并已办妥增资手续，则下列项目能组合在一起形成该项经济业务的会计分录的有(　　)。
    A. 该笔业务应借记"银行存款"账户130万元
    B. 该笔业务应贷记"实收资本"账户100万元
    C. 该笔业务应贷记"资本公积"账户30万元
    D. 该笔业务应贷记"银行存款"账户130万元

3. 甲公司20××年1月1日借入三个月期的借款100万元，月利率3%，3月31日到期时一次还本付息。则按照权责发生制原则，20××年3月31日甲公司还本付息时，应编制的会计分录中可能涉及的应借应贷账户及相应金额有(　　)。
    A. 借记"短期借款"账户100万元　　　B. 借记"财务费用"账户9万元
    C. 借记"应付利息"账户3万元　　　D. 贷记"银行存款"账户109万元

4. 某企业20××年3月31日按照规定计提本期固定资产的折旧30 000元,其中生产车间折旧为25 000元,行政管理部门折旧为5 000元。根据该项经济业务,下列表述正确的有(   )。
   A. "生产成本"账户应反映借方发生额25 000元
   B. "制造费用"账户应反映借方发生额5 000元
   C. "管理费用"账户应反映借方发生额5 000元
   D. "累计折旧"账户应反映贷方发生额30 000元

5. 某公司分配本月份应付职工的工资80 000元,其中生产工人工资45 000元,车间管理人员工资15 000元,厂部管理人员工资20 000元。这项经济业务涉及的账户有(   )。
   A. 生产成本　　　B. 管理费用　　　C. 制造费用　　　D. 应付职工薪酬

6. 企业行政管理人员陈明出差回来,报销差旅费800元,交回现金50元。根据该项经济业务,下列表述正确的有(   )。
   A. "管理费用"账户应反映借方发生额800元
   B. "库存现金"账户应反映借方发生额50元
   C. "管理费用"账户应反映借方发生额850元
   D. "其他应收款"账户应反映贷方发生额850元

7. 计提固定资产折旧时,可能涉及的账户有(   )。
   A. 固定资产　　　B. 累计折旧　　　C. 制造费用　　　D. 管理费用

8. 下列项目,应记入"营业外支出"账户核算的有(   )。
   A. 产品展览费　　　　　　　　　B. 借款利息
   C. 固定资产盘亏　　　　　　　　D. 公益性捐赠支出

9. 下列项目,应记入"应付职工薪酬"账户核算的有(   )。
   A. 生产工人工资　　　　　　　　B. 销售人员工资
   C. 车间管理人员工资　　　　　　D. 专项工程人员工资

10. 下列票据,不通过"应付票据"账户核算的有(   )。
    A. 商业承兑汇票　　　　　　　　B. 银行汇票
    C. 银行承兑汇票　　　　　　　　D. 银行本票

11. 下列票据,通过"应付票据"账户核算的有(   )。
    A. 商业承兑汇票　　　　　　　　B. 银行承兑汇票
    C. 银行汇票　　　　　　　　　　D. 转账支票

12. 下列关于"预收账款"账户的表述,正确的有(   )。
    A. 该科目为负债类账户
    B. 该科目为资产类账户
    C. 预收款项不多的企业,也可将预收款项记入"应付账款"账户的借方
    D. 预收款项不多的企业,也可将预收款项记入"应收账款"账户的贷方

13. 下列费用,应计入产品成本的有(   )。
    A. 车间管理人员的工资及福利费
    B. 直接从事产品生产的工人的工资

C. 直接从事产品生产的工人的非货币性福利

D. 直接用于产品生产,构成产品实体的辅助材料

14. 应记入"税金及附加"账户核算的税费包括( )。
    A. 消费税　　　B. 所得税　　　C. 教育费附加　　　D. 城市维护建设税

15. 下列关于"所得税费用"账户的表述,正确的有( )。
    A. 该账户属损益类账户
    B. 该账户的余额期末结账时应转入"本年利润"账户
    C. 该账户属成本类账户
    D. 该账户余额一般在借方

16. 下列项目,应记入"营业外收入"账户核算的有( )。
    A. 罚款收入　　　　　　　　B. 库存现金盘盈利得
    C. 无法偿付的应付款项　　　D. 捐赠利得

17. 在借贷记账法下,当贷记主营业务收入时,下列会计账户,可能成为其对应账户的有( )。
    A. 应收账款　　　B. 银行存款　　　C. 利润分配　　　D. 应收票据

18. 下列项目,应记入"财务费用"账户的有( )。
    A. 利息收支　　　　B. 财务会计人员工资
    C. 汇兑损益　　　　D. 银行承兑汇票承兑手续费

19. 下列项目,可以作为工业企业主营业务收入的有( )。
    A. 销售材料取得的收入　　　　B. 销售产品取得的收入
    C. 提供工业性劳务取得的收入　D. 购买国库券取得的利息收入

20. 某工业企业(一般纳税人)购入材料时,下列项目,应计入材料采购成本的有( )。
    A. 发票上的买价　　　　　B. 采购人员的差旅费
    C. 入库前的挑选整理费　　D. 增值税专用发票上注明的增值税额

21. 材料采购成本包括( )。
    A. 买价　　　B. 运输途中合理损耗
    C. 运杂费　　D. 入库前的挑选整理费用

22. 下列项目,应计入营业外支出核算的有( )。
    A. 罚款支出　　　　　　　B. 公益性捐赠支出
    C. 非流动资产毁损报废损失　D. 非常损失

23. 用银行存款偿还长期借款,应( )。
    A. 借记"银行存款"　　B. 借记"长期借款"
    C. 贷记"长期借款"　　D. 贷记"银行存款"

24. 下列项目,属于"管理费用"账户核算内容的有( )。
    A. 存货盘盈　　　　B. 固定资产盘亏净损失
    C. 业务招待费　　　D. 产品展览费

25. 下列项目,不属于"销售费用"账户核算内容的有(　　)。
    A. 广告费　　　　B. 产品展览费　　　C. 业务招待费　　　D. 厂部办公费
26. 下列关于"固定资产"账户的说法,不正确的有(　　)。
    A. 该账户为资产类账户
    B. 该账户贷方登记固定资产计提的折旧
    C. 该账户借方登记固定资产原始价值的增加额
    D. 该账户余额在借方,表示期末企业现有固定资产的净值
27. 下列关于"生产成本"账户的说法,不正确的有(　　)。
    A. 该账户属于损益类账户
    B. 该账户贷方登记应计入产品成本的各项费用
    C. 该账户借方登记完工入库产品的生产成本
    D. 该账户借方余额,表示尚未完工产品的实际生产成本
28. 下列关于"生产成本"账户的表述,正确的有(　　)。
    A. "生产成本"账户期末肯定无余额
    B. "生产成本"账户期末若有余额,肯定在借方
    C. "生产成本"账户期末或者无余额,或者余额在借方
    D. "生产成本"账户期末余额代表本期发生的生产费用总额
29. 工业企业产品的成本项目一般包括(　　)。
    A. 直接材料　　　B. 直接人工　　　C. 管理费用　　　D. 制造费用
30. 下列项目,属于"制造费用"核算内容的有(　　)。
    A. 生产车间水电费　　　　　　　B. 生产用固定资产折旧费
    C. 生产车间的办公费　　　　　　D. 生产车间管理人员的工资
31. 下列关于"应收账款"账户的说法,正确的有(　　)。
    A. 该账户如为贷方余额,反映企业预收的账款
    B. 该账户借方余额,反映企业尚未收回的应收账款
    C. 该账户核算企业因销售商品、提供劳务等经营活动应收取的款项
    D. 因销售商品代购货单位垫付的包装费、运杂费等也应借记"应收账款"
32. 下列项目,属于其他业务收入的有(　　)。
    A. 材料销售收入　　　　　　　　B. 包装物出租收入
    C. 固定资产处置收入　　　　　　D. 无形资产处置收入
33. 计提短期借款利息业务涉及的账户有(　　)。
    A. 制造费用　　　B. 财务费用　　　C. 应付利息　　　D. 短期借款
34. 期间费用包括(　　)。
    A. 制造费用　　　B. 财务费用　　　C. 销售费用　　　D. 管理费用
35. 投资者投入资本能够记入的账户有(　　)。
    A. 资本公积　　　B. 营业外收入　　　C. 实收资本　　　D. 盈余公积
36. 年末结转后,"利润分配"账户余额可能表示(　　)。
    A. 未分配利润　　B. 营业利润　　　C. 利润总额　　　D. 未弥补亏损

37. 下列项目,期末应转入"本年利润"账户的有(　　)。
    A. 制造费用　　　B. 财务费用　　　C. 销售费用　　　D. 管理费用
38. 年终结账后,余额为零的账户有(　　)。
    A. 管理费用　　　B. 财务费用　　　C. 销售费用　　　D. 本年利润
39. 年末结账后,下列会计账户一定没有余额的是(　　)。
    A. 主营业务成本　B. 库存商品　　　C. 本年利润　　　D. 主营业务收入
40. 下列会计账户,可能成为"本年利润"账户对应账户的有(　　)。
    A. 管理费用　　　B. 所得税费用　　C. 利润分配　　　D. 销售费用

三、判断题

1. 超出企业法定资本额的投入资本不应作为资本公积处理。　　　　　　　　(　　)
2. 职工预借差旅费应借记"制造费用"账户。　　　　　　　　　　　　　　(　　)
3. 从银行提取的备用金应记入"其他应收款"账户的借方。　　　　　　　　(　　)
4. 工资分配时,生产工人工资应借记"生产成本"账户,车间管理人员工资应借记"制造费用"账户。　　　　　　　　　　　　　　　　　　　　　　　　　　　(　　)
5. 计提短期借款的利息,应贷记"应付利息"账户。　　　　　　　　　　　(　　)
6. "长期借款"账户期末余额,表示企业尚未偿还的长期借款的本息。　　　(　　)
7. 企业长期借款利息和短期借款利息都应计入财务费用。　　　　　　　　(　　)
8. "本年利润"账户余额如果在借方,则表示自年初至本期末累计发生的亏损。(　　)
9. 根据产品完工入库业务编制的会计分录为:借记"库存商品"账户,贷记"生产成本"账户。　　　　　　　　　　　　　　　　　　　　　　　　　　　　　(　　)
10. 购入交易性金融资产发生的交易费用应计入财务费用核算。　　　　　　(　　)
11. 发生坏账损失时,编制的会计分录应借记"坏账准备"账户,贷记"应收账款"账户。　　　　　　　　　　　　　　　　　　　　　　　　　　　　　　　(　　)
12. 计提坏账准备时,编制的会计分录应借记"管理费用"账户,贷记"坏账准备"账户。　　　　　　　　　　　　　　　　　　　　　　　　　　　　　　(　　)
13. 购入固定资产业务的会计分录一律应借记"固定资产"账户。　　　　　(　　)
14. 计提生产产品的机器设备的折旧应借记"生产成本"账户。　　　　　　(　　)
15. 一般情况下,期末"生产成本"账户应无余额。　　　　　　　　　　　(　　)
16. 一般情况下,制造费用应于期末分配转入各种产品的生产成本。　　　　(　　)
17. 月末一次加权平均法平时逐笔登记入库存货的数量、单价和金额,发出存货只登记数量,不登记单价和金额。　　　　　　　　　　　　　　　　　　　　(　　)
18. 存货发出计价方法中,个别计价法下发出的存货实物与价值最为一致,因而成本计算最为准确和符合实际情况,但其实物保管和成本分辨工作量大。　　　　(　　)
19. 常用的存货发出计价方法包括月末一次加权平均法、先进先出法、后进先出法和个别计价法。　　　　　　　　　　　　　　　　　　　　　　　　　　　(　　)
20. 一般情况下,期末"管理费用"账户结转后应无余额。　　　　　　　　(　　)

21. 一般情况下,期末"销售费用"账户结转后应无余额。　　　　　　　(　　)
22. "本年利润"账户和"利润分配"账户年终结账后,余额都为零。　　(　　)
23. 年末结账后,"利润分配——未分配利润"明细账户的余额为零。　(　　)
24. 期间费用包括制造费用、财务费用和销售费用。　　　　　　　　　(　　)

四、业务题

光明公司为一般纳税人。

（一）练习资金筹集业务的核算

1. 资料:光明公司20××年1月份发生下列经济业务:

（1）收到法人投入资本500 000元,存入银行。

（2）收到AB公司投入固定资产一批,原始价值600 000元,经评估确认价值510 000元(假设不考虑增值税)。

（3）收到CD公司投入专利权一项,价值180 000元(假设不考虑增值税)。

（4）向银行借入短期借款100 000元,长期借款700 000元,存入银行。

（5）本月预提短期借款利息1 500元。

2. 要求:根据上述经济业务编制会计分录。

（二）练习采购业务的核算

1. 资料:光明公司20××年2月份发生下列经济业务:

（1）向革远公司购入甲材料一批,材料价款40 000元,增值税额5 200元,材料已验收入库,货款已通过银行支付。

（2）向梦乡公司购入乙材料一批,材料价款10 000元,增值税额1 300元,材料尚未验收入库,货款尚未支付。

（3）从柏林公司购入丙材料一批,材料价款80 000元,增值税额10 400元,材料已验收入库,货款上月已预付70 000元,不足部分用银行存款补付。

（4）从阿曼公司购入丁材料一批,材料价款90 000元,增值税额11 700元,材料尚未运达,开出一张为期三个月的商业汇票。

（5）上述向阿曼公司购入的丁材料经验收入库。

（6）上述向梦乡公司购入的乙材料已运达,验收入库,并以银行存款支付货款。

（7）以银行存款向美辉公司购入甲材料50吨,每吨6 000元;乙材料30吨,每吨4 000元。增值税税率13%。料均已入库,购入两种材料共同耗用装卸费2 800元,按购入材料的质量比例分配,计算甲、乙两种材料采购总成本和单位成本。

（8）用银行存款向柏林公司预付下月购货款50 000元。

（9）购入一台不需要安装的机器设备,发票价格113 000元(含13%的增值税税率),发生包装费1 200元,运输费1 800元(可抵扣9%),上述款项共计116 000元已通过银行转账支付。

（10）从证券市场购入AD公司普通股股票2 000股,每股购入价15元,共计30 000元,另支付交易费用120元,本公司将购入的该股票作为交易性金融资产(假设不考虑增值税)。

(11) 用现金支付采购人员出差预借差旅费 2 000 元;用现金支付车间王主任出差预借差旅费 3 000 元。

2. 要求:根据上述经济业务编制会计分录。

(三) 练习生产加工业务的核算

1. 资料:光明公司 20×× 年 3 月份发生下列经济业务:

(1) 生产 A 产品领用甲材料 50 000 元,生产 B 产品领用乙材料 35 000 元,车间管理领用丙材料 1 800 元,厂部管理领用丙材料 1 200 元。

(2) 以现金预付生产车间王主任差旅费 3 000 元。

(3) 发放职工工资 181 000 元,直接转入各个职工工资卡中。

(4) 用银行存款支付水电费 3 800 元,其中属于车间的水电费 2 500 元,其余属于公司行政管理部门使用的水电费。

(5) 根据下列工资用途,分配工资费用:其中,A 产品生产工人工资 80 000 元,B 产品生产工人工资 56 000 元,车间管理人员工资 12 700 元,厂部管理人员工资 32 300 元。

(6) 按工资总额 15% 的比例计提住房公积金。

(7) 以银行存款支付厂部办公费 1 580 元,车间办公费 395 元。

(8) 按规定计提本月固定资产折旧 6 000 元,其中厂部管理部门折旧 4 220 元,生产车间折旧 1 780 元。

(9) 生产车间王主任出差回来,报销差旅费 3 264 元,原预借 3 000 元,不足部分用现金补足。

(10) 分配结转本月发生的制造费用(假定按 A、B 产品生产工人工资比例分配)。

(11) 计算并结转本月完工 A 产品的实际生产成本(假定 A 产品 1 000 件本月全部完工,B 产品全部没有完工)。

2. 要求:(1) 根据上述经济业务编制会计分录。

(2) 开设并登记"生产成本"总账、"生产成本——A 产品"明细账,编制产品成本计算汇总表。

(四) 练习销售业务的核算

1. 资料:光明公司 20×× 年 4 月份发生下列经济业务:

(1) 销售 A 产品一批,售价 400 000 元,增值税税率 13%,货款已存入银行。

(2) 销售 A 产品一批,售价 300 000 元,增值税税率 13%,货款 250 000 元收到已存入银行,其余部分对方尚欠。

(3) 按合同规定预收青远公司为购买 B 产品预付的购货款 100 000 元,已存入银行。

(4) 销售甲材料一批,售价 9 000 元,增值税税率 13%,货款尚未收到。

(5) 用银行存款支付广告费 70 000 元。

(6) 向青远公司发出 B 产品一批,共计货款 120 000 元,增值税税率 13%,前已预付部分货款,余款现在付清。

(7) 结转本月已售产品的生产成本 330 000 元,其中 A 产品成本 210 000 元,B 产品成本 120 000 元。

(8) 结转本月已售甲材料的实际成本 8 000 元。

(9) 按规定计算本月已销产品的应交消费税,消费税税率 A 产品为 15%、B 产品为 20%。

2. 要求:根据上述经济业务编制会计分录。

(五) 练习财务成果业务的核算

1. 资料:光明公司 20×× 年 12 月份发生下列经济业务:

(1) 收到违约金 53 000 元,存入银行。

(2) 用银行存款向社会福利院捐款 9 000 元。

(3) 出售之前购买的 AD 公司普通股股票 2 000 股,每股售价 20 元,共计 40 000 元,另支付交易费用 160 元,款项已存入银行(假设不考虑增值税)。

(4) 结转本月主营业务收入 890 000 元、其他业务收入 28 000 元、投资收益 260 000 元、营业外收入 53 000 元。

(5) 结转本月主营业务成本 350 000 元、其他业务成本 20 000 元、销售费用 37 000 元、税金及附加 20 000 元、营业外支出 9 000 元、管理费用 63 000 元、财务费用 12 000 元。

(6) 根据本月实现的利润总额,按 25% 的税率计算应交所得税。

(7) 结转本月所得税费用。

(8) 结转本月实现的净利润。

(9) 按本月净利润的 10% 提取法定盈余公积,按 5% 提取任意盈余公积。

(10) 将本月净利润的 50% 作为应付给投资者的利润。

2. 要求:根据上述经济业务编制会计分录。

(六) 练习资金退出业务的核算

1. 资料:光明公司 20×× 年 1 月份发生下列经济业务:

(1) 用银行存款 300 00 元上交上月应交税金。

(2) 用银行存款 50 000 元支付应付投资者利润。

(3) 用银行存款 200 000 元偿还银行长期借款。

(4) 用银行存款 90 000 元偿还前欠青远企业的购货款。

(5) 用银行存款 80 000 元支付到期商业汇票款。

2. 要求:根据上述经济业务编制会计分录。

(七) 练习固定资产、应收款项减值业务的核算

1. 资料:光明公司 20×× 年 12 月份发生下列经济业务:

(1) 购入一台不需要安装的机器设备,发票价格 169 500 元(含 13% 的增值税),发生包装费 1 800 元,上述款项共计 171 300 元已通过银行转账支付。另外还发生出差人员差旅费 1 200 元,之前没有预借差旅费,出差人员自己垫付了差旅费,回公司报销。

(2) 计提固定资产折旧 18 000 元,其中车间折旧 10 800 元,厂部折旧 6 200 元,销售机构折旧 1 000 元。

(3) 销售 A 产品一批,售价 500 000 元,增值税税率 13%,价税均未收到。

(4) 盘亏材料 900 元,经查属于保管员管理不善造成,应由保管员赔偿。

(5) 采用应收款项余额百分比法计提坏账准备,年末该公司应收款项余额合计为

600 000 元,经减值测试后决定按 6‰ 计提坏账准备。("坏账准备"账户已有贷方余额 1 500 元)

(6) 该公司发现有 3 000 元的应收账款确实无法收回,按有关规定确认为坏账损失。

(7) 本单位 6 月份已冲销的 5 000 元坏账又收回,款项已存入银行。

(8) 年末该公司应收账款余额合计为 1 000 000 元,经减值测试后决定仍按 6‰ 计提坏账准备。

2. 要求:根据上述经济业务编制会计分录。

(八) 综合练习工业企业基本经济业务的核算

1. 资料:永辉公司为一般纳税人,20××年 12 月初各总分类账户的余额如下:

借方余额		贷方余额	
库存现金	4 800	短期借款	80 000
银行存款	530 000	长期借款	900 000
在途物资	52 000	应付票据	92 000
原材料	890 000	应付账款	104 300
其他应收款	2 000	应付利息	22 000
生产成本	230 000	应交税费	35 700
库存商品	511 200	实收资本	4 838 000
固定资产	5 660 000	盈余公积	390 000
应收账款	270 000	本年利润	290 000
无形资产	300 000	累计折旧	1 650 000
		累计摊销	48 000
合计	8 450 000	合计	8 450 000

永辉公司 12 月份发生下列经济业务:

(1) 收到永林公司投入资本 500 000 元,存入银行。

(2) 为了购买 SZ 上市公司股票,将其银行基本账户中的 500 000 元转入其在华泰证券公司开设的资金账户;并委托华泰证券公司从上海证券交易所购入 SZ 上市公司股票 60 000 股,并将其划分为交易性金融资产,这些股票的公允价值为 480 000 元,本公司支付了相关交易费用 1 920 元(假设不考虑增值税)。

(3) 向明朗公司购入甲材料一批,材料价款 800 000 元,增值税额 104 000 元,材料已验收入库,货款尚未支付。

(4) 开出商业汇票一张,向辉煌公司购入乙材料一批,材料价款 60 000 元,增值税额 7 800 元,材料已验收入库。

(5) 用银行存款 80 000 元偿还前欠苏秀公司购货款。

(6) 向明远公司购入丙材料一批,材料价款 10 000 元,增值税额 1 300 元,材料尚未运到,货款尚未支付。

(7) 向明远公司购入的丙材料运到,验收入库。

（8）向银行借入短期借款 200 000 元，存入银行。

（9）用银行存款支付本月欠明朗公司的购料款。

（10）为生产 A 产品领用甲材料 600 000 元、B 产品领用乙材料 200 000 元，车间管理领用丙材料 3 000 元，厂部管理领用丙材料 2 000 元。

（11）用银行存款 230 000 元支付职工工资。

（12）厂部办公室小王报销差旅费 2 190 元，上月已预付 2 000 元，不足部分以现金补付。

（13）收到厦门公司上月的购货款 25 000 元，存入银行。

（14）预提应由本月负担的短期借款利息 2 000 元。

（15）摊销应由本月负担的无形资产价值额为 95 910 元。

（16）计提固定资产折旧 13 700 元，其中车间折旧 8 300 元，厂部折旧 5 400 元。

（17）分配本月工资费用 230 000 元，其中 A 产品生产工人工资 150 000 元，B 产品生产工人工资 40 000 元，车间管理人员工资 10 000 元，厂部管理人员工资 30 000 元。

（18）按职工工资总额的 15% 计提职工社会保险费。

（19）将本月发生的制造费用按生产工人工资比例分配计入 A、B 两种产品成本。

（20）A 产品月初在产品成本 199 500 元，本月 A 产品全部完工（1 000 件），并已验收入库，按其实际生产成本转账，B 产品尚未制造完工。

（21）本月销售 A 产品 800 件，不含税销售额 2 400 000 元，增值税税率 13%，货款 1 500 000 元收到，已存入银行，其余尚未收到。

（22）出售材料一批，不含税销售额为 8 000 元，增值税税率 13%，款已收到，存入银行。

（23）用银行存款支付广告费 195 100 元。

（24）结转本月已销 A 产品的实际生产成本。

（25）结转出售材料的实际成本 5 000 元。

（26）用现金支付违约金 900 元。

（27）收到罚款收入 1 800 元，存入银行。

（28）用银行存款支付已预提的银行借款利息 24 000 元。

（29）计算本月应交城市维护建设税 9 300 元、教育费附加 700 元。

（30）结转有关损益类账户，计算本月利润总额。

（31）根据企业全年实现的利润总额，按 25% 的税率计提应交所得税。

（32）结转本年的所得税费用。

（33）结转本年实现的净利润。

（34）按本年净利润的 10% 提取法定盈余公积，按 5% 提取任意盈余公积。

（35）按本年净利润的 50% 作为应付给投资者的利润。

2. 要求：

（1）根据 12 月份的月初资料，设置有关总分类账户，并登记期初余额。

（2）根据 12 月份发生的经济业务，编制有关会计分录，并据以登记总账。

（3）结出各总分类账户的本期发生额及期末余额，并编制试算平衡表。

第五章

会计凭证

会计凭证概述
原始凭证
记账凭证
会计凭证的传递和保管
本章习题

第一节 会计凭证概述

一、会计凭证的概念和种类

会计凭证是记录经济业务发生或完成情况的书面证明,也是登记账簿的依据,包括纸质会计凭证和电子会计凭证两种形式。

填制和审核会计凭证是会计核算工作的基础,是会计核算工作的起点。任何单位在进行会计核算时,应当以实际发生的经济业务为依据。因此,在处理各项经济业务时,都必须由具体经办该项经济业务的有关人员,从外部取得或自行填制有关凭证,以书面形式记录和证明所发生的经济业务的性质、内容、数量、金额等,并在凭证上签名或盖章,以对经济业务的合法性和凭证的真实性、可靠性负责。所有会计凭证都要由会计部门审核。只有经过审核无误的会计凭证才能作为经济业务的证明和登记账簿的依据。因此,填制和审核会计凭证就成为会计核算的一种专门方法。

会计凭证按其填制的程序和用途不同,可分为原始凭证和记账凭证。原始凭证和记账凭证都称为会计凭证,但就其性质而言,两者有很大差别。原始凭证记录的是经济信息,它是编制记账凭证的依据,是会计核算的基础;而记账凭证记录的是会计信息,它是会计核算的起点。

(一)原始凭证

原始凭证又称为单据,是在经济业务发生或完成时取得或填制的,用以记录或证明经济业务的发生或完成情况、明确有关经济责任的文字凭据。它是进行会计核算的原始资料和主要依据。它是在经济业务发生过程中直接产生的,是经济业务的最初证明。

(二)记账凭证

记账凭证又称为记账凭单,是会计人员根据审核无误的原始凭证对经济业务的内容加以归类,并据以确定会计分录后填制的凭证,它是登记账簿的直接依据。

二、会计凭证的作用

合法地取得、正确地填制和审核会计凭证,是会计核算的基本方法之一,也是会计核算工作的起点,在会计核算中具有以下重要意义:

(1)记录经济业务,提供记账依据。会计凭证是登记账簿的依据,没有凭证就不能记账。通过填制和审核会计凭证,可以正确、及时地反映各项经济业务的发生或完成情况,可以保证会计核算资料真实、可靠。在会计核算中,对每笔经济业务,都要取得和填制会计凭证,并经审核无误后再分门别类地登记到账簿中去。

(2)明确经济责任,强化内部控制。任何会计凭证除记录有关经济业务的基本内容外,还必须由有关部门和人员签章,对会计凭证所记录的经济业务的真实性、完整性、合法性负责,以便分清经济责任,从而促进各单位内部既合理分工,又互相牵制,以防止舞弊行为的发生,强化内部控制。

(3)监督经济活动,控制经济运行。通过会计凭证的审核,可以检查经济业务的发生是否符合国家有关的法律、法规、制度的规定,是否符合财务收支的方针和计划及预算的规定,是否存在违法乱纪行为等,以确保经济业务的合理、合法和有效性。对于查出的问题,应积极采取措施予以纠正,实现对经济活动的事中控制,保证经济活动健康运行。

第二节 原始凭证

一、原始凭证的种类

(一) 按取得的来源不同分类

原始凭证按其取得来源的不同,可以分为外来原始凭证和自制原始凭证。

1. 自制原始凭证

自制原始凭证是指由本单位有关部门和人员,在经办或完成某项经济业务时填制的原始凭证。例如:收料单、限额领料单、领料单、产品入库单、产品出库单、借款申请单、折旧计算表、制造费用分配表等。领料单格式如表 5-1 所示,借款申请单格式如表 5-2 所示。

表 5-1 领料单

领用部门:			年 月 日			凭证编号:		
用途:						发料仓库:		
材料编号	材料规格及名称	计量单位	数量		价格			
			请领	实领	单价	金额		第
								联
记账		发料		审批		领料		

表 5-2 借款申请单

年　　月　　日　　　　　　　　凭证编号：

借款人	
用途	
金额(大写)	
还款计划	年　　月　　日
领导批示	借款人

2. 外来原始凭证

外来原始凭证是指在经济业务发生或完成时，从其他单位或个人直接取得的原始凭证。例如：购买材料时取得的增值税专用发票，银行转来的各种结算凭证，对外支付款项时取得的收据，职工出差取得的飞机票、火车票、住宿发票等。增值税专用发票格式如表 5-3 所示，普通发票格式如表 5-4 所示，收款收据格式如表 5-5 所示。

表 5-3 增值税专用发票　　　　　　　　No.

开票日期：　年　月　日

购货单位	名　　称：						
	纳税人识别号：				密码区		
	地址、电话：						
	开户行及账户：						
货物或应税劳务、服务名称	规格型号	单位	数量	单价	金额	税率	税额
价税合计(大写)	(小写)						
销货单位	名　　称：						
	纳税人识别号：				备注		
	地址、电话：						
	开户行及账户：						

收款人：　　　　复核人：　　　　开票人：　　　　销货单位：(章)

第二联　发票联　购货方记账

表 5-4　江苏省××市工业销售发票

存　根　联

开票日期：　年　月　日　　　　　　　No.

客户名称		税务登记代码						
品名	规格	单位	数量	单价	金　额			备注
					万千百十元角分			
销售单位	（加盖财务专用章或发票专用章）	开户银行		盖章	结算方式		银行□现金□	
		账号		盖章	电话			

第　联

开票地址：　　　　开票人：　　　　收款人：

表 5-5　收款收据

年　月　日　　　　　　　No.

交款单位	收款方式：
收款事由	
金额(大写)	￥
备注：	

第　联

单位盖章：　　财务主管：　　记账：　　出纳：　　审核：　　经办：

（二）按照填制手续及内容的不同分类

原始凭证按其填制手续及内容的不同可分为一次凭证、累计凭证和汇总凭证。

1. 一次凭证

一次凭证是指一次填制完成、只记录一笔经济业务且仅一次有效的原始凭证。例如：领料单（格式见表 5-1）、收据（格式见表 5-5）、发票（格式见表 5-3）、借款单（格式见表 5-2）、银行结算凭证等。

2. 累计凭证

累计凭证是指在一定时期内多次记录发生的同类型经济业务且多次有效的原始凭证。其特点是在一张凭证内可以连续登记相同性质的经济业务，随时结算出累计数及结余数，并按照费用限额进行费用控制，期末按实际发生额记账。例如：限额领料单，格式如表 5-6 所示。

3. 汇总凭证

汇总凭证是指对一定时期内反映经济业务内容相同的若干张原始凭证，按照一定标准综合填制的原始凭证。汇总凭证合并了同类经济业务,既可以提供总量指标,又可以简化核算手续,提高核算的工作效率。例如:发料凭证汇总表(格式见表 5-7)、收料凭证汇总表、工资费用分配表等。

表 5-6 限额领料单

领用部门: 　　　　　　　　　年　　月　　　　　　　凭证编号:
用途: 　　　　　　　　　　　　　　　　　　　　　　　发料仓库:

材料类别	材料编号	材料规格及名称	计量单位	领用限额	实际领用	单价	金额	备注

部门负责人: 　　　　　　　　　　　　　生产计划部门负责人:

日期	请领		实发			限额结余	退库	
	数量	领料单位盖章	数量	发料人	领料人		数量	退库单编号
合计								

仓库负责人签章:

表 5-7 发料凭证汇总表

年　　月　　日　　　　　　　　　　　　No.

会计科目	领料部门	甲材料		乙材料		……	合计
		数量	金额	数量	金额		
基本生产成本	一车间						
	二车间						
	小计						
辅助生产成本	供电车间						
	供水车间						
	小计						
制造费用	一车间						
	二车间						
	小计						
合计							

会计主管: 　　　　　　　　复核: 　　　　　　　　制表:

（三）按照格式的不同分类

1. 通用凭证

通用凭证是指由有关部门统一印制、在一定范围内使用的具有统一格式和使用方法的原始凭证。例如：由国家税务总局统一印制的全国通用的增值税专用发票，由中国人民银行统一制作的支票，某省(市)印制的在该省(市)通用的发票、收据等。

2. 专用凭证

专用凭证是指由单位自行印制的原始凭证。例如：收料单、制造费用分配表、折旧计算表、差旅费报销单、工资费用分配表等。

二、原始凭证的基本内容

尽管企业发生的经济业务多种多样，反映的具体内容也不相同，其原始凭证的内容、格式也各不相同，但是，无论哪种原始凭证，其在会计核算过程中所起的作用是一致的，因此，无论哪种原始凭证都必须具备一些共同的基本内容(也称原始凭证要素)。这些内容如下：

（1）凭证的名称。
（2）填制凭证的日期。
（3）填制凭证单位名称和填制人姓名。
（4）经办人员的签名或盖章。
（5）接受凭证单位名称(抬头)。
（6）经济业务内容。
（7）数量、单价和金额。

三、原始凭证的填制要求

（一）填制原始凭证的基本要求

原始凭证是编制记账凭证的依据，是会计核算最基础的原始资料。要保证会计核算工作的质量，必须从保证原始凭证的质量做起，正确填制原始凭证。无论原始凭证格式、种类如何，在填制时都必须遵守如下基本要求：

1. 记录真实

原始凭证中所填列的经济业务内容和数字必须真实可靠，与实际情况完全相符，不允许弄虚作假、歪曲事实。

2. 内容完整

原始凭证所要求填列的项目必须逐项填列齐全，不得遗漏和省略。

3. 手续完备

单位自制的原始凭证必须有经办单位相关负责人的签名盖章;对外开出的原始凭证必须加盖本单位公章或者财务专用章;从外部取得的原始凭证,必须盖有填制单位的公章或者财务专用章;对外开出或从外部取得的电子形式的原始凭证必须附有符合《电子签名法》的电子签名;从个人取得的原始凭证,必须有填制人员的签名或盖章。

4. 书写清楚、规范

原始凭证要按规定填写,文字要简化,字迹要清晰,易于辨认,不得使用未经国务院公布的简化汉字。大小写金额必须相符且填写规范。小写金额用阿拉伯数字逐个书写,不得连笔书写。在金额前要填写人民币符号"￥"(使用外币时填写相应符号),且与阿拉伯数字之间不得留有空白。金额数字一律填写到角、分。无角、分的,写"00"或用符号"—";有角无分的,分位写"0",不得用符号"—"。大写金额用汉字壹、贰、叁、肆、伍、陆、柒、捌、玖、拾、佰、仟、万、亿、元、角、分、零、整等,一律用正楷或行书字体书写。大写金额前未印有"人民币"字样的,应加写"人民币"三个字。"人民币"字样和大写金额之间不得留有空白。大写金额到元或角为止,后面要写"整"字;有"分"的,不写"整"字。阿拉伯金额数字之间有"0"时,汉字大写金额要写"零"字;阿拉伯金额数字之间有连续几个"0"时,汉字大写金额中可以只写一个"零"字;阿拉伯金额数字元位是"0",或者数字之间连续有几个"0"、元位也是"0"但角位不是"0"时,汉字大写金额可以只写一个"零"字,也可以不写"零"字。例如:"￥30 009.71"可以写成"人民币叁万零玖元柒角壹分"。

5. 编号连续

如果原始凭证已预先印定编号,在写错作废时,应加盖"作废"戳记,妥善保管,不得撕毁。

6. 不得涂改、刮擦、挖补

原始凭证金额有错误的,应当由出具单位重开,不得在原始凭证上更正。原始凭证其他有错误的,应当由出具单位重开或更正,更正处应当加盖出具单位印章。

7. 填制及时

各种原始凭证一定要及时填写,并按规定程序及时送交会计机构审核。

(二) 自制原始凭证的填制要求

1. 一次凭证的填制

一次凭证的填制手续是在经济业务发生或完成时,由经办人员一次填制完成,一般只反映一项经济业务,或者同时反映若干同类性质的经济业务。所有的外来原始凭证和大部分自制原始凭证都属于一次凭证。例如:购货发票、销货发票、收据、领料单、借款申请单、银行结算凭证等。领料单的填制如表5-8所示。

表5-8 领料单

领用部门：第一生产车间　　　20××年2月15日　　　凭证编号：20018
用途：生产A产品　　　　　　　　　　　　　　　　　发料仓库：第一仓库

材料编号	材料规格及名称	计量单位	数量		价格	
			请领	实领	单价	金额
10385	40cr普通圆钢	公斤	1 000	1 000	4.5	4 500

记账　　　　　　发料：张梦　　　　　审批：李丽　　　　　领料：王运

第一联

2. 累计凭证的填制

累计凭证是在一定时期内多次记录发生的同类型经济业务的原始凭证，它是由经办人员于每次经济业务完成后在同一张凭证上面重复填制而成的。其特点是，在一张凭证内可以连续登记相同性质的经济业务，随时结出累计数及结余数，并按照费用限额进行费用控制，期末按实际发生额记账。累计凭证是多次有效的原始凭证，这类凭证的填制手续是多次进行才能完成的，它一般是自制原始凭证。最具有代表性的累计凭证是限额领料单，其填制如表5-9所示。

表5-9 限额领料单

领用部门：一车间　　　　　20××年3月　　　　凭证编号：3000019
用途：生产A产品　　　　　　　　　　　　　　　发料仓库：第一仓库

材料类别	材料编号	材料规格及名称	计量单位	领用限额	实际领用	单价	金额	备注
主要材料	10385	40cr圆钢	公斤	30 000	30 000	5	150 000	

部门负责人：张月　　　　　　　　　　　　　生产计划部门负责人：王成永

日期	请领		实发			限额结余	退库	
	数量	领料单位盖章	数量	发料人	领料人		数量	退库单编号
5日	1 000		1 000	张梦	王运	29 000		
6日	1 000		1 000	张梦	王运	28 000		
……			……			……		
合计	30 000		30 000			0		

仓库负责人签章：李敏

3. 汇总凭证的填制

汇总凭证也称为原始凭证汇总表,是指在会计的实际工作日,为了简化记账凭证的填制工作,将一定时期内若干份记录同类经济业务的原始凭证汇总编制一张汇总凭证,用以集中反映某项经济业务的完成情况。汇总凭证合并了同类经济业务,简化了记账工作量,既可以提供经营管理所需要的总量指标,又可以大大简化核算手续。例如:发料凭证汇总表、工资费用分配表等。现以发料凭证汇总表为例说明汇总凭证的编制方法,如表5-10所示。

表 5-10　发料凭证汇总表

20××年3月5日　　　　　　　　　　　　　　　　　　　　No.3008

会计科目	领料部门	甲材料		乙材料		……	合计
		数量(公斤)	金额	数量(公斤)	金额		
基本生产成本	一车间	90	27 000	40	8 000		35 000
	二车间	50	15 000	25	5 000		20 000
	小计	140	42 000	65	13 000		55 000
辅助生产成本	供电车间	20	6 000	10	2 000		8 000
	供水车间	10	3 000	5	1 000		4 000
	小计	30	9 000	15	3 000		12 000

会计主管：张林　　　　　　　复核：王成　　　　　　　制表：陈敏

(三) 外来原始凭证的填制要求

外来原始凭证是企业同外单位发生经济业务时,由外单位的经办人员填制的。因此,对于本单位的会计人员来说,收到外来原始凭证时,应注意外来原始凭证的填制内容是否完整有效。外来原始凭证一般由税务局等统一印刷,或经税务部门批准由经营单位印刷,在填制时加盖出具凭证单位的公章才有效,对于一式多联的原始凭证必须用复写纸套写。

四、原始凭证的审核

会计机构、会计人员必须按照国家统一的会计制度规定对原始凭证进行审核,对不真实、不合法的原始凭证有权不予接受,并向单位负责人报告;对记载不准确、不完整的原始凭证予以退回,并要求按照国家统一的会计制度的规定更正、补充。对原始凭证的审核主要应从审核原始凭证的真实性、合法性、合理性、完整性、正确性等方面进行。

（一）审核原始凭证的真实性

审核原始凭证的真实性，即审核原始凭证所记载的经济业务是否与实际业务情况相符合。原始凭证作为会计信息的基本信息源，其真实性对会计信息的质量具有至关重要的影响。其真实性的审核包括对原始凭证日期是否真实、业务内容是否真实、数据是否真实等的审核。除了审核上述内容外，对于外来原始凭证，还应审核其有无出具单位公章或财务专用章和填制人员签章，其中，电子形式的外来原始凭证应当附有符合《电子签名法》的电子签名(章)；对于自制原始凭证，也应审核其有无经办部门和经办人员的签名或盖章。

（二）审核原始凭证的合法性

审核原始凭证所记录的经济业务是否有违反国家法律法规的情况，是否履行了规定的凭证传递和审核程序，是否有违法乱纪行为等。

（三）审核原始凭证的合理性

审核原始凭证所记录的经济业务是否符合企业生产经营活动的需要，是否符合有关的计划、预算等的规定。

（四）审核原始凭证的完整性

审核原始凭证的完整性主要是指审核原始凭证上的各项基本要素是否齐全，包括日期是否完整，各项数字是否清晰，文字是否工整，有关人员签章是否齐全，凭证联次是否正确等，不能存在遗漏项目。

（五）审核原始凭证的正确性

审核原始凭证各项金额的计算及填写是否正确，包括：阿拉伯数字分位填写，不得连写；小写金额前要标明"￥"字样，中间不能留有空位；大写金额前要加"人民币"字样，大写金额与小写金额必须相符；凭证中有书写错误的，应采用正确的方法更正，不能采用涂改、刮擦、挖补等不正确方法。

经审核的原始凭证应根据不同情况进行处理：

（1）对于完全符合要求的原始凭证，应及时据以编制记账凭证并入账。

（2）对于真实、合法、合理，但内容不够完整、填写有错误的原始凭证，应退回给有关经办人员，由其负责将有关凭证补充完整、更正错误或重开后，再办理正式会计手续。

（3）对于不真实、不合法的原始凭证，会计机构和会计人员有权不予接受，并向单位负责人报告。

第三节 记账凭证

一、记账凭证的种类

（一）按经济业务的内容可分为收款凭证、付款凭证和转账凭证

1. 收款凭证

收款凭证是指用于记录库存现金和银行存款收款业务的会计凭证。它是出纳人员根据库存现金收入业务和银行存款收入业务的原始凭证编制的专用凭证，是登记库存现金日记账、银行存款日记账以及有关明细账和总账等账簿的依据，也是出纳人员收款的证明。收款凭证格式如表 5-11 所示。

表 5-11 收款凭证

摘要	贷方科目		记账	金额	附件 张
	一级科目	明细科目			
合计					

借方科目：　　　　年　月　日　　　　收字　号

会计主管：　　记账：　　复核：　　出纳：　　制单：

2. 付款凭证

付款凭证是指用于记录库存现金和银行存款付款业务的会计凭证。它是出纳人员根据库存现金付出业务和银行存款付出业务的原始凭证编制的专用凭证，是登记库存现金日记账、银行存款日记账以及有关明细账和总账等账簿的依据，也是出纳人员付出款项的证明。付款凭证格式如表 5-12 所示。

对于库存现金和银行存款之间相互划转的收、付款业务，为了避免重复记账，只编制付款凭证，不编制收款凭证。

表 5-12　付款凭证

贷方科目：　　　　　　　　　年　月　日　　　　　　　　　付字　　号

摘要	借方科目		记账	金额	附件　　张
	一级科目	明细科目			
合计					

会计主管：　　　记账：　　　复核：　　　出纳：　　　制单：

3. 转账凭证

转账凭证是指用于记录不涉及库存现金和银行存款业务的会计凭证。转账凭证根据有关转账业务的原始凭证填制，是登记有关明细账和总账等账簿的依据。转账凭证格式如表 5-13 所示。

表 5-13　转账凭证

　　　　　　　　　　　　　　年　月　日　　　　　　　　　转字　　号

摘要	会计科目		记账	借方金额	贷方金额	附件　　张
	一级科目	明细科目				
合计						

会计主管：　　　记账：　　　复核：　　　出纳：　　　制单：

（二）按填列方式可分为复式记账凭证和单式记账凭证

1. 复式凭证

复式凭证是指将一笔经济业务事项所涉及的全部会计科目及其发生额均在同一张记账凭证中反映的一种凭证。即不论一笔经济业务事项涉及几个会计科目，都可以反映在一张记账凭证上。上面所介绍的收款凭证、付款凭证、转账凭证都是复式凭证。采用复式凭证,在登记账簿时(主要指登记日记账和明细账)时,记账凭证需要在不同记账人员之间依次传递,因此,记账凭证也被称为"传票"。一般会计主体都采用复式记账凭证。

2. 单式凭证

单式凭证是指每一张记账凭证只填列经济业务事项所涉及的一个会计科目及其金额的记账凭证。即一笔经济业务事项涉及几个会计科目,就填几张记账凭证。填列借方科目的称为借项凭证,填列贷方科目的称为贷项凭证。

二、记账凭证的基本内容

记账凭证作为登记账簿的依据,因其所反映的经济业务的内容不同,各单位规模大小及其对会计核算繁简程度的要求不同,其格式也有所不同。但它们的主要作用都在于对原始凭证进行归类、整理,运用科目和复式记账方法,编制会计分录,直接据以登账。因此,各种记账凭证必须具备下列基本内容:

(1) 填制凭证的日期。
(2) 凭证的编号。
(3) 经济业务摘要。
(4) 会计科目。
(5) 金额。
(6) 所附原始凭证的张数。
(7) 填制凭证人员、稽核人员、记账人员、会计机构负责人、会计主管人员的签名或者盖章。收款凭证和付款凭证还应由出纳人员签名或盖章。

三、记账凭证的填制要求

(一) 基本要求

(1) 记账凭证各项内容必须完整。
(2) 记账凭证应连续编号。一笔经济业务需要填制两张以上记账凭证的,可以采用分数编号法编号。
(3) 记账凭证的书写应清楚、规范。相关要求同原始凭证。
(4) 记账凭证可以根据每一张原始凭证填制,或根据若干张同类原始凭证汇总编制,也可以根据原始凭证汇总表填制。但不得将不同内容和类别的原始凭证汇总编制在一张记账凭证上。
(5) 除结账和更正错误的记账凭证可以不附原始凭证外,其他记账凭证必须附有原始凭证。所附原始凭证必须完整,并在记账凭证上注明原始凭证的张数。如一张原始凭证需要填制两张记账凭证,应在未附原始凭证的记账凭证上注明其原始凭证已附在某张记账凭证后,以便查阅。一张原始凭证所列的支出需要由几个单位共同负担的,应当由保存该原始凭证的单位开具原始凭证分割单给其他应负担的单位。

（6）如果在填制记账凭证时发生了错误,应当重新填制。已登记入账的记账凭证在当年内发现填写错误的,可以用红字填写一张与原内容相同的记账凭证,在摘要栏内注明"注销某月某日某号凭证"字样,同时再用蓝字重新填制一张正确的记账凭证,注明"订正某月某日某号凭证"字样。如果会计科目没有错误,只是金额错误,也可将正确数字与错误数字之间的差额另编一张调整的记账凭证,调增金额用蓝字,调减金额用红字。发现以前年度记账凭证有错误的,应当用蓝字填制一张更正的记账凭证。

（7）记账凭证填制完经济业务事项后,如有空行,应当自金额栏最后一笔金额数字下的空行处至合计数上的空行处画线注销。

（二）收款凭证的填制要求

收款凭证左上方的"借方科目"按收款的性质填写"库存现金"或"银行存款";日期填写的是编制本凭证的日期;右上方填写编制收款凭证的顺序号;"摘要"栏填写对所记录经济业务的简要说明;"贷方科目"栏填写与收入库存现金或银行存款相对应的会计科目;"记账"栏是指该凭证已登记账簿的标记,防止经济业务事项的重记或漏记;"金额"栏是指该项经济业务事项的发生额;该凭证右边的"附件　张"是指本记账凭证所附原始凭证的张数;最下面分别是有关人员签章,以明确经济责任。

例 5-1　永辉公司 20×× 年 12 月 1 日收到永林公司投入资本 500 000 元,存入银行。根据这项经济业务编制收款凭证,格式如表 5-14 所示。

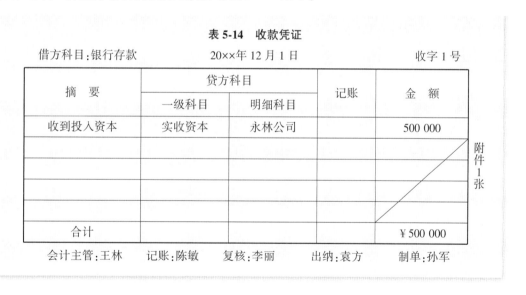

（三）付款凭证的填制要求

付款凭证的编制方法与收款凭证基本相同,只是左上方的"借方科目"改为"贷方科目";凭证中间的"贷方科目"改为"借方科目"。

例5-2 永辉公司20××年12月3日用银行存款80 000元偿还前欠苏秀公司购货款。根据这项经济业务编制付款凭证,格式如表5-15所示。

表5-15 付款凭证

贷方科目:银行存款　　　20××年12月3日　　　付字2号

摘要	借方科目		记账	金额
	一级科目	明细科目		
支付前欠货款	应付账款	苏秀公司		80 000
合计				¥80 000

附件1张

会计主管:王林　记账:陈敏　复核:李丽　出纳:袁方　制单:孙军

(四) 转账凭证的填制要求

转账凭证的填制与收、付款凭证略有不同,它的应借、应贷会计科目全部列入记账凭证之内。转账凭证将经济业务事项中所涉及的全部会计科目,按照先借后贷的顺序记入"会计科目"栏的"一级科目"和"明细科目"栏,并按应借、应贷方向分别记入"借方金额""贷方金额"栏。其他项目的填列与收、付款凭证的填列相同。

例5-3 永辉公司20××年12月5日向明远公司购入丙材料一批,材料价款10 000元,增值税额1 300元,材料尚未运到,货款尚未支付。根据这项经济业务编制转账凭证,格式如表5-16所示。

表5-16 转账凭证

20××年12月5日　　　转字3号

摘要	会计科目		记账	借方金额	贷方金额
	一级科目	明细科目			
购入丙材料	在途物资	丙材料		10 000	
	应交税费	应交增值税		1 300	
	应付账款	明远公司			11 300
合计				¥11 300	¥11 300

附件1张

会计主管:王林　记账:陈敏　复核:李丽　出纳:袁方　制单:孙军

当一项经济业务既涉及现金或银行存款收付的业务、又涉及转账的业务时,则需要分别编制记账凭证。

（五）记账凭证的审核

记账凭证填制完成后,为了保证会计信息的质量,在记账之前,必须由有关稽核人员进行严格审核。记账凭证的审核内容主要包括:

1. 内容是否真实

审核记账凭证是否有原始凭证为依据,所附原始凭证的内容与记账凭证的内容是否一致,记账凭证汇总表的内容与其所附依据的记账凭证的内容是否一致等。

2. 项目是否齐全

审核记账凭证各项目的填写是否齐全,例如日期、凭证编号、摘要、会计科目、金额、所附原始凭证张数及有关人员签章等。

3. 科目是否正确

审核记账凭证的应借、应贷科目是否正确,是否有明确的账户对应关系,所使用的会计科目是否符合国家统一的会计制度的规定等。

4. 金额是否正确

审核记账凭证所记录的金额与原始凭证上的有关金额是否一致,计算是否正确,记账凭证汇总表的金额与记账凭证上的金额合计是否相符等。

5. 书写是否正确

审核记账凭证中的记录是否文字工整、数字清楚,是否按规定进行更正等。

此外,出纳人员在办理收款或付款业务后,应在凭证上加盖"收讫"或"付讫"戳记,以免重复收付。

在审核过程中如果发现记账凭证填制有错误或不符合要求,则需要由填制人员重新填制或按规定的方法进行更正。只有经过审核无误的记账凭证,才能据以记账。

第四节　会计凭证的传递和保管

一、会计凭证的传递

会计凭证的传递是指会计凭证从取得或填制时起至归档保管过程中,在单位内部各有关部门和人员之间的传送程序。

会计凭证的传递,要求能够满足内部控制制度的要求,使传递程序合理有效,同时尽量节约传递时间,减少传递的工作量。单位应根据具体情况制定每一种凭证的传递程序和方法。在制定会计凭证的传递程序、规定其传递时间时,应注意以下两个方面的问题,

以合理地组织会计凭证的传递:

(1) 传递线路。各种会计凭证所记载的经济业务不同,涉及的部门和人员不同,据以办理的业务手续也不同。因此,应当为各种会计凭证规定一个合理的传递程序,使经办业务的部门和人员能及时地办理各种凭证手续,既符合内部牵制制度,又能加速业务处理过程,提高工作效率。

(2) 传递时间。各单位要根据有关部门和人员办理经济业务的情况,恰当地规定凭证在各环节的停留时间和交接时间。其目的是使各个工作环节环环相扣,相互督促,提高工作效率。

二、会计凭证的保管

会计凭证的保管,是指会计凭证登账后的整理、装订、归档和存查工作。

会计凭证作为记账的依据,是重要的会计档案和经济资料。因此,任何单位在完成经济业务手续和记账之后,必须将会计凭证按规定的立卷归档制度形成会计档案,妥善保管,防止丢失,不得任意销毁。对会计凭证的保管,既要做到完整无缺,又要便于日后随时查阅。其主要要求有:

(1) 会计凭证应定期装订成册,防止散失。会计部门在依据会计凭证记账以后,应定期(每天、每旬、每月)对各种会计凭证进行分类整理,将各种记账凭证按照编号顺序,连同所附的原始凭证一起加具封面、封底,装订成册,并在装订线上加贴封签,防止抽换凭证。

(2) 会计凭证封面应注明单位名称、凭证种类、凭证张数、起止号数、年度、月份、会计主管人员、装订人员等有关事项,会计主管人员和保管人员应在封面上签章。

(3) 原始凭证一般不得外借,其他单位如有特殊原因确实需要使用时,经本单位会计机构负责人、会计主管人员批准,可以复印。向外单位提供的原始凭证复印件,应在专设的登记簿上登记,并由提供人员和收取人员共同签名或盖章。

(4) 原始凭证较多时可以单独装订,但应在凭证封面上注明所属记账凭证的日期、编号和种类,同时在所属的记账凭证上注明"附件另订"及原始凭证的名称和编号,以便查阅。对各种重要的原始凭证,如押金收据、提货单等,以及各种需要随时查阅和退回的单据,应另编目录,单独保管,并在有关的记账凭证和原始凭证上分别注明日期和编号。

(5) 从外单位取得的原始凭证遗失时,应取得原签发单位盖有公章的证明,并注明原始凭证的号码、金额、内容等,由经办单位会计机构负责人、会计主管人员和单位负责人批准后,才能代作原始凭证。若确实无法取得证明的,如车票丢失,则应由当事人写明详细情况,由经办单位会计机构负责人、会计主管人员和单位负责人批准后,代作原始凭证。

(6) 严格遵守会计凭证的保管期限要求,企业会计凭证至少保存30年,期满前不得任意销毁。

关于会计凭证的查阅、保管期限、销毁等具体要求,详见本教材第十章。

第五章 会计凭证

本章习题

一、单项选择题

1. 在填制会计凭证时，4 316.75 的大写金额数字为(　　)。
   A. 肆仟叁佰壹拾陆元柒角伍分整
   B. 肆仟叁佰拾陆元柒角伍分
   C. 肆仟叁佰壹拾陆元柒角伍分
   D. 肆仟叁佰拾陆元柒角伍分整

2. 观前公司于 2018 年 10 月 15 日开出一张现金支票，对出票日期正确的填写方法是(　　)。
   A. 贰零壹捌年壹拾月拾伍日　　　B. 贰零壹捌年零壹拾月壹拾伍日
   C. 贰零壹捌年拾月壹拾伍日　　　D. 贰零壹捌年壹拾月壹拾伍日

3. 9 月 20 日行政管理人员小张将标明日期为 8 月 28 日的发票拿来报销，经审核后会计人员依据该发票编制记账凭证时，记账凭证的日期应为(　　)。
   A. 8 月 28 日　　B. 8 月 31 日　　C. 9 月 20 日　　D. 9 月 1 日

4. 职工张某出差归来，报销差旅费 900 元，交回多余现金 100 元，应编制的记账凭证是(　　)。
   A. 收款凭证　　　　　　　　　B. 收款凭证和转账凭证
   C. 转账凭证　　　　　　　　　D. 收款凭证和付款凭证

5. 某会计人员在审核记账凭证时，发现误将 6 000 元写成 600 元，尚未入账，一般应采用(　　)改正。
   A. 红字更正法　　　　　　　　B. 冲账法
   C. 补充登记法　　　　　　　　D. 重新编制记账凭证

6. 企业出售产品一批，售价 7 000 元，收到一张转账支票送存银行，这笔业务应编制的记账凭证为(　　)。
   A. 收款凭证　　B. 付款凭证　　C. 转账凭证　　D. 以上均可

7. 现金收款凭证上的填写日期应当是(　　)。
   A. 收款现金的日期　　　　　　B. 编制收款凭证的日期
   C. 原始凭证上注明的日期　　　D. 登记总账的日期

8. 下列单证，属于原始凭证的是(　　)。
   A. 材料请购单　　B. 购销合同　　C. 生产计划　　D. 限额领料单

9. 下列单据，不属于原始凭证的是(　　)。
   A. 发货票据　　B. 借款借据　　C. 经济合同　　D. 运费结算凭证

10. 下列各项,不能作为原始凭证的是( )。
   A. 发票　　　　　　　　　　　　B. 领料单
   C. 工资费用分配表　　　　　　　D. 银行存款余额调节表

11. 下列各项,不属于原始凭证基本内容的是( )。
   A. 填制原始凭证的日期　　　　　B. 经济业务的内容
   C. 会计人员记账标记　　　　　　D. 原始凭证的名称

12. ( )是记录经济业务发生或完成情况的书面证明,也是登记账簿的依据。
   A. 试算平衡表　　B. 会计凭证　　C. 原始凭证　　D. 记账凭证

13. 会计凭证按其( )的不同,分为原始凭证和记账凭证。
   A. 来源　　　　　　　　　　　　B. 填制的手续
   C. 填制的程序和用途　　　　　　D. 记账凭证

14. 仓库管理人员填制的收料单,属于企业的( )。
   A. 外来原始凭证　　　　　　　　B. 自制原始凭证
   C. 汇总原始凭证　　　　　　　　D. 累计原始凭证

15. 根据企业材料仓库保管员填制的发料单或发料凭证汇总表,通常应编制( )。
   A. 付款凭证　　　　　　　　　　B. 原始凭证
   C. 转账凭证　　　　　　　　　　D. 收款凭证

16. 下列单据,属于外来原始凭证的是( )。
   A. 内部使用的借款单　　　　　　B. 领料单
   C. 产品入库单　　　　　　　　　D. 职工出差取得的住宿发票

17. 原始凭证金额有错误,应当( )。
   A. 由经办人更正
   B. 在原始凭证上更正
   C. 由出具单位更正并加盖公章
   D. 由出具单位重开,不得在原始凭证上更正

18. 出纳人员在办理收款或付款后,应在( )上加盖"收讫"或"付讫"的戳记,以避免重收重付。
   A. 原始凭证　　B. 记账凭证　　C. 收款凭证　　D. 付款凭证

19. 下列业务,应填制银行存款收款凭证的是( )。
   A. 将现金存入银行
   B. 出售产品一批,款未收
   C. 出售多余材料,收到现金
   D. 出售产品一批,收到一张转账支票

20. 一项经济业务所涉及的每个会计科目单独填制一张记账凭证,每一张记账凭证中只登记一个会计科目,这种凭证叫作( )。
   A. 单式记账凭证　　　　　　　　B. 专用记账凭证
   C. 通用记账凭证　　　　　　　　D. 一次凭证

21. 记账凭证的填制是由(　　)完成的。
    A. 出纳人员　　　B. 会计人员　　　C. 经办人员　　　D. 主管人员
22. 在一定时期内连续记录若干项同类经济业务的会计凭证是(　　)。
    A. 原始凭证　　　B. 一次凭证　　　C. 记账凭证　　　D. 累计凭证
23. 已登记入账的记账凭证,在当年内发现有误,可以用红字填写一张与原内容相同的记账凭证,在摘要栏注明(　　),以冲销原错误的记账凭证。
    A. 对方单位　　　　　　　　　B. 订正某月某日某号凭证
    C. 经济业务的内容　　　　　　D. 注销某月某日某号凭证
24. 下列单据,属于外来原始凭证的是(　　)。
    A. 购进货物发票　　　　　　　B. 借款单
    C. 工资发放明细表　　　　　　D. 限额领料单
25. 下列记账凭证,可以不附原始凭证的是(　　)。
    A. 所有收款凭证　　　　　　　B. 所有付款凭证
    C. 所有转账凭证　　　　　　　D. 用于结账的记账凭证
26. 差旅费报销单按填制的手续及内容分类,属于原始凭证中的(　　)。
    A. 一次凭证　　　B. 累计凭证　　　C. 汇总凭证　　　D. 专用凭证
27. 会计机构和会计人员对真实、合法、合理但内容不准确、不完整的原始凭证,应当(　　)。
    A. 不予受理　　　　　　　　　B. 予以受理
    C. 予以纠正　　　　　　　　　D. 予以退回,要求更正、补充
28. 会计机构和会计人员对不真实、不合法的原始凭证和违法收支,应当(　　)。
    A. 不予接受　　　　　　　　　B. 予以退回
    C. 予以纠正　　　　　　　　　D. 不予接受,并向单位负责人报告
29. 只反映一项经济业务,或同时反映若干项同类经济业务,凭证填制手续是一次完成的自制原始凭证,称为(　　)。
    A. 累计凭证　　　　　　　　　B. 一次凭证
    C. 汇总凭证　　　　　　　　　D. 单式记账凭证
30. 记账凭证应根据审核无误的(　　)编制。
    A. 收款凭证　　　B. 付款凭证　　　C. 转账凭证　　　D. 原始凭证
31. 接受外单位投资的机器一台,应填制(　　)。
    A. 收款凭证　　　B. 付款凭证　　　C. 转账凭证　　　D. 汇总凭证
32. 会计核算工作的基础环节是(　　)。
    A. 编制财务报表
    B. 登记会计凭证
    C. 进行财产清查
    D. 合法地取得、正确地填制和审核会计凭证
33. 限额领料单属于(　　)。
    A. 通用凭证　　　B. 一次凭证　　　C. 累计凭证　　　D. 汇总凭证

34. 下列凭证,既是一次凭证,也是专用凭证的是( )。
    A. 工资费用分配表   B. 现金收据
    C. 限额领料单   D. 付款通知书
35. 各种原始凭证,由经办业务的有关部门审核以后,最后都要由( )进行审核。
    A. 财政部门   B. 董事会   C. 总经理   D. 会计部门
36. 将记账凭证分为收款凭证、付款凭证和转账凭证的依据是( )。
    A. 凭证用途的不同   B. 凭证填制手续的不同
    C. 记载经济业务内容的不同 D. 所包括的会计科目是否单一
37. 下列各项,( )不属于记账凭证的基本要素。
    A. 交易或事项的内容摘要   B. 交易或事项的数量、单价和金额
    C. 凭证附件   D. 应计会计科目、方向及金额
38. 下列记账凭证,不能据以登记现金日记账的是( )。
    A. 银行存款付款凭证   B. 银行存款收款凭证
    C. 现金收款凭证   D. 现金付款凭证
39. 某企业根据一张发料凭证汇总表编制记账凭证,由于涉及的项目较多,须填制两张记账凭证,则记账凭证编号为( )。
    A. 转字第××号
    B. 转字第×× $\frac{1}{2}$ 号和转字第×× $\frac{2}{2}$ 号
    C. 收字第××号
    D. 收字第×× $\frac{1}{2}$ 号和收字第×× $\frac{2}{2}$ 号
40. 下列各项,不属于汇总原始凭证的是( )。
    A. 发料凭证汇总表   B. 增值税电子发票
    C. 收料凭证汇总表   D. 工资费用分配表
41. 记账凭证填制完毕加计合计数以后,如有空行应( )。
    A. 空置不填   B. 画线注销   C. 盖章注销   D. 签字注销
42. 企业常用的收款凭证、付款凭证和转账凭证均属于( )。
    A. 单式记账凭证   B. 复式记账凭证
    C. 一次凭证   D. 通用凭证
43. 用转账支票支付前欠货款,应填制( )。
    A. 转账凭证   B. 收款凭证   C. 付款凭证   D. 原始凭证
44. 下列原始凭证,属于外来原始凭证的是( )。
    A. 入库单   B. 收到的收款收据
    C. 工资费用分配表   D. 制造费用分配表
45. 下列单据,属于原始凭证的是( )。
    A. 收料单   B. 销售合同
    C. 生产计划   D. 委托加工协议

第五章 会计凭证

46. 职工出差的借款单,按其填制手续属于(　　)。
    A. 累计凭证　　　　　　　　　　B. 外来原始凭证
    C. 一次凭证　　　　　　　　　　D. 自制原始凭证

47. 对于一些经常重复发生的经济业务,可以根据同类原始凭证编制(　　)。
    A. 记账凭证　　　　　　　　　　B. 原始凭证汇总表
    C. 收料汇总表　　　　　　　　　D. 发料汇总表

48. 下列凭证,属于外来原始凭证的是(　　)。
    A. 入库单　　　　　　　　　　　B. 出库单
    C. 购货发票　　　　　　　　　　D. 领料汇总表

49. 下列会计凭证,只需反映价值量的是(　　)。
    A. 材料入库单　　　　　　　　　B. 实存账存对比表
    C. 工资费用分配表　　　　　　　D. 限额领料单

50. 收款凭证左上角"借方科目"应填列的会计科目是(　　)。
    A. 银行存款　　　　　　　　　　B. 库存现金
    C. 主营业务收入　　　　　　　　D. 银行存款或库存现金

51. 付款凭证左上角"贷方科目"应填列的会计科目是(　　)。
    A. 银行存款　　　　　　　　　　B. 库存现金
    C. 主营业务收入　　　　　　　　D. 银行存款或库存现金

52. 在会计实务中,记账凭证按其所反映的经济内容不同,可以分为(　　)。
    A. 单式凭证和复式凭证　　　　　B. 通用凭证和专用凭证
    C. 收款凭证、付款凭证和转账凭证　D. 一次凭证、累计凭证和汇总凭证

53. 根据一定时期内反映相同经济业务的多张原始凭证,按一定标准综合后一次填制完成的原始凭证是(　　)。
    A. 累计凭证　　B. 一次凭证　　C. 汇总凭证　　D. 记账凭证

54. 汇总原始凭证与累计原始凭证的主要区别是(　　)。
    A. 登记的经济业务内容不同　　　B. 填制时期不同
    C. 会计核算工作繁简不同　　　　D. 填制手续和方法不同

55. 除了结账和更正错账以外,填制记账凭证的依据只能是(　　)。
    A. 原始凭证　　　　　　　　　　B. 会计账簿
    C. 审核无误的原始凭证　　　　　D. 会计报表

56. 下列各项,不属于原始凭证审核内容的是(　　)。
    A. 凭证反映的内容是否真实
    B. 凭证各项基本要素是否齐全
    C. 会计科目的使用是否正确
    D. 凭证是否有填制单位的公章和填制人员的签章

57. 审核原始凭证所记录的经济业务是否符合企业生产经营活动的需要、是否符合有关的计划和预算,属于(　　)审核。
    A. 合理性　　　B. 合法性　　　C. 真实性　　　D. 完整性

58. 下列各项,不属于原始凭证审核内容的是( )。
    A. 凭证是否有填制单位的公章和填制人员签章
    B. 凭证是否符合规定的审核程序
    C. 凭证是否符合有关计划和预算
    D. 会计科目使用是否正确
59. 按照记账凭证的审核要求,下列各项,不属于记账凭证审核内容的是( )。
    A. 会计科目使用是否正确
    B. 凭证项目是否填写齐全
    C. 凭证所列事项是否符合有关的计划和预算
    D. 凭证金额与所附原始凭证的金额是否一致
60. 会计凭证的传递,是指( ),在单位内部有关部门及人员之间的传递程序。
    A. 会计凭证审核后到归档止
    B. 会计凭证的填制到登记账簿止
    C. 会计凭证的填制或取得时起到保管过程中
    D. 会计凭证的填制或取得时起到汇总登记账簿止

二、多项选择题

1. 下列原始凭证,属于单位自制原始凭证的有( )。
   A. 收料单　　　　　　　　　　B. 领料单
   C. 限额领料单　　　　　　　　D. 购料收到的增值税发票
2. 下列凭证,属于外来原始凭证的有( )。
   A. 付款收据　　　　　　　　　B. 购货发货票
   C. 施工单　　　　　　　　　　D. 出差人员车票
3. 原始凭证作为会计凭证之一,其作用有( )。
   A. 记录经济业务　　　　　　　B. 明确经济责任
   C. 作为登账的依据　　　　　　D. 作为编表的依据
4. 下列项目,属于原始凭证填制要求的有( )。
   A. 记录真实　　B. 内容完整　　C. 书写清楚　　D. 填制及时
5. 下列凭证,属于汇总原始凭证的有( )。
   A. 汇总收款凭证　　　　　　　B. 收料凭证汇总表
   C. 限额领料单　　　　　　　　D. 发料凭证汇总表
6. 外来原始凭证一般有( )特征。
   A. 从企业外部取得的　　　　　B. 由企业会计人员填制的
   C. 属于一次凭证的　　　　　　D. 盖有制造单位公章的
7. 关于原始凭证的编制,下列说法正确的有( )。
   A. 购买实物的原始凭证,必须有验收证明
   B. 不得以虚假的交易或事项为编制原始凭证的依据

C. 原始凭证应在交易或事项发生或完成后及时填制
D. 自制原始凭证必须有经办单位相关负责人的签名或盖章

8. 原始凭证的审核内容包括:审核原始凭证的( )等方面。
   A. 真实性　　B. 合法性　　C. 完整性　　D. 正确性
9. 原始凭证所必须具备的基本内容有( )。
   A. 凭证名称、填制日期　　　　B. 经济业务的内容摘要
   C. 对应的记账凭证号数　　　　D. 填制、经办人员的签名或盖章
10. 专用记账凭证按其所反映的经济业务是否与现金和银行存款有关,通常可以分为( )。
    A. 收款凭证　　B. 付款凭证　　C. 转账凭证　　D. 结算凭证
11. 下列人员,应在记账凭证上签名或者盖章的有( )。
    A. 审核人员　　B. 会计主管人员　　C. 记账人员　　D. 制单人员
12. 按照规定,除( )的记账凭证可以不附原始凭证外,其他记账凭证必须附有原始凭证。
    A. 提取现金　　B. 结账　　C. 更正错账　　D. 现金存入银行
13. 王玲出差回来,报销差旅费1 200元,原预借1 300元,交回剩余现金100元,这笔业务应该编制的记账凭证有( )。
    A. 原始凭证　　B. 收款凭证　　C. 转账凭证　　D. 付款凭证
14. 涉及现金与银行存款之间的划款业务时,可以编制的记账凭证有( )。
    A. 现金收款凭证　　　　　　B. 现金付款凭证
    C. 银行存款收款凭证　　　　D. 银行存款付款凭证
15. 记账凭证的填制除必须做到记录真实、内容完整、填制及时、书写清楚外,还必须符合的要求有( )。
    A. 连续编号
    B. 发生错误应该按规定的方法更正
    C. 如有空行,应当在空行处画线注销
    D. 除另有规定外,应该有附件并注明附件张数
16. 记账凭证的填制,可以根据( )。
    A. 每一张原始凭证　　　　　B. 若干张同类原始凭证
    C. 原始凭证汇总表　　　　　D. 不同内容和类别的原始凭证
17. 下列单据,经审核无误后可以作为编制记账凭证依据的有( )。
    A. 填制完毕的工资计算单　　B. 运费发票
    C. 银行转来的进账单　　　　D. 银行转来的对账单
18. 在填制记账凭证时,下列做法错误的有( )。
    A. 一个月内的记账凭证连续编号
    B. 更正错账的记账凭证可以不附原始凭证
    C. 从银行提取库存现金时只填制库存现金收款凭证
    D. 将不同经济类型业务的原始凭证合并编制一份记账凭证

19. 记账凭证填制以后,必须有专人审核,下列各项,属于其审核的主要内容的有( )。
    A. 是否符合原始凭证
    B. 会计分录是否正确,对应关系是否明晰
    C. 经济业务是否合法合规,有无违法乱纪行为
    D. 有关项目是否填列完备和有关人员签章是否齐全

20. 记账凭证可以根据( )编制。
    A. 一张原始凭证　　　　　　　　B. 明细账
    C. 原始凭证汇总表　　　　　　　D. 若干张同类原始凭证汇总

21. 记账凭证审核的主要内容有( )。
    A. 项目是否齐全　　　　　　　　B. 科目是否正确
    C. 内容是否真实　　　　　　　　D. 数量是否正确

22. 制造费用分配表属于( )。
    A. 累计凭证　　　　　　　　　　B. 自制原始凭证
    C. 一次凭证　　　　　　　　　　D. 外来原始凭证

23. 收款凭证的借方科目可能是( )。
    A. 应收账款　　B. 库存现金　　C. 银行存款　　D. 预收账款

24. 除( )可以不附原始凭证外,其他记账凭证必须附有原始凭证。
    A. 转账业务的记账凭证　　　　　B. 更正错误的记账凭证
    C. 结账的记账凭证　　　　　　　D. 交易业务的记账凭证

25. 会计凭证传递的组织工作主要包括( )等方面。
    A. 规定保管期限及销毁制度
    B. 规定会计凭证的传递路线
    C. 规定会计凭证在各个环节的停留时间
    D. 规定会计凭证传递过程中的交接签收制度

26. 下列项目,属于会计凭证的有( )。
    A. 供货单位开具的发票　　　　　B. 领用材料时填制的领料单
    C. 付款凭证　　　　　　　　　　D. 财务部门编制的开支计划

27. 下列有关会计凭证的表述,正确的有( )。
    A. 会计凭证是编制报表的依据
    B. 会计凭证是登记账簿的依据
    C. 会计凭证是记录经济业务的书面证明
    D. 会计凭证是明确经济责任的书面文件

28. 下列项目,属于原始凭证和记账凭证共同具备的基本内容的有( )。
    A. 凭证的名称　　　　　　　　　B. 填制凭证的日期
    C. 填制及接收单位的名称　　　　D. 有关人员的签章

29. 收款凭证和付款凭证是用来记录货币资金收付业务的凭证,它们是( )。
    A. 根据库存现金和银行存款收付业务的原始凭证填列

B. 登记库存现金日记账、银行存款日记账的依据

C. 登记明细账和总账等有关账簿的依据

D. 出纳员收付款项的依据

30. 下列项目,符合填制会计凭证要求的是(　　)。

A. 阿拉伯数字连笔书写

B. 汉字大小写金额必须相等且填写规范

C. 阿拉伯数字前面的人民币符号写为"￥"

D. 大写金额有分的,分字后面不写"整"或"正"字

三、判断题

1. 填制原始凭证,汉字大写金额数字一律用正楷或行书书写,汉字大写金额数字到元位或角位为止的,后面必须写"正"或"整",分位后面不必写"正"或"整"。(　　)

2. 填制会计凭证,所有以元为单位的阿拉伯数字,除单价等情况外,一律填写到角分;有角无分的,分位应当写"0"或用符号"—"代替。(　　)

3. 审核无误的原始凭证是登记账簿的直接依据。(　　)

4. 由于自制原始凭证的名称、用途、内容、格式不同,因而不需要对其真实性、合法性审核。(　　)

5. 如果原始凭证已预先印定编号,在写错作废时,应加盖"作废"戳记,妥善保管,不得撕毁。(　　)

6. 外来原始凭证一般都是一次凭证。(　　)

7. 发票、购货合同、收据等都是原始凭证。(　　)

8. 原始凭证记载内容有错误的,应当由开具单位重开或更正,并在更正处加盖出具凭证单位印章。(　　)

9. 所有的记账凭证都必须附有原始凭证。(　　)

10. 累计原始凭证是在一定时期内根据多张相同的原始凭证累计而成。(　　)

11. 从外部取得的原始凭证,必须盖有填制单位的公章;从个人取得的原始凭证,无须签名或盖章。(　　)

12. 对于数量过多的原始凭证,可以单独装订保管,但应在几张凭证上注明"附件另订"。(　　)

13. 凭证中最具有法律效力的是原始凭证。(　　)

14. 外来原始凭证是企业同外单位发生经济业务时,由外单位的经办人员填制的。(　　)

15. 填制和审核会计凭证是会计核算的基本方法之一,也是会计核算工作的起点。(　　)

16. 会计机构、会计人员必须按照国家统一的会计制度的规定对原始凭证进行审核,对不真实、不合法的原始凭证有权不予接受,并向单位负责人报告。(　　)

17. 企业会计人员应审核原始凭证所记录的经济业务是否符合企业生产经营活动的需要,是否符合有关的计划、预算等的规定。（   ）
18. 会计凭证按其取得的来源不同,可以分为原始凭证和记账凭证。（   ）
19. 现金存入银行时,为避免重复记账只编制银行存款付款凭证,不编制现金付款凭证。（   ）
20. 凡是现金或银行存款增加的经济业务必须填制收款凭证。（   ）
21. 复式凭证是指将每一笔经济业务事项所涉及的全部会计科目及其发生额均在同一张记账凭证中反映的一种凭证,该凭证至少涉及三个会计科目。（   ）
22. 记账人员根据记账凭证记账后,在"记账符号"栏内做"√"记号。（   ）
23. 发料凭证汇总表是一种汇总记账凭证。（   ）
24. 记账凭证可以根据若干张原始凭证汇总编制。（   ）
25. 已登记入账的记账凭证在当年内发生填写错误时,可以用红字填写一张与原始内容相同的记账凭证,在摘要栏注明"注销某年某月某日某号凭证"字样。（   ）
26. 记账凭证既是记录经济业务发生和完成情况的书面证明,也是登记账簿的依据。（   ）
27. 记账凭证可以作为登记账簿的直接依据,原始凭证则不能作为登记账簿的直接依据。（   ）
28. 为了简化工作手续,可以将不同内容和类别的原始凭证汇总,填制在一张记账凭证上。（   ）
29. 会计凭证上填写的"人民币"字样或符号"¥"与汉字大写金额数字或阿拉伯数字之间留有空白。（   ）
30. 转账支票大小写金额或收款人姓名填错,如有更改,须在更改处加盖预留银行印鉴章。（   ）
31. 转账凭证只登记与货币资金收付无关的经济业务。（   ）
32. 各种凭证不得随意涂改、刮擦、挖补,若填写有误,应用红字更正法予以更正。（   ）
33. 在编制记账凭证时,原始凭证就是记账凭证的附件。（   ）
34. 填制和审核会计凭证是一种会计核算的专门方法。（   ）
35. 付款凭证只有在银行存款减少时才填制。（   ）
36. 在填制记账凭证时,对于总账科目,可只填科目编号,不填科目名称。（   ）
37. 企业的各种会计凭证都不得涂改、刮擦和变造,如果发生错误,应采用画线更正法予以更正。（   ）
38. 会计部门应于记账之后,定期对各种会计凭证进行分类整理,并将各种记账凭证按编号顺序排列,连同所附的原始凭证一起加具封面,装订成册。（   ）
39. 会计凭证传递是指从原始凭证的填制获取起,到会计凭证归档保管止,在财会部门内部按规定的路线进行传递和处理的程序。（   ）
40. 会计档案保管期满后,可由档案管理部门自行销毁。（   ）

四、业务题

1. 资料：AK 公司为一般纳税人企业，其 20××年 12 月发生以下经济业务：

(1) 1 日，购入新机器一台，价款 30 000 元，增值税额为 3 900 元，款项以银行存款支付。

(2) 1 日，向银行借入短期借款 200 000 元，存入银行。

(3) 2 日，向东方厂购入甲材料 600 公斤，货款 51 000 元，增值税额为 6 630 元，款项以银行存款支付，材料已入库。

(4) 3 日，为生产 A 产品领用甲材料 300 公斤，计 25 500 元；生产 B 产品领用乙材料 200 公斤，计 10 000 元；生产车间领用丙材料 300 元用于设备维修；行政管理部门领用丙材料 500 元，供维修设备用。

(5) 4 日，车间管理人员陈明出差预借库存现金 1 000 元。

(6) 5 日，以银行存款支付上月应交税费 15 000 元。

(7) 6 日，以银行存款支付法律咨询费 500 元。

(8) 7 日，以银行存款支付广告费 20 000 元、产品展览费 3 000 元。

(9) 8 日，售给海拉厂 B 产品 450 件，每件售价 200 元，货款计 90 000 元，增值税额为 11 700 元，款项尚未收到。

(10) 9 日，向西方公司购入乙材料 500 公斤，货款 45 000 元，增值税额为 5 850 元，款未付。

(11) 10 日，发放本月工资 100 000 元，已用银行存款支付。

(12) 11 日，售给辉煌公司 A 产品 300 件，每件售价 600 元，货款计 180 000 元，增值税额为 23 400 元，合计 203 400 元，收到为期 6 个月的商业汇票一张。

(13) 12 日，车间管理人员陈明出差回公司报销差旅费 1 050 元，补足其 50 元。

(14) 13 日，以银行存款支付生产车间办公用品购置费 650 元、公司行政管理部门办公用品费 150 元。

(15) 14 日，收到违约金 1 500 元，存入银行。

(16) 15 日，以银行存款支付一笔罚款支出 1 000 元。

(17) 16 日，出售丁材料，价款 1 000 元，增值税 130 元，价税 1 130 元收到存入银行。

(18) 17 日，收到联营厂分来的投资利润 50 000 元，存入银行。

(19) 18 日，用银行存款归还已到期的短期借款 120 000 元。

(20) 19 日，以银行存款 52 650 元偿还前欠西方公司材料款。

(21) 20 日，以银行存款支付电费 5 200 元，其中 A 产品耗电 2 300 元，B 产品耗电 2 000 元，车间照明用电 300 元，公司管理部门耗电 600 元。

(22) 21 日，用现金支付生产车间设备修理费 660 元。

(23) 31 日，分配本月职工工资 100 000 元，其中 A 产品职工工资 42 000 元，B 产品职工工资 30 000 元，车间管理人员工资 10 000 元，公司管理人员工资 18 000 元。

(24) 31 日，计提本月生产部门固定资产折旧费 3 600 元，行政管理部门固定资产折旧费 1 500 元。

(25) 31 日,以银行存款支付本季短期借款利息 1 200 元,前两月已预提 800 元。

(26) 31 日,将本月发生的制造费用计入产品生产成本,按 A、B 产品工资比例分配。

(27) 31 日,结转本月完工入库产成品成本:A 产品 400 件、B 产品 500 件全部完工验收入库。

(28) 31 日,计算本月应交城市维护建设税 1 500 元、教育费附加 700 元。

(29) 31 日,结转本月已销产品成本:A 产品 300 件,单位成本 198.65 元,计 59 595 元;B 产品 450 件,单位成本 97.8 元,计 44 010 元。

(30) 31 日,结转已销丁材料的成本 700 元。

(31) 31 日,结转损益类各个账户。

(32) 31 日,1—11 月份利润总额为 1 829 655 元,按 25% 的税率计算全年利润总额应交所得税,并结出净利润。

(33) 31 日,按全年净利润的 10% 提取法定盈余公积金。

(34) 31 日,公司董事会决定按全年净利润的 30% 支付投资者利润,但尚未支付。

(35) 31 日,结转有关利润分配明细账,以确定本年末未分配利润金额。

2. 要求:根据以上资料填制收款凭证、付款凭证和转账凭证。

第六章

会计账簿

会计账簿概述
会计账簿的内容、启用与登记规则
会计账簿的格式和登记方法
对账和结账
错账更正方法
会计账簿的更换与保管
本章习题

第一节 会计账簿概述

一、会计账簿的概念和意义

会计账簿简称账簿,是指由一定格式账页组成的,以经过审核的会计凭证为依据,全面、系统、连续地记录各项经济业务和会计事项的簿籍。各单位应当按照国家统一的会计制度的规定和会计业务的需要设置会计账簿。设置和登记账簿是编制会计报表的基础,是连接会计凭证与会计报表的中间环节,在会计核算中具有重要意义:

(1) 通过账簿的设置和登记,记载、储存会计信息。将会计凭证所记录的经济业务——记入有关账簿,可以全面反映会计主体在一定时期内所发生的各项资金运动,储存所需要的各项会计信息。

(2) 通过账簿的设置和登记,分类、汇总会计信息。账簿由不同的相互关联的账户所构成。通过账簿记录,一方面可以分门别类地反映各项会计信息,提供一定时期内经济活动的详细情况;另一方面可以通过发生额、余额计算,提供各方面所需要的总括会计信息,反映财务状况及经营成果的综合价值指标。

(3) 通过账簿的设置和登记,检查、校正会计信息。账簿记录是会计凭证信息的进一步整理。如在永续盘存制下,通过有关盘存账户余额与实际盘点或核查结果的核对,可以确认财产的盘盈或盘亏,并根据实际结存数额调整账簿记录,做到账实相符,提供如实、可靠的会计信息。

(4) 通过账簿的设置和登记,编报、输出会计信息。为了反映一定日期的财务状况及一定时期的经营成果,应定期进行结账工作,进行有关账簿之间的核对,计算出本期发生额和余额,据以编制会计报表,向有关各方提供所需要的会计信息。

二、会计账簿的分类

为了满足经营管理和经济业务活动的需要,在会计工作中所使用的会计账簿是多种多样的。这些会计账簿通常可以按照用途、账页格式和外表形式的不同进行分类。

(一) 按用途分类

会计账簿按用途不同,可以分为序时账簿、分类账簿和备查账簿。

1. 序时账簿

序时账簿简称序时账,又称日记账,是按照经济业务发生或完成时间的先后顺序逐日逐笔进行登记的账簿。在我国,大多数单位一般只设库存现金日记账和银行存款日记账。

2. 分类账簿

分类账簿简称分类账,是对全部经济业务按照会计要素的具体类别而设置的分类账户进行登记的账簿。按照总分类账户分类登记经济业务的是总分类账簿,简称总账;按照明细分类账户分类登记经济业务的是明细分类账簿,简称明细账。从分类账的各个账户中,可以得到各个会计要素及其构成内容增减变动的资料。分类账簿提供的核算信息是编制会计报表的主要依据。

3. 备查账簿

备查账簿简称备查账,是对某些在序时账簿和分类账簿等主要账簿中未能登记或登记不够详细的经济业务进行补充登记时使用的账簿,也称辅助账簿。例如,租入固定资产登记簿,代管商品物资登记簿。备查账属于辅助性账簿,与其他账簿之间不存在严密的关系,但它可以为某些经济业务的内容提供必要的参考资料。备查账并非每个企业都要设置,而是由企业根据实际需要进行设置。备查账的记录与会计报表的编制没有直接关系,因而是一种表外账簿。

(二) 按账页格式分类

会计账簿按账页格式不同,主要分为三栏式账簿、多栏式账簿、数量金额式账簿。

1. 三栏式账簿

三栏式账簿是设有借方、贷方和余额三个基本栏目的账簿。各种日记账、总分类账以及资本、债权、债务明细账都可采用三栏式账簿。三栏式账簿又分设对方科目和不设对方科目两种,区别是在摘要栏和借方科目栏之间是否有一栏"对方科目"。有"对方科目"栏的,称为设对方科目的三栏式账簿;没有"对方科目"栏的,称为不设对方科目的三栏式账簿。三栏式账簿格式如表6-1所示。

表6-1 三栏式账

账户名称

年		凭证		摘要	借方	贷方	借或贷	余额
月	日	种类	号数					

2. 多栏式账簿

多栏式账簿是在账簿的两个基本栏目借方和贷方按需要分设若干专栏的账簿。收入、费用明细账一般均采用这种格式的账簿。多栏式账簿格式如表6-2所示。

表6-2 多栏式账

年		凭证		摘要	借方（项目）				合计	余额
月	日	种类	号数							

3. 数量金额式账簿

数量金额式账簿的借方、贷方和余额三个栏目内，都分设数量、单价和金额三小栏，借以反映财产物资的实物数量和价值量。原材料、库存商品等明细账一般都采用数量金额式账簿。数量金额式明细账格式如表6-3所示。

表6-3 数量金额式明细账

材料类别：
材料名称：　　　　　　　　　　　　　　　　　数量单位：

年		凭证		摘要	收入			发出			结存		
月	日	种类	号数		数量	单价	金额	数量	单价	金额	数量	单价	金额

（三）按外形特征分类

会计账簿按其外形特征不同，可以分为订本式账簿、活页式账簿和卡片式账簿。

1. 订本式账簿

订本式账簿是指在账簿启用之前，就将若干具有专门格式的、按顺序编号的账页装订成册的账簿，简称订本账。采用订本式账簿，由于每张账页上都有按顺序排列的账页号码，可以避免账页散失，防止抽换账页。但是，由于账页的序号和总数固定，无法根据实际需要进行增减，因而开设账户时必须为每一账户预留账页，若预留账页不足，将影响账簿记录的连续性，若预留过多，又会造成不必要的浪费。此外，在同一时间内，只能由一人记账，不利于分工记账。这种账簿一般适用于重要的和具有统驭性的总分类账、库存现金日记账、银行存款日记账。

2. 活页式账簿

活页式账簿是在账簿登记完毕之前并不固定装订在一起,而是装在活页账夹中的账簿,简称活页账。当账簿登记完毕之后(通常是一个会计年度结束之后),才将账页予以装订,加具封面,并给各账页连续编号。采用活页账,账页可以根据实际需要进行增减或重新排列,使用比较灵活,便于组织记账人员同时分工记账。但是,账页容易散失或被抽换,因此,平时应按账页顺序编号,并于会计期末装订成册,并妥善保管。这种账簿一般适用于各种明细分类账。

3. 卡片式账簿

卡片式账簿是指由一定数量具有专门格式的、分散的硬卡片作为账页组成的账簿,简称卡片账。采用卡片式账簿,可以跨年度长期使用而无须更换,且可按不同要求进行归类。但是,其账页也容易散失或被抽换,所以使用时要顺序编号,置于卡片箱内以保证其安全,并由专人保管,使用完毕应封扎归档保管,并重新编写页码列出目录,以备日后查阅。严格说,卡片账也是一种活页账,只不过它不是装在活页账夹中,而是装在卡片箱内。这种账簿一般适用于小部分的明细账,如固定资产明细账,也有少数企业在材料核算中使用材料卡片。

三、会计账簿与账户的关系

会计账簿与账户的关系是形式和内容的关系。账簿是通过一个个账户序时、分类地记录经济业务的,账簿中的每一张账页都是账户的具体存在形式和载体。因此,账簿只是一个外在形式,账户才是其真实内容。关于账户的概念和基本结构详见第三章第二节。

第二节　会计账簿的内容、启用与登记规则

一、会计账簿的基本内容

各种会计账簿记载的经济业务内容不同,格式也多种多样,但各种会计账簿一般应包括以下基本内容。

(一)封面

封面主要标明账簿的名称、记账单位和所属会计年度。

(二)扉页

扉页应填列账簿的使用信息,如启用的日期和截止日期、页数、册次、经管账簿人员一览表及其签章、会计主管人员姓名和签章、账户目录等。

(三)账页

账页是账簿用来记录经济业务的主要载体。账页的格式因反映经济业务内容的不同,可有不同的格式,但基本内容应包括:① 账户名称;② 登记账户的日期栏;③ 凭证种类和号数栏;④ 摘要栏;⑤ 金额栏;⑥ 总页次、分户页次等。

二、会计账簿的启用

在新的会计年度开始时,除固定资产明细账等少数账簿因变动不大可继续使用外,其余账簿一般均应结束旧账,启用新账,切忌跨年度使用,以免造成归档保管困难和查阅困难。启用新账或更换旧账时,应当在账簿封面上写明单位名称和账簿名称,并在账簿扉页上附启用表。启用订本式账簿应从第一页到最后一页顺序编号,不得跳页、缺号。启用活页式账簿应当按账户顺序编号,并须定期装订成册,装订后再按实际使用的账页顺序编定页码,另加目录,记明每个账户的名称和页次。账簿启用登记表格式如表6-4所示。

表6-4 账簿启用登记表

单位名称:_____ 账簿名称:_____
账簿编号:_____ 账簿册数:_____
启用日期:_____ 账簿页数:_____
会计主管:(签章) 记账人员:(签章)

移交日期			移交人		接管日期			接管人		会计主管	
年	月	日	姓名	盖章	年	月	日	姓名	盖章	姓名	盖章

三、会计账簿的记账规则

登记会计账簿是会计核算工作的基础工作和中心环节,为了正确、及时、全面地反映和监督经济活动情况,为成本计算、经营成果的考核及财务会计报告的编制提供真实、可靠的数据资料,每个企业都必须认真做好账簿登记工作,会计人员在登记账簿时,必须严格遵守账簿的记账规则。

(1) 登记会计账簿时,必须以审核无误的会计凭证为依据,并将会计凭证日期、编号、业务内容摘要、金额和其他有关资料逐项记入账簿内,做到数字准确、摘要清楚、登记及时、字迹工整。

(2) 登记完毕后,要在记账凭证上签名或盖章,同时画"√"表示已登记入账,以避免重记、漏记。

(3) 账簿中书写的文字和数字应书写规范,并紧靠底线,上面要留有适当空格,不要写满格,一般应占格距的1/2。

(4) 为了使账簿记录清晰,防止涂改,记账时应使用蓝黑墨水或者碳素墨水书写,不得使用圆珠笔(银行的复写账簿除外)或者铅笔书写。下列特殊情况,可以用红色墨水记账:① 按照红字冲账的记账凭证,冲销错误记录;② 在不设借贷等栏的多栏式账页中,登记减少数;③ 在三栏式账户的余额栏前,如未印明余额方向的,在余额栏内登记负数余额;④ 根据国家统一的会计制度的规定可以用红字登记的其他会计记录。

(5) 各种账簿应按页次顺序连续登记,不得跳行、隔页。如果发生跳行、隔页,应当将空行、空页画线注销,或者注明"此行空白""此页空白"字样,并由记账人员签名或者盖章。对订本式账簿,不得任意撕毁账页,对活页式账簿也不得任意抽换账页。

(6) 凡需要结出余额的账户,结出余额后,应当在"借或贷"等栏内写明"借"或者"贷"等字样。没有余额的账户,应在"借或贷"栏内写"平"字,并在"余额"栏用"0"表示。库存现金日记账和银行存款日记账必须逐日结出余额。

(7) 每一账页登记完毕结转下页时,应当结出本页合计数及余额,写在本页最后一行和下页第一行有关栏内,并在摘要栏内注明"过次页"和"承前页"字样;也可以将本页合计数及金额只写在下页第一行有关栏内,并在摘要栏内注明"承前页"字样。对需要结计本月发生额的账户,结"过次页"的本页合计数应当为自本月初起至本页末止的发生额合计数,如库存现金日记账和银行存款日记账;对需要结计本年累计发生额的账户,结计"过次页"的本页合计数应当为自年初起至本页末止的累计数,如主营业务收入、管理费用等;对既不需要结计本月发生额,也不需要结计本年累计发生额的账户,可以只将每页末的余额结转次页。

(8) 账簿记录发生错误时,不准刮、擦、挖、补或随意涂改,不准用褪色药水、"消字灵"等更改字迹,也不准重新抄写。应根据具体情况,按规定的方法进行更正。

第三节　会计账簿的格式和登记方法

一、日记账的格式和登记方法

（一）库存现金日记账的格式和登记方法

1. 库存现金日记账的格式

库存现金日记账是用来核算和监督库存现金每天的收入、支出和结存情况的账簿，其格式有三栏式和多栏式两种。无论采用三栏式还是多栏式库存现金日记账，都必须使用订本账。

三栏式库存现金日记账格式如表 6-5 所示。

表 6-5　三栏式库存现金日记账

20××年		凭证		摘　要	对方科目	收入	支出	结余
月	日	种类	号数					
1	1			上年结转				2 000
	7	现付	1	支付购入材料运费	原材料		300	1 700
	7	银付	1	提现备发工资	库存现金	10 000		11 700
	7	现付	2	李玲预借差旅费	其他应收款		500	11 200
	7	现收	1	唐健报销差旅费	其他应收款	50		11 250
	7			本日合计		10 050	800	11 250
	⋮			⋮	⋮	⋮	⋮	⋮
	31			本日合计		1 200	1 800	900
	31			本月合计		18 500	19 600	900

注：结余可以到本日结束后结出余额，也可以在每笔业务登账后直接结出余额。本教材采用第二种方法。

多栏式库存现金日记账如表 6-6、表 6-7 所示。

表6-6 多栏式库存现金收入日记账

20××年		凭证		摘要	贷方科目			收入合计	支出合计	结余
月	日	种类	号数							

表6-7 多栏式库存现金支出日记账

20××年		凭证		摘要	借方科目			支出合计
月	日	种类	号数					

2. 库存现金日记账的登记方法

库存现金日记账由出纳人员根据审核后的现金收、付款凭证,按时间顺序逐日逐笔进行登记,并根据"上日余额+本日收入-本日支出=本日余额"的公式,逐日结出库存现金余额,与库存现金实存数核对,以检查每日现金收付是否有误。

三栏式日记账的具体登记方法如下:

(1)日期栏:填写记账凭证的日期,应与现金实际收付日期一致。

(2)凭证栏:填写登记入账的收、付款凭证的种类和编号,如"现金收(付)款凭证"可简写为现收(付),"银行存款收(付)款凭证"可简写为银收(付)。

(3)摘要栏:填写登记入账的经济业务的内容,应以简练的文字清楚地说明,一般是与收付款凭证上的内容相同。

(4)对方科目栏:填写记账凭证上的对方科目。如:以现金支付职工工资,对方科目为"应付职工薪酬"。其作用在于了解经济业务的来龙去脉。

(5)收入、支出栏:填写现金实际收、付的金额。"收入"栏根据现金收款凭证登记现金的增加数;"支出"栏根据现金付款凭证登记现金的减少数。应注意的是,对于从银行提取现金的业务,为避免重复登账,只编制银行存款付款凭证,而不编制现金收款凭证,因此,此时现金收入金额应根据银行存款付款凭证登记。

每日终了,应分别结计现金收入和现金支出的合计数,结出余额,同时将余额和出纳的库存现金核对,即通常所说的"日清"。如账实不符应查明原因,并记录备案。月终同样要结计现金收、付和结存的合计数,通常称"月结"。

借、贷方分设的多栏式库存现金日记账的登记方法是:先根据有现金收入业务的记账凭证登记库存现金收入日记账,根据有关现金支出业务的记账凭证登记库存现金支出日记账,每日营业终了,根据库存现金支出日记账结计的支出合计数,一笔转入库存现金收入日记账的"支出合计"栏中,并结出当日余额。

(二) 银行存款日记账的格式和登记方法

银行存款日记账是用来核算和监督银行存款每日的收入、支出和结余情况的账簿。通常应按企业在银行开立的账户和币种分别设置,每个银行账户设置一本日记账,且必须采用订本式。

银行存款日记账一般也应由出纳人员根据审核后的银行存款收、付款凭证,按时间顺序逐日逐笔登记。三栏式银行存款日记账(格式如表6-8所示)各栏的登记方法与三栏式库存现金日记账基本相同。应注意的是,对于将现金存入银行的业务,由于只编制现金付款凭证,因而此时的银行存款收入金额应根据现金付款凭证登记。每日登记完毕,也应结算出银行存款收入和支出发生额合计数和当日银行存款的余额,并定期将银行存款日记账与银行的对账单核对。银行存款日记账除了采用三栏式外,也可采用多栏式账页格式,其账页格式及登记方法与多栏式库存现金日记账相同,这里不再赘述。

表6-8 三栏式银行存款日记账

20××年		凭证		摘　　要	对方科目	收入	支出	结余
月	日	种类	号数					
1	1			上年结转				180 000
	7	银付	1	支付购入材料运费	原材料		9 000	171 000
	7	银付	2	提取现金备发工资	库存现金		12 000	159 000
	7	银收	1	销售产品	主营业务收入	200 000		359 000
	7	银收	1	收取增值税	应交税费	26 000		385 000
	7			本日合计		226 000	21 000	385 000
	⋮			⋮		⋮	⋮	⋮
	31			本日合计		23 500	20 000	307 590
	31			本月合计		784 320	656 730	307 590

二、分类账的格式和登记方法

分类账有总分类账和明细分类账两类。

(一) 总分类账的格式和登记方法

1. 总分类账的格式

总分类账简称总账,是按照总分类账户分类登记以提供总括会计信息的账簿。因此,每个企业都必须设置总分类账。总分类账应采用订本式,最常用的账页格式为三栏式(格式如表6-9所示),设置借方、贷方和余额三个基本金额栏目。

表6-9　总分类账

账户名称:应付账款

20××年		凭证		摘　　要	借方	贷方	借或贷	余额
月	日	种类	号数					
5	1			承前页			贷	428 761
	1	银付	1	归还货款	80 000		贷	348 761
	12	转	1	购进材料		4 800	贷	353 561
	25	转	2	购进材料		67 800	贷	421 361
	30	银付	2	归还货款	200 000		贷	221 361
	31			本期发生额合计及期末余额	280 000	72 600	贷	221 361

2. 总分类账的登记方法

总分类账的登记方法,由于各企业所采用的账务处理程序不同,因此登记依据和程序也不一样。经济业务少的小型单位的总分类账可以根据记账凭证逐笔登记,经济业务多的大中型单位的总分类账可以根据经过汇总的科目汇总表或汇总记账凭证等定期登记。不同的账务处理程序,将在本教材第七章中详细介绍。

(二) 明细分类账的格式和登记方法

1. 明细分类账的格式

明细分类账简称明细账,是按照总分类账户所属的明细账户开设,用于分类、连续地反映某一类经济业务详细情况的账簿。企业应根据实际需要,在设置总账的基础上,设置若干必要的明细账,提供详细、具体的核算资料,作为对总账的明细反映和必要补充。

明细分类账一般采用活页式账簿,也可以采用卡片式账簿。其账页格式应根据各类经济业务内容的特点以及经营管理要求的不同,分别采用三栏式、多栏式、数量金额式等多种格式。

(1) 三栏式明细分类账。三栏式明细分类账简称三栏式明细账,其格式与三栏式总账基本相同,即账页上设有"借方、贷方、余额"3个金额栏,不设数量栏,只记金额,不记数量。因此,这种格式主要适用于那些只需要进行金额核算而不需要进行数量核算的明细分类核算,如"应收账款""应付账款""短期借款"等账户的明细账。应收账款明细账格式如表6-10所示。

表6-10 三栏式明细账

会计科目:应收账款
明细科目:A公司

20××年		凭证		摘要	借方	贷方	借或贷	余额
月	日	种类	号数					
1	1			上年结转			借	8 000
	10	银收	1	收回A公司购货款		3 000	借	5 000

(2) 多栏式明细分类账。多栏式明细分类账简称多栏式明细账,其账页格式不是按照每一个明细科目单设一张账页来登记,而是在一张账页中将属于同一总账科目的所有相关明细科目或项目集中起来,分设若干专栏,合并在一张账页上进行登记。这种格式主要适用于成本费用、收入利润账户的明细分类核算。如"生产成本""制造费用""管理费用""财务费用""销售费用""主营业务收入""本年利润"等账户的明细账。其常用格式有3种:① 借方多栏,其格式如表6-11所示。只按借方设置若干专栏,不设贷方栏,在借方栏,用蓝字登记借方发生额,用红字登记贷方发生额。② 贷方多栏,其格式如表6-12所示。只按贷方设置若干专栏,用蓝字登记,借方发生额则用红字登记。③ 借贷方多栏,其格式如表6-13所示。按借方和贷方分设两个专栏,每栏再分别设置若干小栏。

(3) 数量金额式明细分类账。数量金额式明细分类账简称数量金额式明细账,其借方(收入)、贷方(发出)和余额(结存)都分别设有数量、单价和金额3个专栏,适用于既要进行金额核算又要进行数量核算的账户,如原材料、库存商品明细账。原材料明细账格式如表6-14所示。

表 6-11　生产成本明细账

产品名称：A 产品

20××年		凭证		摘要	借方(项目)			余额
月	日	种类	号数		直接材料	直接人工	制造费用	
1	1			上年结转	5 000	3 000	4 000	12 000
	31	转	22	领用材料	30 000			42 000
	31	转	25	工资分配		20 000		62 000
	31	转	28	结转制造费用			32 000	94 000
	31	转	29	结转完工产品成本	☐35 000	☐23 000	☐36 000	☐94 000

注：☐表示红字。

表 6-12　主营业务收入明细账

产品名称：A 产品

20××年		凭证		摘　要	贷方(项目)		余额
月	日	种类	号数		产品销售	劳务收入	
1	1	转	1	销售商品	23 000		23 000

表 6-13　本年利润明细账

20××年		凭证		摘要	借　方					贷　方					借或贷	余额
月	日	字	号		主营业务成本	其他业务成本	税金及附加	管理费用	营业外支出	合计	主营业务收入	其他业务收入	投资收益	营业外收入	合计		

表 6-14 数量金额式明细账

类别：原料 　　　　　　　　　　　　　　计量单位：公斤
名称、规格：A　　　　　　　　　　　　　存放地点：2 号库
编号：1007　　　　　　　　　　　　　　储备定额：2 000

20××年		凭证		摘要	收入			发出			结存		
月	日	种类	号数		数量	单价	金额	数量	单价	金额	数量	单价	金额
1	1			上年结转							2 000	8	16 000
	3	转	3	购入	3 000	8	24 000				5 000	8	40 000
	23	转	45	一车间领用				600	8	4 800	4 400	8	35 200

明细账除了上述 3 种常见的格式外，还可根据不同的管理要求采用不同的格式。如材料采购业务、应收票据和一次性备用金业务，适用于横线登记式（也称平行式）明细分类账；固定资产的核算，由于其价值较大，使用期限较长，而采用卡片式明细账。

2. 明细分类账的登记方法

明细账的登记一般以记账凭证为依据，也可以原始凭证或原始凭证汇总表为依据，根据经营管理的实际需要分别采用逐日、逐笔登记或者定期汇总登记等方法。通常情况下，财产物资和债权债务结算的明细账应逐笔登记；库存商品、原材料等存货明细账以及收入、费用明细账可以逐笔登记，也可以定期汇总登记。无论是总分类账还是明细分类账，都应于会计期末结算出当期发生额及期末余额。

至于备查账簿，由于它仅仅是对企业日记账、分类账的补充，因此其种类、格式及登记方法均无特殊规定，一般可根据具体需要确定，在此就不做介绍。

注意：总分类账和明细分类账的平行登记，详见第三章第二节。

第四节　对账和结账

登记会计账簿作为会计核算的专门方法之一，包括记账、对账和结账 3 个相互联系、不可分割的工作环节。前面讲述了各种会计账簿的登记方法，本节介绍对账和结账的内容和方法。

一、对账

所谓对账，即核对账目，是指在记账后结账前，定期将会计账簿记录与库存实物、货币资金、往来结算款项等进行相互核对的工作。定期进行对账工作，目的是保证会计账

簿记录的准确、可靠,并应力求做到账证相符、账账相符和账实相符。对账工作主要包括以下 3 方面内容。

(一) 账证核对

账证核对是指各种会计账簿记录与记账凭证及其所附的原始凭证之间的核对,核对其时间、凭证字号、内容、会计科目、金额等是否一致,记账方向是否相符。这种核对,主要是在日常记账工作中进行。

(二) 账账核对

账账核对是指各种账簿之间有关记录、有关指标之间的互相核对,主要包括:
(1) 总分类账簿有关账户的余额核对。总分类账各账户的本期借方发生额合计数与贷方发生额合计数核对是否相符相等;总分类账各账户的期末借方余额合计数与贷方余额合计数核对是否相符。
(2) 总分类账簿与所属明细分类账簿的核对。总分类账各账户的期末余额与其所属的各明细分类账户的期末余额之和核对是否相符。
(3) 总分类账簿与序时账簿的核对。库存现金总账、银行存款总账的期末余额与库存现金日记账、银行存款日记账的期末余额核对是否相符。
(4) 明细分类账之间的核对。会计部门的各种财产物资明细分类账的期末余额与财产物资保管部门、使用部门的有关财产物资明细分类账的期末余额核对是否相符。

(三) 账实核对

账实核对是指各种财产物资、债权债务等的账面余额与其实存数额之间进行的核对。一般是通过财产清查的方法进行的。具体内容包括:
(1) 库存现金日记账账面余额与库存现金数额是否相符。
(2) 银行存款日记账账面余额与银行对账单的余额是否相符。
(3) 各项财产物资明细账账面余额与财产物资的实有数额是否相符。
(4) 有关债权债务明细账账面余额与对方单位的账面记录是否相符。

二、结账

每个会计主体的经营活动都是一个持续不断的过程,为了能及时了解该主体某一会计期间的经营状况和财务成果,必须将该会计期间的经济业务全部登记入账并对账后,在每一会计期间终了时,通过结账的方式,将各种会计账簿结计清楚,以便据此编制财务报表。

所谓结账,就是把一定时期内全部经济业务登记入账之后,于会计期末计算出各个账户的本期发生额及期末余额,结束本期账簿记录,并结转下期账簿。

（一）结账的程序

（1）将本期发生的经济业务事项全部登记入账。若发现漏记、错记，应及时补记更正。不得提前入账，也不能延至下期入账。

（2）按权责发生制原则，调整有关账项，合理确定本期应计的收入和应计的费用。

（3）结转损益类账户。将损益类账户结转至"本年利润"账户，结平所有损益类账户。

（4）结算出资产、负债、所有者权益类账户的日记账、总账和明细账各账户的本期发生额和期末余额，并结转下期。

（二）结账的方法

（1）对不需要按月结计本期发生额的账户，如各项应收、应付款明细账和各项财产物资明细账等，每次记账以后，都要随时结出余额，每月最后一笔余额即为月末余额。月末结账时，只需要在最后一笔经济业务事项记录之下画通栏单红线，不需要再结计一次余额。

（2）库存现金、银行存款日记账和需要按月结计发生额的收入、费用等明细账，每月结账时，要在最后一笔经济业务记录下面通栏画单红线，结出本月发生额和余额，在摘要栏内注明"本月合计"字样，并在下面画通栏单红线。

（3）需要结计本年累计发生额的某些明细账户，每月结账时，应在"本月合计"下行结出自年初起至本月末止的累计发生额，登记在月份发生额下面，在摘要栏内注明"本年累计"字样，并在下面画通栏单红线。12月末的"本年累计"就是全年累计发生额，全年累计发生额下画通栏双红线。

（4）总账账户平时只需要结出月末余额。年终结账时，将所有总账账户结出全年发生额和年末余额，在摘要栏内注明"本年合计"字样，并在合计数下画通栏双红线。

（5）年度终了结账时，有余额的账户，要将其余额结转下年，并在摘要栏注明"结转下年"字样；在下一会计年度新建有关会计账户的第一行余额栏内填写上年结转的余额，并在摘要栏注明"上年结转"字样。

结账的具体方法如表6-15、表6-16、表6-17所示。

表6-15 应付账款明细分类账

明细科目：天地公司

20××年		凭证		摘要	借方	贷方	借或贷	余额
月	日	种类	号数					
1	1			上年结转			贷	3 000
	12	转	7	购料未付款		6 500	贷	9 500
	20	付	8	偿还货款	4 000		贷	5 500

表 6-16 原材料总分类账

20××年		凭证		摘要	对方科目	借方	贷方	借或贷	余额
月	日	种类	号数						
1	1			上年结转				借	60 000
⋮	⋮	⋮	⋮	⋮	⋮	⋮	⋮	⋮	⋮
1	31			本月合计		90 000	70 000	借	80 000
⋮	⋮	⋮	⋮	⋮	⋮	⋮	⋮	⋮	⋮
3	31			本月合计		45 000	33 000	借	57 000
⋮	⋮	⋮	⋮	⋮	⋮	⋮	⋮	⋮	⋮
12	31			本月合计		54 000	61 000	借	190 000
	31			本年合计		560 000	430 000	借	190 000
	31			结转下年					

表 6-17 ××明细分类账

明细科目：××

20××年		凭证		摘要	对方科目	借方	贷方	借或贷	余额
月	日	种类	号数						
1	4					20 000		借	20 000
⋮	⋮	⋮	⋮	⋮	⋮	⋮	⋮	⋮	⋮
1	31			本月合计		530 000	500 000	借	50 000
	31			本年累计		530 000	500 000	借	50 000
⋮	⋮	⋮	⋮	⋮	⋮	⋮	⋮	⋮	⋮
3	31			本月合计		560 000	430 000	借	80 000
	31			本年累计		1 590 000	1 540 000	借	80 000
⋮	⋮	⋮	⋮	⋮	⋮	⋮	⋮	⋮	⋮
12	31			本月合计		40 000	50 000	借	120 000
	31			本年累计		6 800 000	6 700 000	借	120 000

第五节　错账更正方法

在日常的会计核算中,可能发生各种各样的差错,产生错账,如重记、漏记、数字颠倒、数字错位、数字记错、科目记错、借贷方向记反等,从而影响会计信息的准确性。发现错账,应该按照规定的方法进行更正,不允许用挖补、涂改、刮擦、药水消除字迹等方法进行更正,也不允许撕毁重抄。

错账更正的方法,一般有以下几种:

一、划线更正法

这种方法适用于在记账以后、结账之前,如果发现账簿记录中文字或数字有错误,而记账凭证并没有错误的情况。

更正时,先在错误的文字或数字上划一红线,表示注销,然后在红线上方空白处用蓝黑或碳素墨水填写正确的文字或数字,并由记账人员在更正处盖章,以明确责任。必须注意,在划线时,如果是文字错误,可只划销个别错字;如果是数字错误,不能只划去其中个别写错的数字,而应将整个数字全部划销。划销时,还必须注意使原来的错误字迹仍可辨认,以备查考。

例 6-1　记账人员王刚在根据记账凭证登记账簿时,将 65 380 元误记为 63 580 元,记账凭证上是 65 380。更正时,应将账簿中的 63 580 全部用红线划去,而不能只划去 35,然后将正确数字 65 380 写在错误数字上方,并盖上印章。更正如下:

　　65 380　王刚

　　~~63 580~~

划线更正法也适用于更正填制记账凭证或编制财务报表时发生的错误。

二、红字更正法

这种方法适用于记账后在当年内发现由于记账凭证所列会计科目或金额发生错误,继而引起账簿记录错误的情况。具体适用于以下两种情形:

其一,记账以后,如果发现记账凭证中所记的会计科目名称错误,或者科目名称及金额均有错误,而引起账簿记录有误的,可用红字更正法更正。

更正时,先用红字金额填制一张与原错误记账凭证完全相同的记账凭证,在摘要栏中注明"注销×年×月×号凭证",并据以用红字登记入账,冲销原有的错误记录;然后再用蓝字填制一张正确的记账凭证,在摘要栏中注明"订正×年×月×号凭证",并据以登记入账。

例 6-2 以银行存款 8 000 元偿还前欠 A 单位货款。

（1）在填制记账凭证时，借方科目误记为"应收账款"，且已登记入账。记账凭证的分录如下：

借：应收账款　　　　　　　　　　　　　　　　　　　　　8 000
　　贷：银行存款　　　　　　　　　　　　　　　　　　　　　　8 000

（2）更正时，先用红字金额填制一张与原错误分录相同的记账凭证，并据以用红字金额登记入账，以冲销账簿中原有错误记录。记账凭证的分录如下：

借：应收账款　　　　　　　　　　　　　　　　　　　　　8 000
　　贷：银行存款　　　　　　　　　　　　　　　　　　　　　　8 000

（3）再用蓝字金额重新填制一张正确的记账凭证，并据以用蓝字登记入账。这样，账簿中原有的错误记录就被更正过来了。记账凭证的分录如下：

借：应付账款　　　　　　　　　　　　　　　　　　　　　8 000
　　贷：银行存款　　　　　　　　　　　　　　　　　　　　　　8 000

其二，记账以后，发现记账凭证和账簿记录中会计科目运用正确，但所记金额大于应记金额的，也可以采用红字更正法进行更正。但只需采用部分冲销的方法。

更正时，先计算出正确金额与错误金额之间的差额，然后以此差额编制一张与原记账凭证相同科目的红字金额凭证，在摘要栏注明"冲销×年×月×号凭证多记金额"，并据以用红字登记入账，就可将多记金额冲销。

例 6-3 企业基本生产车间生产产品，领用原材料 700 元。

（1）在填制记账凭证时，误将金额记为 7 000 元，且已登记入账。记账凭证的分录如下：

借：生产成本　　　　　　　　　　　　　　　　　　　　　7 000
　　贷：原材料　　　　　　　　　　　　　　　　　　　　　　　7 000

（2）更正时，应将多记金额 6 300 元（7 000−700）用红字填制一张与原错误记账凭证科目相同的记账凭证，并据以用红字登记入账，这样就可以冲销多记金额。记账凭证的分录如下：

借：生产成本　　　　　　　　　　　　　　　　　　　　　6 300
　　贷：原材料　　　　　　　　　　　　　　　　　　　　　　　6 300

三、补充登记法

这种方法适用于在记账以后，发现记账凭证和账簿记录中会计科目运用正确，但所记金额小于应记金额的情况。

更正时，只需将原记金额小于应记金额的差额，即少记金额，用蓝字填制一张原应借应贷科目的记账凭证，并在摘要栏注明"补充×年×月×号凭证少记金额"，并登记入账，这样就可将少记金额补记入账。

例 6-4 企业基本生产车间生产产品,领用原材料 5 000 元。

(1) 在填制记账凭证时,误将金额记为 500 元,且已登记入账。记账凭证的分录如下:

　　借:生产成本　　　　　　　　　　　　　　　　　　　　500
　　　　贷:原材料　　　　　　　　　　　　　　　　　　　　　500

(2) 更正时,应将少记金额 4 500 元(5 000−500)用蓝字填制一张与原错误记账凭证科目相同的记账凭证,并据以用蓝字登记入账,这样就可以补记少记金额了。记账凭证的分录如下:

　　借:生产成本　　　　　　　　　　　　　　　　　　　　4 500
　　　　贷:原材料　　　　　　　　　　　　　　　　　　　　　4 500

第六节　会计账簿的更换与保管

一、会计账簿的更换

会计账簿的更换通常在新会计年度建账时进行。总账、日记账和多数明细账应每年更换一次。变动小的部分明细账如固定资产明细账或固定资产卡片及备查账簿可以连续使用。

在进行年终结账时,需要更换的各种账簿,各账户的年末余额都要以同方向直接记入有关新账的账户中,并在新账第一行摘要栏注明"上年结转"或"年初余额"字样。新旧账簿有关账户之间的结转余额,无须编制记账凭证。

二、会计账簿的保管

会计账簿是各单位重要的经济资料,必须建立管理制度,妥善保管。

(1) 各种账簿要分工明确,指定专人管理。账簿经管人员既要负责记账、对账、结账等工作,又要负责保证账簿安全。

(2) 会计账簿未经领导和会计负责人或者有关人员批准,非经管人员不能随意翻阅查看会计账簿。会计账簿除需要与外单位核对外,一般不能携带外出;对携带外出的账簿,一般应由经管人员或会计主管人员指定专人负责。

(3) 会计账簿不能随意交与其他人员管理,以保证账簿安全和防止任意涂改账簿等问题发生。

(4) 年度终了更换并启用新账后,对更换下来的旧账要整理装订,造册归档。归档前旧账的整理工作包括:检查和补齐应办的手续,如改错盖章、注销空行及空页、结转余额等。活页账应撤出未使用的空白账页,再编定页码,装订成册。旧账装订时应注意:活页账一般按账户分类装订成册,一个账户装订成一册或数册;某些账户账页较少,也可以合并装订成一册。装订时应检查账簿扉页的内容是否填写齐全。装订后应由经办人员及装订人员、会计主管人员在封口处签名或盖章。旧账装订完毕,应当编制目录和编写移交清单,并按期移交档案部门保管。

(5)实行会计电算化的单位,满足《会计档案管理办法》第八条有关规定的,可仅以电子形式保存会计账簿,无须定期打印会计账簿;确须打印的,打印的会计账簿必须连续编号,经审核无误后装订成册,并由记账人员和会计机构负责人、会计主管人员签字或者盖章。

(6)会计账簿必须按照会计档案管理办法规定的保存年限妥善保管,不得丢失和任意销毁。保管期满后,应当按照规定进行鉴定,经鉴定可以销毁的,方可按照审批程序报经批准后销毁。

关于会计账簿的查阅、保管期限、销毁等具体要求,详见本教材第十章。

本章习题

一、单项选择题

1. ( )是会计核算的中心环节。
   A. 设置和登记账簿　　　　　　B. 进行成本计算
   C. 编制财务会计报告　　　　　D. 填制和审核会计凭证
2. 下列各账簿,必须逐日逐笔登记的是( )。
   A. 库存现金总账　　　　　　　B. 库存现金日记账
   C. 应收账款总账　　　　　　　D. 应付票据登记簿
3. "租入固定资产登记簿"属于( )。
   A. 分类账簿　　B. 序时账簿　　C. 备查账簿　　D. 卡片账簿
4. 下列做法,不符合会计账簿的记账规则的是( )。
   A. 使用圆珠笔登账
   B. 按账簿页次顺序连续登记,不得跳行隔页
   C. 登记后在记账凭证上注明已经登账的符号
   D. 账簿中书写的文字和数字一般应占格距的二分之一
5. 下列明细分类账,一般不宜采用三栏式账页格式的是( )。
   A. 应收账款明细账　　　　　　B. 应付账款明细账
   C. 实收资本明细账　　　　　　D. 原材料明细账
6. 下列说法正确的是( )。
   A. 所有账簿,每年必须更换新账

B. 账簿记录正确并不一定保证账实相符
C. 除结账和更正错账外,一律不得用红色墨水登记账簿
D. 企业应收应付账款明细账与对方单位账户记录核对属于账账核对

7. 填制记账凭证时无误,根据记账凭证登记账簿时,将 10 000 元误记为 1 000 元,已登记入账,更正时应采用( )。
  A. 划线更正法   B. 红字更正法
  C. 补充登记法   D. 更换账页法

8. 在登记账簿过程中,每一账页的最后一行及下一页第一行都要办理转页手续是为了( )。
  A. 便于查账   B. 防止遗漏
  C. 防止隔页   D. 保持记录的连续性

9. 下列账户,必须采用订本式账簿的是( )。
  A. 原材料明细账   B. 库存商品明细账
  C. 银行存款日记账   D. 固定资产登记簿

10. 企业生产车间因生产产品领用材料 90 000 元,在填制记账凭证时,将借方科目记为"制造费用"并已登记入账,应采用的错账更正方法是( )。
  A. 划线更正法   B. 红字更正法
  C. 补充登记法   D. 重填记账凭证法

11. 从银行提取现金,登记库存现金日记账的依据是( )。
  A. 库存现金收款凭证   B. 银行存款收款凭证
  C. 库存现金付款凭证   D. 银行存款付款凭证

12. "生产成本"明细账应采用( )。
  A. 三栏式 B. 多栏式 C. 数量金额式 D. 横线登记式

13. 下列明细账户,应采用贷方多栏式账页格式的是( )。
  A. 管理费用   B. 主营业务收入
  C. 本年利润   D. 应交税费——应交增值税

14. 下列登账方法,错误的是( )。
  A. 依据记账凭证逐笔登记总账
  B. 依据记账凭证和原始凭证逐日逐笔登记明细账
  C. 依据汇总原始凭证定期汇总登记库存现金日记账
  D. 依据记账凭证和汇总原始凭证逐日逐笔或定期汇总登记明细账

15. 账簿按( )不同,可分为三栏式账簿、多栏式账簿和数量金额式账簿。
  A. 用途 B. 作用 C. 账页格式 D. 外形特征

16. 账簿按( )不同,可分为订本账、活页账和卡片账。
  A. 作用 B. 账页格式 C. 用途 D. 外形特征

17. 对全部经济业务事项按照会计要素的具体类别而设置的分类账户进行登记的账簿,称为( )。
  A. 备查账簿   B. 序时账簿

C. 分类账簿 D. 三栏式账簿

18. 库存商品明细账一般都采用(　　)。
    A. 订本账簿 B. 三栏式账簿
    C. 分类账簿 D. 数量金额式账簿

19. 总账及特种日记账的外表形式应采用(　　)。
    A. 活页式 B. 卡片式 C. 订本式 D. 任意外表形式

20. "应交税费——应交增值税"明细账应采用的格式是(　　)。
    A. 借方多栏式 B. 贷方多栏式
    C. 借方贷方多栏式 D. 三栏式

21. 下列明细账,既适用于金额核算,又适用于数量核算的是(　　)。
    A. 库存商品明细账 B. 应收账款明细账
    C. 实收资本明细账 D. 制造费用明细账

22. 账簿中书写的文字和数字一般应占格距的(　　)。
    A. 1/2 B. 1/3 C. 1/4 D. 1/5

23. 卡片账一般在(　　)时采用。
    A. 固定资产总分类核算 B. 固定资产明细分类核算
    C. 原材料总分类核算 D. 原材料明细分类核算

24. 登记会计账簿的依据是(　　)。
    A. 经济业务 B. 会计凭证 C. 会计分录 D. 会计科目

25. 设置和登记账簿是(　　)的基础。
    A. 复式记账 B. 填制记账凭证
    C. 编制会计分录 D. 编制会计报表

26. 按照经济业务发生或完成时间的先后顺序逐日逐笔进行登记的账簿称为(　　)。
    A. 序时账簿 B. 总分类账簿
    C. 明细分类账簿 D. 备查账簿

27. 编制会计报表的主要依据是(　　)提供的核算信息。
    A. 日记账 B. 分类账簿 C. 备查账簿 D. 科目汇总表

28. 将账簿划分为序时账簿、分类账簿和备查账簿的依据是(　　)。
    A. 账簿的用途 B. 账页的格式
    C. 账簿的外形特征 D. 账簿的性质

29. 会计账簿在会计核算中处于重要地位,是会计核算的(　　)。
    A. 首要环节 B. 最终环节 C. 基础环节 D. 中间环节

30. 对某些在序时账簿和分类账簿等主要账簿中未能登记或登记不够详细的经济业务事项进行补充登记时使用的账簿称为(　　)。
    A. 日记账 B. 总分类账簿 C. 备查账簿 D. 联合账簿

31. 总分类账一般采用的账页格式为(　　)。
    A. 两栏式 B. 三栏式 C. 多栏式 D. 数量金额式

32. 收入明细账一般采用的账页格式为(　　)。
    A. 两栏式　　　B. 三栏式　　　C. 多栏式　　　D. 数量金额式
33. 原材料明细账一般采用的账页格式为(　　)。
    A. 两栏式　　　B. 三栏式　　　C. 多栏式　　　D. 数量金额式
34. 在账簿的两个基本栏目借方和贷方按需要分别设若干专栏的账簿称为(　　)。
    A. 三栏式账簿　　　　　　　　B. 多栏式账簿
    C. 数量金额式账簿　　　　　　D. 横线登记式账簿
35. 日记账簿一般采用(　　)形式。
    A. 订本账　　　　　　　　B. 活页账
    C. 卡片账　　　　　　　　D. 横线登记式账
36. 在启用之前就已将账页装订在一起,并对账页进行了连续编号的账簿称为(　　)。
    A. 订本账　　　B. 活页账　　　C. 卡片账　　　D. 联合式账
37. 下列账簿,一般采用活页账形式的是(　　)。
    A. 日记账　　　B. 总分类账　　　C. 明细分类账　　　D. 备查账
38. 下列账簿,可以跨年度连续使用的是(　　)。
    A. 总账　　　B. 备查账　　　C. 日记账　　　D. 多数明细账
39. 下列项目,属于账证核对内容的是(　　)。
    A. 会计账簿与记账凭证核对
    B. 原始凭证与记账凭证核对
    C. 银行存款日记账与银行对账单核对
    D. 总分类账簿与所属明细分类账簿核对
40. 下列项目,不属于账实核对内容的是(　　)。
    A. 账簿记录与原始凭证核对
    B. 库存现金日记账余额与库存现金数核对
    C. 银行存款日记账余额与银行对账单余额核对
    D. 债权债务明细账余额与对方单位的账面记录核对
41. 下列项目,不属于账账核对内容的是(　　)。
    A. 明细分类账簿之间的核对
    B. 总分类账簿与序时账簿之间的核对
    C. 会计账簿与原始凭证之间的核对
    D. 总分类账簿与所属明细分类账簿之间的核对
42. 下列对账工作,属于账实核对的是(　　)。
    A. 总分类账与日记账核对
    B. 总分类账与所属明细分类账核对
    C. 银行存款日记账与银行对账单核对
    D. 会计部门的财产物资明细账与财产物资保管部门的有关明细账相核对
43. 在结账前发现账簿记录有文字或数字错误,而记账凭证没有错误应采用

( )。
  A. 划线更正法   B. 红字更正法
  C. 补充登记法   D. 平行登记法

44. 记账后在当年内发现记账凭证所记的会计科目错误,从而引起记账错误应采用( )。
  A. 划线更正法   B. 红字更正法
  C. 补充登记法   D. 平行登记法

45. 企业开出转账支票850元购买办公用品,编制记账凭证时,误记金额为580元,科目及方向无误并已记账,应采用的更正方法是( )。
  A. 补充登记270元   B. 红字冲销270元
  C. 在凭证中划线更正   D. 把错误凭证撕掉重编

46. 下列错账,可以采用补充登记法更正的是( )。
  A. 记账后在当年内发现记账凭证所记的会计分录错误
  B. 记账后在当年内发现记账凭证所记金额大于应记金额
  C. 在结账前发现账簿记录有文字或数字错误,而记账凭证没有错误
  D. 记账后发现记账凭证填写的会计科目无误,只是所记金额小于应记金额

47. 记账凭证无误,根据记账凭证登账时,误将600元记为6 000元,应采用( )进行更正。
  A. 红字更正法   B. 补充登记法
  C. 划线更正法   D. 平行登记法

二、多项选择题

1. 下列情况,可以用红色墨水记账的有( )。
  A. 在不设借贷等栏的多栏式账页中,登记减少数
  B. 按照红字冲账的记账凭证,冲销错误记录
  C. 根据国家统一的会计制度的规定可以用红字登记的其他会计记录
  D. 在三栏式账户的余额栏前,如未印明余额方向的在余额栏内登记负数余额

2. ( )提供的核算信息是编制会计报表的主要依据。
  A. 序时账   B. 总账   C. 明细账   D. 备查账

3. 下列等式,错误的有( )。
  A. 期初余额＝本期增加发生额＋期末余额－本期减少发生额
  B. 期末余额＝本期增加发生额＋期初余额－本期减少发生额
  C. 期初余额＝本期减少发生额＋期末余额－本期增加发生额
  D. 期初余额＝本期增加发生额－期末余额－本期减少发生额

4. 下列说法,正确的有( )。
  A. 应收账款明细账应采用订本式账簿

B. 短期借款明细账应采用三栏式账页格式

C. 对账的内容包括账证核对、账账核对、账实核对

D. 多栏式明细账一般适用于成本费用、收入和利润类的明细账

5. 下列账簿,需要在每年初更换新账的有(　　)。

  A. 总账　　　　　　　　　　　B. 库存现金日记账

  C. 银行存款日记账　　　　　　D. 固定资产卡片账

6. 下列表述,正确的有(　　)。

  A. 多栏式明细账一般适用于资产类账户

  B. 在会计核算中,一般应通过财产清查进行账实核对

  C. 各种日记账、总账及资本、债权债务明细账都可采用三栏式账簿

  D. 因记账凭证错误而造成的账簿记录错误,一定要采用红字更正法进行更正

7. 会计账簿按经济用途的不同,可以分为(　　)。

  A. 序时账簿　　B. 分类账簿　　C. 联合账簿　　D. 备查账簿

8. 下列登记银行存款日记账的方法,正确的有(　　)。

  A. 使用订本账

  B. 逐日逐笔登记并逐日结出余额

  C. 业务量少的单位用银行对账单代替日记账

  D. 根据企业在银行开立的账户和币种分别设置日记账

9. 下列登记总账的方法,正确的有(　　)。

  A. 根据科目汇总表登记总账

  B. 根据明细账逐笔登记总账

  C. 根据记账凭证逐笔登记总账

  D. 根据原始凭证或汇总记账凭证登记总账

10. 会计账簿的基本内容有(　　)。

  A. 封面　　　B. 封底　　　C. 扉页　　　D. 账页

11. 库存现金日记账应根据(　　)登记。

  A. 库存现金收款凭证　　　　　B. 库存现金付款凭证

  C. 部分银行存款收款凭证　　　D. 部分银行存款付款凭证

12. 下列凭证,可以作为库存现金日记账的收入栏登记依据的有(　　)。

  A. 库存现金收款凭证　　　　　B. 库存现金付款凭证

  C. 银行存款收款凭证　　　　　D. 银行存款付款凭证

13. 下列账户,只需反映金额指标的有(　　)。

  A. "实收资本"账户　　　　　　B. "原材料"账户

  C. "库存商品"账户　　　　　　D. "短期借款"账户

14. 下列观点,正确的有(　　)。

  A. 总账必须采用订本式账簿

  B. 总分类账户提供总括核算指标

  C. 不是所有账户都需要开设明细分类账户

D. 明细分类账户提供详细、具体的核算指标

15. 下列内容,属于对账范围的有(　　)。
    A. 账簿记录与有关会计凭证的核对
    B. 库存商品明细账余额与库存商品的核对
    C. 日记账余额与有关总分类账户余额的核对
    D. 账簿记录与报表记录的核对

16. 下列对账工作,属于账账核对的有(　　)。
    A. 银行存款日记账与银行对账单的核对
    B. 应收、应付款项明细账与债权债务人账项核对
    C. 财产物资明细账与财产物资保管明细账核对
    D. 库存现金日记账余额与库存现金总账余额核对

17. 账簿按外形特征可以分为(　　)。
    A. 订本式账簿　　　　　　　B. 多栏式账簿
    C. 活页式账簿　　　　　　　D. 卡片式账簿

18. 登记会计账簿时应该做到(　　)。
    A. 一律使用蓝黑墨水钢笔书写
    B. 月末结账画线可用红色墨水笔
    C. 在某些特定条件下可使用铅笔
    D. 在规定范围内可以使用红色墨水

19. 账簿按用途不同,可分为(　　)。
    A. 序时账簿　　B. 分类账簿　　C. 辅助账簿　　D. 订本账簿

20. 订本账一般适用于(　　)。
    A. 总分类账　　　　　　　　B. 库存现金日记账
    C. 明细分类账　　　　　　　D. 银行存款日记账

21. 下列明细账,一般采用多栏式明细分类账的有(　　)。
    A. 应收账款明细账　　　　　B. 库存商品明细账
    C. 生产成本明细账　　　　　D. 本年利润明细账

22. 下列各项,可以作为登记明细账依据的有(　　)。
    A. 记账凭证　　　　　　　　B. 原始凭证
    C. 原始凭证汇总表　　　　　D. 汇总记账凭证

23. 数量金额式账簿的收入、发出和结存三大栏内,都分设(　　)三个小栏。
    A. 种类　　　B. 数量　　　C. 单价　　　D. 金额

24. 下列账簿,不能采用活页式账簿的有(　　)。
    A. 应收账款明细账　　　　　B. 应收账款总账
    C. 库存现金日记账　　　　　D. 原材料总账

25. 下列账户,只需核算金额的有(　　)。
    A. "实收资本"账户　　　　　B. "原材料"账户
    C. "应交税费"账户　　　　　D. "库存商品"账户

26. 下列账簿,可以采用三栏式的有(　　)。
    A. 日记账　　　　　　　　　B. 总分类账
    C. 资本明细账　　　　　　　D. 债权债务明细账
27. 下列账簿,一般采用多栏式的有(　　)。
    A. 收入明细账　　　　　　　B. 债权明细账
    C. 费用明细账　　　　　　　D. 债务明细账
28. 下列账簿,一般采用数量金额式的有(　　)。
    A. 原材料明细账　　　　　　B. 库存商品明细账
    C. 应收账款明细账　　　　　D. 资本明细账
29. 下列内容,属于结账工作的有(　　)。
    A. 清点库存现金
    B. 编制试算平衡表
    C. 按照权责发生制对有关账项进行调整
    D. 结算有关账户的本期发生额及期末余额
30. 记账后发现记账凭证中应借、应贷会计科目正确,只是金额发生错误,可采用的错账更正方法是(　　)。
    A. 划线更正法　　　　　　　B. 横线登记法
    C. 红字更正法　　　　　　　D. 补充登记法

三、判断题

1. 每一账页登记完毕结转下页时,应当结出本页合计数及余额,写在本页最后一行和下页第一行有关栏内,并在摘要栏内注明"过次页"和"承前页"字样。(　　)
2. 登记账簿要用蓝黑墨水或碳素墨水写,因此账簿记录中不能出现红字。(　　)
3. 会计核算中,红笔一般只在划线、改错、冲账和表示负数金额时使用。(　　)
4. 在账簿记录中有可能出现红字。(　　)
5. 登记账簿要用蓝黑墨水或碳素墨水书写,不得使用铅笔书写,但可使用钢笔或圆珠笔书写。(　　)
6. 除结账和更正错账外,一律不得用红色墨水登记账簿。(　　)
7. 序时账和分类账所提供的核算信息是编制会计报表的主要依据。(　　)
8. 对各类明细账除可采用活页账外表形式外,还可采用卡片账外表形式。(　　)
9. 凡是只进行金额核算的明细分类账户都应采用三栏式的账页格式。(　　)
10. 从银行提取现金的业务应同时根据银行存款付款凭证登记库存现金日记账和银行存款日记账。(　　)
11. 明细分类账的登记依据可能是记账凭证,也有可能是原始凭证。(　　)
12. 账簿记录正确表明账实相符。(　　)
13. 所有账簿,每年必须更换新账。(　　)

14. 各类账簿都必须直接根据记账凭证登记。( )
15. 各种总账以及资本、债权债务明细账都可以采用三栏式账簿。( )
16. 多栏式明细账一般适用于资产类账户。( )
17. 在借贷记账法下,全部总分类账户的借方发生额合计数等于全部总分类账户的贷方发生额合计数。( )
18. 设置和登记账簿是编制会计报表的基础,是连接会计凭证与会计报表的中心环节。( )
19. 应收账款明细账可以采用三栏式账页的活页账。( )
20. 原材料明细账应采用数量金额式的活页账。( )
21. 库存现金日记账和银行存款日记账,可以使用三栏式订本账。( )
22. 总分类账一般采用订本账;明细分类账一般采用活页账。( )
23. 总分类账户平时不必每日结出余额,只需每月结出月末余额。( )
24. 备查账簿不必每年更换新账,可以连续使用。( )
25. 主要账簿中未能登记或登记不详细的经济业务,可以在备查账簿中予以登记。( )
26. 账簿只是一个外在形式,账户才是它的真实内容。账簿与账户的关系是形式和内容的关系。( )
27. 凡是三栏式账簿在摘要栏和借方科目栏之间均有"对方科目"一栏。( )
28. 库存商品明细账一般都采用数量金额式账簿。( )
29. 活页账无论是在账簿登记完毕之前还是之后,账页都不固定装订在一起,而是装在活页账夹中。( )
30. 严格地说,卡片账也是一种活页账,只不过它不是装在活页账夹中,而是装在卡片箱内。( )
31. 启用会计账簿时,应当在账簿封面上写明单位名称和账簿名称,并在账簿扉页上附启用表。( )
32. 费用明细账一般均采用三栏式账簿。( )
33. 每年年初,除了少数明细账不必更换新账外,总账、日记账和大部分明细账,都必须更换新账。( )
34. 会计部门的财产物资明细账期末余额与财产物资使用部门的财产物资明细账期末余额相核对,属于账实核对。( )
35. 企业应收应付款明细账与对方单位账户记录核对属于账账核对。( )
36. 补充登记法一般适用于记账凭证所记会计科目无误,只是所记金额大于应记金额,从而引起的记账错误。( )
37. 会计人员在记账以后,若发现所依据的记账凭证中的应借、应贷会计科目有错误,则不论金额多记还是少计,均采用红字更正法进行更正。( )
38. 由于记账凭证错误而造成的账簿记录错误,应采用划线更正法进行更正。( )
39. 如果在结账前发现账簿记录有文字或数字错误,而记账凭证没有错误,则可采用

划线更正法,也可采用红字更正法。   (   )

40. 红字更正法适用于记账凭证所记会计科目错误,或者会计科目无误而所记金额大于应记金额,从而引起的记账错误。   (   )

四、业务题

(一) 练习三栏式日记账的登记方法

1. 资料:

(1) 新联工厂20××年9月15日银行存款余额为21 000元,库存现金余额为1 000元。

(2) 9月16—30日有关经济业务如下:

① 16日,开出现金支票,从银行提取现金100元。

② 16日,厂部管理人员在市内参加业务会议,报销交通费27元。

③ 17日,销售产品,售价400元,增值税税率13%,价税合计452元,收到现金,当日存入银行。

④ 19日,开出转账支票,付给万胜厂材料价款600元,增值税78元,合计678元,材料已验收入库。

⑤ 19日,向五金商店购入材料一批共计260元,取得普通发票一张,以转账支票付款,材料已验收入库。

⑥ 20日,总务科报销购买办公用品25元,付现金。

⑦ 22日,银行转来委托收款结算收款通知,收到浙江某厂承付货款22 600元。

⑧ 23日,销售产品一批,计价款6 000元,增值税780元,价税合计6 780元,款项已收存银行。

⑨ 29日,企业以银行存款支付电话费80元。

⑩ 30日,开出转账支票购置机器一台2 600元,增值税338元,共计2 938元,机器已交付车间。

2. 要求:

(1) 根据上列经济业务编制会计分录。

(2) 登记三栏式库存现金日记账和银行存款日记账。

(二) 练习三栏式总账和明细账的登记

1. 资料:玉溪厂20××年8月1日"应付账款"总分类账的期初余额为贷方80 000元,其中新星厂70 000元,佳捷厂10 000元。该厂8月份发生下列有关应付账款的结算业务:

(1) 2日,购买东吴厂甲材料10 000千克,货款50 000元,增值税6 500元,尚未支付。

(2) 3日,以银行存款归还上月欠新星厂的货款70 000元。

(3) 6日,以银行存款归还上月欠佳捷厂的货款10 000元。

（4）11日，购买新星厂乙材料20 000千克，货款40 000元，增值税5 200元，尚未支付。

（5）12日，以银行存款归还所欠东吴厂8月2日的货款56 500元。

（6）18日，购买东吴厂丙材料60 000千克，货款60 000元，增值税7 800元，尚未支付。

（7）20日，购买佳捷厂乙材料10 000千克，货款20 000元，增值税2 600元，尚未支付。

（8）22日，以银行存款归还所欠新星厂8月11日的货款45 200元。

（9）26日，以银行存款归还所欠佳捷厂8月20日的货款22 600元。

（10）30日，以银行存款预付新星厂货款20 000元。

2. 要求：

（1）根据上述经济业务编制有关记账凭证。

（2）根据有关记账凭证登记三栏式的"应付账款"总账及明细账。

（三）练习错账的更正方法

1. 资料：方圆工厂在会计核算中发生如下错误：

（1）购进原材料一批，计价款500元，增值税65元，货已验收入库，货款以银行存款支付。编制如下记账凭证，并已记入账簿：

借：固定资产　　　　　　　　　　　　　　　　　　500
　　应交税费——应交增值税（进项税额）　　　　　 65
　　贷：银行存款　　　　　　　　　　　　　　　　　　　565

（2）购进厂部办公用品690元，取得普通发票，货款以银行存款支付。编制如下记账凭证，并已记入账簿：

借：固定资产　　　　　　　　　　　　　　　　　　960
　　贷：银行存款　　　　　　　　　　　　　　　　　　　960

（3）计提本月应负担的借款利息100元。编制如下记账凭证，并已记入账簿：

借：财务费用　　　　　　　　　　　　　　　　　　100
　　贷：应付利息　　　　　　　　　　　　　　　　　　　100

（4）以现金暂付采购人员差旅费2 000元。编制如下记账凭证，并已记入账簿：

借：其他应付款　　　　　　　　　　　　　　　　2 000
　　贷：库存现金　　　　　　　　　　　　　　　　　　2 000

（5）计提本月管理部门固定资产折旧费4 000元。编制如下记账凭证，并已记入账簿：

借：制造费用　　　　　　　　　　　　　　　　　4 000
　　贷：累计折旧　　　　　　　　　　　　　　　　　　4 000

（6）假定月底结账前发现4月20日记账凭证汇总表中"应付账款"科目的贷方发生额为4 600元，而登记总账时误记为46 000元（表6-18）。

表 6-18　总账

账户名称：应付账款

20××年		凭证号数	摘要	借方	贷方	借或贷	余额
月	日						
			承前页			贷	49 000
4	10	汇4-1		90 000	167 000	贷	126 000
4	20	汇4-2		55 000	46 000	贷	117 000
4	30	汇4-3		60 000	20 000	贷	77 000

2. 要求：分析以上错误，说明应采用哪一种错账更正方法，并编制必要的会计分录。

第七章
账务处理程序

账务处理程序的意义和种类
记账凭证账务处理程序
科目汇总表账务处理程序
汇总记账凭证账务处理程序
本章习题

第一节　账务处理程序的意义和种类

一、账务处理程序的意义

账务处理程序也称会计核算组织程序或会计核算形式,是指会计凭证、会计账簿、会计报表相结合的方式,包括会计凭证和账簿的种类、格式,会计凭证与账簿之间的联系方法,由原始凭证到编制记账凭证、登记明细分类账和总分类账、编制会计报表的工作程序与方法等。具体地说,就是通过凭证、账簿、报表组织体系,按一定的步骤或程序将三者有机结合起来,最终产生并提供有用的会计信息。其中凭证组织是指会计凭证的种类、格式及各种凭证之间的关系;账簿组织是指账簿的种类、格式及各种账簿之间的关系;报表组织是指报表的种类、格式及各种报表之间的关系。上述3种组织构成了一个完整的体系,其核心是账簿组织。填制和审核会计凭证、登记会计账簿和编制会计报表是会计核算的基本环节。为保证账簿记录的正确性和完整性,通常还需要在编制会计报表之前增加一些环节,如进行账项调整和进行试算平衡等。

科学、合理地选择适用于本单位的账务处理程序,对于有效地组织会计核算具有重要意义:

(1) 有利于提高会计核算质量,及时提供经营管理所需的会计信息。会计工作涉及面广,核算资料来自四面八方,必须妥善组织、合理分工,才能使会计工作有规律地进行,防止差错,从而有利于提高会计核算质量,提供正确完整的会计信息,以满足经济管理的需要。

(2) 有利于提高会计核算工作的效率。科学合理的账务处理程序,可以实现会计工作的规范化,合理化凭证、账簿及报表之间的衔接与处理,减少不必要的手续和环节,从而有利于提高会计核算的工作效率。

(3) 有利于加强内部有关部门和人员之间的牵制和会计监督。账务处理程序规定了凭证之间、账簿之间相互联系和账务处理的步骤与方法,使各项会计工作在核算过程中受到严密控制和监督,从而有利于会计监督。

二、账务处理程序的种类

在会计实践中,不同的账簿组织、记账程序和记账方法,及其不同的结合方式,形成了不同种类的账务处理程序。不同账务处理程序其基本的框架都是一样的,如图7-1所示。

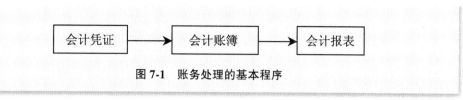

图 7-1　账务处理的基本程序

在这一基本框架内,根据登记总分类账的依据和方法不同,产生了不同的账务处理程序。一般在会计实务工作中主要采用以下 3 种账务处理程序:

(1) 记账凭证账务处理程序。
(2) 科目汇总表账务处理程序。
(3) 汇总记账凭证账务处理程序。

第二节　记账凭证账务处理程序

记账凭证账务处理程序是指对发生的经济业务事项,都要根据原始凭证或汇总原始凭证编制记账凭证,然后直接根据记账凭证逐笔登记总分类账的一种账务处理程序。

一、记账凭证账务处理程序的一般步骤

(1) 根据原始凭证编制汇总原始凭证。
(2) 根据原始凭证或汇总原始凭证编制收款凭证、付款凭证和转账凭证(也可采用通用的记账凭证)。
(3) 根据收款凭证、付款凭证逐笔登记库存现金日记账和银行存款日记账。
(4) 根据原始凭证、汇总原始凭证和记账凭证,登记各种明细分类账。
(5) 根据记账凭证逐笔登记总分类账。
(6) 期末,库存现金日记账、银行存款日记账和明细分类账的余额同有关总分类账的余额核对相符。
(7) 期末,根据总分类账和明细分类账编制会计报表。

记账凭证账务处理程序的一般步骤如图 7-2 所示。

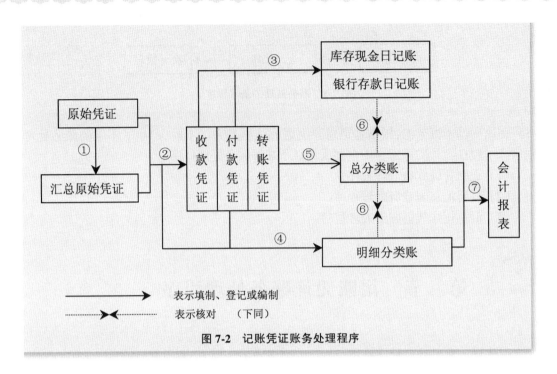

图 7-2 记账凭证账务处理程序

二、记账凭证账务处理程序的特点、优缺点及适用范围

(一) 特点

记账凭证账务处理程序的特点是直接根据各种记账凭证逐笔登记总分类账。它是基本的账务处理程序,也是其他各种账务处理程序的基础。

(二) 优缺点

记账凭证账务处理程序的优点:简单明了,易于理解,总分类账可以详细反映经济业务的发生情况。

记账凭证账务处理程序的缺点:登记总分类账的工作量较大。

(三) 适用范围

记账凭证账务处理程序只适用于一些规模较小、经济业务量较少的单位。

三、记账凭证账务处理程序举例

例 7-1 (一) 天朗公司某车间生产一种产品,20××年 3 月份有关资料如下:

1. 总账账户期初余额数据如表 7-1 所示。

表 7-1 天朗公司总分类账户期初余额表

20××年 3 月　　　　　　　　　　　　　单位:元

账户名称	期初余额	
	借　方	贷　方
库存现金	1 000	
银行存款	520 000	
应收账款	200 000	
原材料——A 材料	188 000	
——B 材料	320 000	
——C 材料	10 000	
生产成本	73 000	
制造费用		
库存商品	68 000	
周转材料		
固定资产	624 000	
累计折旧		80 000
应付账款		400 000
应交税费		60 000
应付职工薪酬		
其他应付款		250 000
主营业务收入		
主营业务成本		
销售费用		
财务费用		
管理费用		
所得税费用		
本年利润		26 000
实收资本		1 100 000
盈余公积		78 000
利润分配		10 000
合计	2 004 000	2 004 000

2. 该公司20××年3月份发生下列经济业务：

（1）2日，从海洋公司购入A材料3 000千克，价款为564 000元，增值税额为73 320元，材料已验收入库，货款尚未支付。

（2）3日，从昆明公司购入B材料1 000千克，价款为400 000元，增值税额为52 000元，材料已验收入库，货款已从存款户支付。

（3）5日，生产车间生产甲产品领用A材料2 500千克，计470 000元。

（4）6日，生产车间生产甲产品领用B材料5 000千克，计201 000元。

（5）8日，行政管理部门购买办公用品460元，取得普通发票，以库存现金付讫，购入后随即被领用。

（6）10日，销售产品一批100件给丙客户，金额为200 000元，增值税额为26 000元，货款已收到存入银行。

（7）12日，支付车间产品设计图纸费15 000元，以银行存款支付。

（8）15日，购买劳保用品8 000元，取得普通发票，以银行存款支付。

（9）16日，生产车间领用劳保用品4 000元（采用一次摊销法）。

（10）18日，支付产品展览费9 600元，以存款支付。

（11）20日，销售产品500件给甲客户，价款计500 000元，增值税额为65 000元，货款尚未收到。

（12）21日，从银行提取库存现金3 000元，以备日常开销。

（13）22日，销售甲产品800件给乙客户，价款计800 000元，增值税额为104 000元，货款已收到存入银行。

（14）22日，以库存现金支付业务招待费950元。

（15）23日，购入辅助生产用C材料20千克，每千克30元，计600元，增值税额为78元，以库存现金支付。

（16）24日，收到甲客户前欠货款100 000元，已存入银行。

（17）25日，以银行存款支付海洋公司货款620 000元，支付昆明公司货款50 000元。

（18）26日，上交本月应交增值税80 000元。

（19）27日，生产车间领用C材料10千克，计300元，供一般耗用，管理部门领用C材料5千克，计150元。

（20）28日，以银行存款支付销售产品运输费用3 500元。

（21）31日，计算本月职工工资。其中，生产工人工资114 000元，车间管理人员工资22 800元，行政管理人员工资22 800元，共计159 600元。

（22）31日，提取本月折旧19 200元，其中生产车间16 800元，行政管理部门2 400元。

（23）31日，以银行存款支付银行承兑汇票手续费180元。

（24）31日，以银行存款支付本月水电费28 000元，其中生产产品耗用26 000元，管理部门耗用2 000元。

（25）31日，结转本月制造费用。

(26) 31日,该公司仅生产甲产品,本月全部完工,结转本月完工产品成本。
(27) 31日,结转本月销售产品成本925 000元。
(28) 31日,将有关收入结转至"本年利润"账户。
(29) 31日,将有关费用结转至"本年利润"账户。
(30) 31日,计算本月应纳所得税费用额133 240元(假定该公司无纳税调整因素),并结转至"本年利润"账户(所得税税率25%)。

(二) 根据有关原始凭证编制记账凭证。业务(1)的记账凭证如表7-2所示。

表7-2 转账凭证

20××年3月2日　　　　　　　　　　　　　　　　转字第1号

摘要	一级科目	明细科目	借方金额	贷方金额	过账
从海洋公司赊购A材料	原材料	A材料	564 000		√
	应交税费	应交增值税(进项税额)	73 320		√
	应付账款	海洋公司		637 320	√
			/	/	
附件1张	合计		637 320	637 320	

会计主管:　　　记账:　　　复核:　　　制单:陈红

限于篇幅,仅以会计分录代替记账凭证,反映天朗公司3月份的全部经济业务。

(1) 3月2日　借:原材料——A材料　　　　　　　　564 000
转1　　　　　　应交税费——应交增值税(进项税额)　73 320
　　　　　　贷:应付账款——海洋公司　　　　　　　　　　637 320

(2) 3月3日　借:原材料——B材料　　　　　　　　400 000
付1　　　　　　应交税费——应交增值税(进项税额)　52 000
　　　　　　贷:银行存款　　　　　　　　　　　　　　　452 000

(3) 3月5日　借:生产成本　　　　　　　　　　　　470 000
转2　　　　贷:原材料——A材料　　　　　　　　　　　470 000

(4) 3月6日　借:生产成本　　　　　　　　　　　　201 000
转3　　　　贷:原材料——B材料　　　　　　　　　　　201 000

(5) 3月8日　借:管理费用　　　　　　　　　　　　460
付2　　　　贷:库存现金　　　　　　　　　　　　　　　460

(6) 3月10日　借:银行存款　　　　　　　　　　　226 000
收1　　　　贷:主营业务收入　　　　　　　　　　　　200 000
　　　　　　　应交税费——应交增值税(销项税额)　　　26 000

(7) 3月12日	借：制造费用		15 000
付3	贷：银行存款		15 000
(8) 3月15日	借：周转材料		8 000
付4	贷：银行存款		8 000
(9) 3月16日	借：制造费用		4 000
转4	贷：周转材料		4 000
(10) 3月18日	借：销售费用		9 600
付5	贷：银行存款		9 600
(11) 3月20日	借：应收账款		565 000
转5	贷：主营业务收入		500 000
	应交税费——应交增值税(销项税额)		65 000
(12) 3月21日	借：库存现金		3 000
付6	贷：银行存款		3 000
(13) 3月22日	借：银行存款		904 000
收2	贷：主营业务收入		800 000
	应交税费——应交增值税(销项税额)		104 000
(14) 3月22日	借：管理费用		950
付7	贷：库存现金		950
(15) 3月23日	借：原材料——C材料		600
付8	应交税费——应交增值税(进项税额)		78
	贷：库存现金		678
(16) 3月24日	借：银行存款		100 000
收3	贷：应收账款——甲客户		100 000
(17) 3月25日	借：应付账款——海洋公司		620 000
	——昆明公司		50 000
付9	贷：银行存款		670 000
(18) 3月26日	借：应交税费——应交增值税(已交税金)		80 000
付10	贷：银行存款		80 000
(19) 3月27日	借：制造费用		300
转6	管理费用		150
	贷：原材料——C材料		450
(20) 3月28日	借：销售费用		3 500
付11	贷：银行存款		3 500
(21) 3月31日	借：生产成本		114 000
转7	制造费用		22 800
	管理费用		22 800
	贷：应付职工薪酬		159 600

(22) 3月31日	借:制造费用		16 800
转8	管理费用		2 400
	贷:累计折旧		19 200
(23) 3月31日	借:财务费用		180
付12	贷:银行存款		180
(24) 3月31日	借:生产成本		26 000
付13	管理费用		2 000
	贷:银行存款		28 000
(25) 3月31日	借:生产成本		58 900
转9	贷:制造费用		58 900
(26) 3月31日	借:库存商品		942 900
转10	贷:生产成本		942 900
(27) 3月31日	借:主营业务成本		925 000
转11	贷:库存商品		925 000
(28) 3月31日	借:主营业务收入		1 500 000
转12	贷:本年利润		1 500 000
(29) 3月31日	借:本年利润		925 000
转13	贷:主营业务成本		925 000
	借:本年利润		28 760
转14	贷:管理费用		28 760
	借:本年利润		13 100
转15	贷:销售费用		13 100
	借:本年利润		180
转16	贷:财务费用		180

(30) 3月31日

所得税费用=应纳税所得额×所得税税率

　　　　　=(1 500 000-925 000-28 760-13 100-180)×25%=133 240(元)

转17	借:所得税费用		133 240
	贷:应交税费——应交所得税		133 240
转18	借:本年利润		133 240
	贷:所得税费用		133 240

(三) 根据收、付款凭证登记库存现金日记账和银行存款日记账,如表7-3、表7-4所示。

表7-3 库存现金日记账

20××年		凭证号数	摘要	收入	支出	结余
月	日					
3	1	/	月初余额			1 000
	8	付2	行政部门购办公用品		460	540
	21	付6	从银行提取库存现金	3 000		3 540
	22	付7	支付交际应酬费		950	2 590
	23	付8	购C材料		678	1 912
	31	/	本月发生额及月末余额	3 000	2 088	1 912

表7-4 银行存款日记账

20××年		凭证号数	摘要	收入	支出	结余
月	日					
3	1	/	月初余额			520 000
	3	付1	购买B材料		452 000	68 000
	10	收1	销售产品给丙客户	226 000		294 000
	12	付3	支付车间产品设计图纸费		15 000	279 000
	15	付4	购买劳保用品		8 000	271 000
	18	付5	支付广告费		9 600	261 400
	21	付6	从银行提取库存现金		3 000	258 400
	22	收2	销售产品给乙客户	904 000		1 162 400
	24	收3	收到甲客户前欠货款	100 000		1 262 400
	25	付9	付海洋、昆明公司货款		670 000	592 400
	26	付10	上交增值税		80 000	512 400
	28	付11	支付销货运费		3 500	508 900
	31	付12	支付银行手续费		180	508 720
	31	付13	支付水电费		28 000	480 720
	31	/	本月发生额及月末余额	1 230 000	1 269 280	480 720

(四) 根据原始凭证、记账凭证登记明细分类账。

以下仅通过列示"原材料——A材料"明细分类账、"制造费用"明细分类账、"生产成本"明细分类账来说明数量金额式和多栏式明细分类账的登记方法,如表7-5、表7-6、表7-7所示。至于三栏式明细分类账的登记,由于其与总分类账的登记方法相同,这里从略。

表7-5 原材料明细账

材料编号:(略)　　　　　　　　　　计量单位:千克
材料类别:(略)　　　　　　　　　　最高存量:(略)
材料名称及规格:A材料　　　　　　　最低存量:(略)

20××年		凭证号数	摘要	收入			发出			结存		
月	日			数量	单价	金额	数量	单价	金额	数量	单价	金额
3	1	/	月初余额							1 000	188	188 000
	2	转1	购入	3 000	188	564 000				4 000	188	752 000
	5	转2	领用				2 500	188	470 000	1 500	188	282 000
3	31		本月发生额及余额	3 000	188	564 000	2 500	188	407 000	1 500	188	282 000

表7-6 制造费用明细账

20××年		凭证号数	摘要	工资	折旧	设计费	物料消耗	周转材料摊销	合计
月	日								
3	12	付3	支付车间产品设计图纸费			15 000			15 000
	16	转4	周转材料摊销					4 000	4 000
	27	转6	车间一般耗用C材料				300		300
	31	转7	车间管理人员工资	22 800					22 800
	31	转8	计提折旧		16 800				16 800
	31	转12	结转制造费用	22 800	16 800	15 000	300	4 000	58 900

表7-7 生产成本明细账

产品名称:甲产品

20××年		凭证号数	摘要	直接材料	直接人工	制造费用	其他直接支出	合计
月	日							
3	1	/	月初余额	51 000	16 800	5 200		73 000
	5	转2	领用A材料	470 000				470 000
	6	转3	领用B材料	201 000				201 000
	31	转7	计算生产工人工资		114 000			114 000
	31	付13	支付水电费				26 000	26 000
	31	转9	转入制造费用			58 900		58 900
			本月合计	722 000	130 800	64 100	26 000	942 900
	31	转13	结转完工产品成本	722 000	130 800	64 100	26 000	942 900

（五）根据记账凭证登记总分类账，并编制总分类账户本期发生额及余额表，如表 7-8—表 7-32 所示。

表 7-8　库存现金

20××年		凭证号数	摘要	借方	贷方	借或贷	余额
月	日						
3	1	/	月初余额			借	1 000
	8	付2	行政部门购买办公用品		460	借	540
	21	付6	从银行提取库存现金	3 000		借	3 540
	22	付7	支付交际应酬费		950	借	2 590
	23	付8	现购C材料		678	借	1 912
	31	/	本月发生额及月末余额	3 000	2 088	借	1 912

表 7-9　银行存款

20××年		凭证号数	摘　要	收入	支出	结余
月	日					
3	1	/	月初余额			520 000
	3	付1	购买B材料		452 000	68 000
	10	收1	销售产品给丙客户	226 000		294 000
	12	付3	支付车间产品设计图纸费		15 000	279 000
	15	付4	购买劳保用品		8 000	271 000
	18	付5	支付广告费		9 600	261 400
	21	付6	从银行提取库存现金		3 000	258 400
	22	收2	销售产品给乙客户	904 000		1 162 400
	24	收3	收到甲客户前欠货款	100 000		1 262 400
	25	付9	付海洋、昆明公司货款		670 000	592 400
	26	付10	上交增值税		80 000	512 400
	28	付11	支付销货运费		3 500	508 900
	31	付12	支付银行手续费		180	508 720
	31	付13	支付水电费		28 000	480 720
	31	/	本月发生额及月末余额	1 230 000	1 269 280	480 720

表 7-10　应收账款

20××年		凭证号数	摘要	借方	贷方	借或贷	余额
月	日						
3	1	/	月初余额			借	200 000
	20	转 5	销售给甲客户	565 000		借	765 000
	24	收 3	收到甲客户前欠货款		100 000	借	665 000
	31	/	本月发生额及月末余额	565 000	100 000	借	665 000

表 7-11　原材料

20××年		凭证号数	摘要	借方	贷方	借或贷	余额
月	日						
3	1		月初余额			借	518 000
	2	转 1	从海洋公司赊购 A 材料	564 000		借	1 082 000
	3	付 1	从昆明公司现购 B 材料	400 000		借	1 482 000
	5	转 2	生产车间领用 A 材料		470 000	借	1 012 000
	6	转 3	生产车间领用 B 材料		201 000	借	811 000
	23	付 8	现购 C 材料	600		借	811 600
	27	转 6	领用 C 材料		450	借	811 150
	31	/	本月发生额及月末余额	964 600	671 450	借	811 150

表 7-12　生产成本

20××年		凭证号数	摘要	借方	贷方	借或贷	余额
月	日						
3	1	/	月初余额			借	73 000
	5	转 2	生产车间领用 A 材料	470 000		借	543 000
	6	转 3	生产车间领用 B 材料	201 000		借	744 000
	31	转 7	计算本月生产工人工资	114 000		借	858 000
	31	付 13	支付本月水电费	26 000		借	884 000
	31	转 9	转入本月制造费用	58 900		借	942 900
	31	转 10	结转完工产品成本		942 900	平	0
	31	/	本月发生额及月末余额	869 900	942 900	平	0

表 7-13　制造费用

20××年		凭证号数	摘要	借方	贷方	借或贷	余额
月	日						
3	12	付 3	支付车间产品设计图纸费	15 000		借	15 000
	16	转 4	周转材料摊销	4 000		借	19 000
	27	转 6	领用 C 材料	300		借	19 300
	31	转 7	计算车间管理人员工资	22 800		借	42 100
	31	转 8	计提本月折旧	16 800		借	58 900
	31	转 9	结转本月制造费用		58 900	平	0
	31	/	本月发生额及月末余额	58 900	58 900	平	0

表 7-14　库存商品

20××年		凭证号数	摘要	借方	贷方	借或贷	余额
月	日						
3	1		月初余额			借	68 000
	31	转 10	转入本月完工产品成本	942 900		借	1 010 900
	31	转 11	结转本月销售产品成本		925 000	借	85 900
	31	/	本月发生额及月末余额	942 900	925 000	借	85 900

表 7-15　周转材料

20××年		凭证号数	摘要	借方	贷方	借或贷	余额
月	日						
3	15	付 4	购入劳保用品	8 000		借	8 000
	16	转 4	领用并摊销		4 000	借	4 000
	31	/	本月发生额与月末余额	8 000	4 000	借	4 000

表 7-16　固定资产

20××年		凭证号数	摘要	借方	贷方	借或贷	余额
月	日						
3	1	/	月初余额			借	624 000

表 7-17　累计折旧

20××年		凭证号数	摘要	借方	贷方	借或贷	余额
月	日						
3	1	/	月初余额			贷	80 000
	31	转 8	提取本月折旧		19 200	贷	99 200
	31	/	本月发生额与月末余额		19 200	贷	99 200

表 7-18　应付账款

20××年		凭证号数	摘要	借方	贷方	借或贷	余额
月	日						
3	1	/	月初余额			贷	400 000
	2	转 1	向海洋公司赊购 A 材料		637 320	贷	1 037 320
	25	付 9	归还海洋公司货款	620 000		贷	417 320
	25	付 9	归还昆明公司货款	50 000		贷	367 320
	31	/	本月发生额与月末余额	670 000	637 320	贷	367 320

表 7-19　应付职工薪酬

20××年		凭证号数	摘要	借方	贷方	借或贷	余额
月	日						
3	31	转 7	提取本月职工薪酬		159 600	贷	159 600
	31	/	本月发生额与月末余额		159 600	贷	159 600

表 7-20　应交税费

20××年		凭证号数	摘要	借方	贷方	借或贷	余额
月	日						
3	1	/	月初余额			贷	60 000
	2	转 1	购进 A 材料进项税额	73 320		借	13 320
	3	付 1	购进 B 材料进项税额	52 000		借	65 320
	10	收 2	销售产品销项税额		26 000	借	39 320
	20	转 5	销售产品销项税额		65 000	贷	25 680
	22	收 3	销售产品销项税额		104 000	贷	129 680
	23	付 8	购进 C 材料进项税额	78		贷	129 602
	26	付 10	交纳增值税	80 000		贷	49 602
	31	转 17	计算本月应交所得税费用		133 240	贷	182 842
	31	/	本月发生额与月末余额	205 398	328 240	贷	182 842

表 7-21　其他应付款

20××年		凭证号数	摘要	借方	贷方	借或贷	余额
月	日						
3	1	/	月初余额		250 000	贷	250 000

表 7-22　主营业务收入

20××年		凭证号数	摘要	借方	贷方	借或贷	余额
月	日						
3	10	收1	销售产品给丙客户		200 000	贷	200 000
	20	转5	销售产品给甲客户		500 000	贷	700 000
	22	收2	销售产品给乙客户		800 000	贷	1 500 000
	31	转12	结转本月产品销售收入	1 500 000		平	0
	31	/	本月发生额与月末余额	1 500 000	1 500 000	平	

表 7-23　主营业务成本

20××年		凭证号数	摘要	借方	贷方	借或贷	余额
月	日						
3	31	转11	结转本月销售成本	925 000		借	925 000
	31	转13	结转本月产品销售成本		925 000	平	0
	31	/	本月发生额与月末余额	925 000	925 000	平	0

表 7-24　销售费用

20××年		凭证号数	摘要	借方	贷方	借或贷	余额
月	日						
3	18	付5	支付展览费	9 600		借	9 600
	28	付11	支付销货运费	3 500		借	13 100
	31	转15	结转		13 100	平	0
	31	/	本月发生额与月末余额	13 100	13 100	平	0

表 7-25　财务费用

20××年		凭证号数	摘要	借方	贷方	借或贷	余额
月	日						
3	31	付 12	支付银行手续费	180		借	180
	31	转 16	结转		180	平	0
	31	/	本月发生额与月末余额	180	180	平	0

表 7-26　管理费用

20××年		凭证号数	摘要	借方	贷方	借或贷	余额
月	日						
3	8	付 2	行政部门办公用品费	460		借	460
	22	付 7	支付交际应酬费	950		借	1 410
	27	转 6	行政部门领用 C 材料	150		借	1 560
	31	转 7	计算行政管理部门人员工资	22 800		借	24 360
	31	转 8	计提本月折旧	2 400		借	26 760
	31	付 13	支付水电费	2 000		借	28 760
	31	转 14	结转		28 760	平	
	31	/	本月发生额与月末余额	28 760	28 760	平	0

表 7-27　所得税费用

20××年		凭证号数	摘要	借方	贷方	借或贷	余额
月	日						
3	31	转 17	计算本月应交所得税费用	133 240		借	133 240
	31	转 18	结转		133 240	平	
	31	/	本月发生额与月末余额	133 240	133 240	平	0

表 7-28　本年利润

20××年		凭证号数	摘要	借方	贷方	借或贷	余额
月	日						
3	1	/	月初余额			贷	26 000
	31	转 12	转入本月产品销售收入		1 500 000	贷	1 526 000
	31	转 13	转入本月产品销售成本	925 000		贷	601 000
	31	转 14	转入本月管理费用	28 760		贷	572 240
	31	转 15	转入本月产品销售费用	13 100		贷	559 140
	31	转 16	转入本月财务费用	180		贷	558 960
	31	转 18	转入本月所得税费用	133 240		贷	425 720
	31	/	本月发生额与月末余额	1 100 280	1 500 000	贷	425 720

表 7-29　实收资本

20××年		凭证号数	摘要	借方	贷方	借或贷	余额
月	日						
3	1	/	月初余额			贷	1 100 000

表 7-30　盈余公积

20××年		凭证号数	摘要	借方	贷方	借或贷	余额
月	日						
3	1	/	月初余额			贷	78 000

表 7-31　利润分配

20××年		凭证号数	摘要	借方	贷方	借或贷	余额
月	日						
3	1	/	月初余额			贷	10 000

表 7-32　天朗公司总分类账户本期发生额及余额表

20××年3月　　　　　　　　　　　　　　　　　　单位:元

账户名称	期初余额		本期发生额		期末余额	
	借方	贷方	借方	贷方	借方	贷方
库存现金	1 000		3 000	2 088	1 912	
银行存款	520 000		1 230 000	1 269 280	480 720	
应收账款	200 000		565 000	100 000	665 000	
原材料	518 000		964 600	671 450	811 150	
生产成本	73 000		869 900	942 900		
制造费用			58 900	58 900		
库存商品	68 000		942 900	925 000	85 900	
周转材料			8 000	4 000	4 000	
固定资产	624 000				624 000	
累计折旧		80 000		19 200		99 200
应付账款		400 000	670 000	637 320		367 320
应交税费		60 000	205 398	328 240		182 842
应付职工薪酬				159 600		159 600
其他应付款		250 000				250 000
主营业务收入			15 000 000	15 000 000		
主营业务成本			925 000	925 000		
销售费用			13 100	13 100		
财务费用			180	180		
管理费用			28 760	28 760		
所得税费用			133 240	133 240		
本年利润		26 000	1 100 280	1 500 000		425 720
实收资本		1 100 000				1 100 000
盈余公积		78 000				78 000
利润分配		10 000				10 000
合计	2 004 000	2 004 000	22 718 258	22 718 258	2 672 682	2 672 682

(六) 根据总分类账、明细分类账编制会计报表，如表 7-33、表 7-34 所示。

表 7-33 资产负债表

编制单位：天朗公司　　　　　　20××年 3 月 31 日　　　　　　单位：元

资产	金额	负债及所有者权益	金额
流动资产：		流动负债：	
货币资金	482 632	应付账款	367 320
应收票据		应付职工薪酬	159 600
应收账款	665 000	应交税费	182 842
存货①	901 050	其他应付款	250 000
流动资产合计	2 048 682	流动负债合计	959 762
非流动资产：		所有者权益：	
固定资产	524 800	实收资本	1 100 000
非流动资产合计	524 800	盈余公积	78 000
		未分配利润②	435 720
		所有者权益合计	1 613 720
资产合计	2 573 482	负债及所有者权益合计	2 573 482

注：① 存货项目金额 901 050 元，系由"原材料 811 150 元""库存商品 85 900 元""周转材料 4 000 元"各账户期末余额合计后填列。

② 在年终决算之前各月份的资产负债表上未分配利润项目金额 435 720 元，系由"利润分配——未分配利润"年初贷方余额 10 000 元与"本年利润"账户期末贷方余额 425 720 元合计后填列。

表 7-34 利润表

编制单位：天朗公司　　　　　　20××年 3 月　　　　　　单位：元

项　目	本月数	上期数
一、营业收入	1 500 000	（略）
减：营业成本	925 000	（略）
税金及附加	/	（略）
销售费用	13 100	（略）
管理费用	28 760	（略）
财务费用	180	（略）
加：投资收益	/	（略）
二、营业利润	532 960	（略）
加：营业外收入	/	（略）

续表

项　　目	本月数	上期数
减：营业外支出	/	（略）
三、利润总额	532 960	（略）
减：所得税费用	133 240	（略）
四、净利润	399 720	（略）
五、其他综合收益的税后净额	/	（略）
六、综合收益总额	399 720	（略）
七、每股收益	/	（略）

第三节　科目汇总表账务处理程序

科目汇总表账务处理程序又称记账凭证汇总表账务处理程序，它是根据记账凭证分类定期编制科目汇总表，再根据科目汇总表登记总分类账的一种账务处理程序。

一、科目汇总表的编制方法

科目汇总表，是指根据一定时期内的全部记账凭证，按相同科目进行归类，并计算出每一总账科目本期借方、贷方发生额所编制的汇总表。

科目汇总表一般是每月汇总一次，其格式如表 7-35 所示。业务量大的单位也可以按旬汇总，每月编制一张科目汇总表，其格式如表 7-36 所示。

表 7-35　科目汇总表（格式一）

年　　月　　日至　　月　　日　　　　　　　　　　第　号

会计科目	本期发生额		总账页数	记账凭证起讫号数
	借方	贷方		
			（略）	
合计				

表 7-36　科目汇总表(格式二)

年　　月　　　　　　　　　　　　　　　第　号

会计科目	1—10日		11—20日		21—31日		合计		总账页数
	借方	贷方	借方	贷方	借方	贷方	借方	贷方	
合计									

科目汇总表的编制方法是将一定时期内的全部记账凭证按照相同科目归类，汇总计算出每一总账科目的本期借方发生额和贷方发生额合计数，并进行试算平衡。为了便于编制科目汇总表，使得在分别汇总计算其借方和贷方金额时不易发生差错，平时填制转账凭证时，应尽可能使账户的对应关系保持"一借一贷"，避免"一借多贷""一贷多借"和"多借多贷"。

二、科目汇总表账务处理程序的一般步骤

（1）根据原始凭证编制汇总原始凭证。
（2）根据原始凭证或汇总原始凭证，编制记账凭证。
（3）根据收款凭证、付款凭证逐笔登记库存现金日记账和银行存款日记账。
（4）根据原始凭证、汇总原始凭证和记账凭证，登记各种明细分类账。
（5）根据各种记账凭证编制科目汇总表。
（6）根据科目汇总表登记总分类账。
（7）期末，库存现金日记账、银行存款日记账和明细分类账的余额同有关总分类账的余额核对相符；
（8）期末，根据总分类账和明细分类账，编制会计报表。

科目汇总表账务处理程序的一般步骤，如图 7-3 所示。

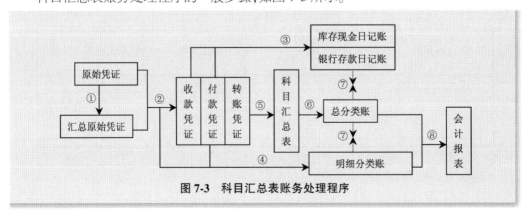

图 7-3　科目汇总表账务处理程序

三、科目汇总表账务处理程序的特点、优缺点和适用范围

（一）特点

科目汇总表账务处理程序的特点是：定期地将所有的记账凭证编制成科目汇总表，然后根据科目汇总表登记总分类账。

（二）优缺点

科目汇总表账务处理程序的优点：减轻了登记总分类账的工作量，并可做到试算平衡，简明易懂，方便易学。

科目汇总表账务处理程序的缺点：科目汇总表只反映各科目的借方本期发生额和贷方本期发生额，不能反映其对应关系，不便于查对账目。

（三）适用范围

科目汇总表账务处理程序一般适用于规模大、经济业务量较多的单位。

第四节　汇总记账凭证账务处理程序

汇总记账凭证账务处理程序是根据原始凭证或汇总原始凭证编制记账凭证，定期根据记账凭证分类编制汇总收款凭证、汇总付款凭证和汇总转账凭证，再根据汇总记账凭证登记总分类账的一种账务处理程序。

一、汇总记账凭证的编制方法

汇总记账凭证分为汇总收款凭证、汇总付款凭证和汇总转账凭证三种格式。它们分别是根据收款凭证、付款凭证和转账凭证进行定期汇总编制而成的，其格式分别如表7-37、表7-38、表7-39所示。

表 7-37　汇总收款凭证

借方科目：　　　　　　　　　　　　年　月　　　　　　　　　　　　编号：

贷方科目	金额			合计	总账页数	
	1日至10日收款凭证第　号至　号	11日至20日收款凭证第　号至　号	21日至31日收款凭证第　号至　号		借方	贷方
……	……	……	……	……	……	……
合计						

会计主管　　　　　记账　　　　　审核　　　　　填制

表 7-38　汇总付款凭证

贷方科目：　　　　　　　　　　　　年　月　　　　　　　　　　　　编号：

借方科目	金额			合计	总账页数	
	1日至10日付款凭证第　号至　号	11日至20日付款凭证第　号至　号	21日至31日付款凭证第　号至　号		借方	贷方
……	……	……	……	……	……	……
合计						

会计主管　　　　　记账　　　　　审核　　　　　填制

表 7-39　汇总转账凭证

贷方科目：　　　　　　　　　　　　年　月　　　　　　　　　　　　编号：

借方科目	金额			合计	总账页数	
	1日至10日转账凭证第　号至　号	11日至20日转账凭证第　号至　号	21日至31日转账凭证第　号至　号		借方	贷方
……	……	……	……	……	……	……
合计						

会计主管　　　　　记账　　　　　审核　　　　　填制

(一) 汇总收款凭证的编制

汇总收款凭证,是指按"库存现金"和"银行存款"科目的借方分别设置的一种汇总记账凭证。它汇总了一定时期内库存现金和银行存款的收款业务。

其编制方法是:定期(一般为每5天、10天或15天)将全部库存现金和银行存款收款凭证分别按其对应贷方科目进行归类,汇总计算出每一贷方科目发生额合计数,填入汇总收款凭证中,据以登记总分类账。

(二) 汇总付款凭证的编制

汇总付款凭证,是指按"库存现金"和"银行存款"科目的贷方分别设置的一种汇总记账凭证。它汇总了一定时期内库存现金和银行存款的付款业务。

其编制方法是:定期(一般为每5天、10天或15天)将全部库存现金和银行存款付款凭证分别按其对应借方科目进行归类,汇总计算出每一借方科目发生额合计数,填入汇总付款凭证中,据以登记总分类账。

(三) 汇总转账凭证的编制

汇总转账凭证,是指按每一贷方科目分别设置,用来汇总一定时期内转账业务的一种汇总记账凭证。

其编制方法是:定期(一般为每5天、10天或15天)将全部转账凭证按照每一账户的贷方设置并按其对应的借方科目进行归类,汇总计算出每一借方科目发生额的合计数,填入汇总转账凭证,据以登记总分类账。

为了便于填制汇总转账凭证,避免在汇总时出现重复或遗漏,平时填制转账凭证时,应尽可能使账户的对应关系保持"一借一贷"或"多借一贷",避免"一借多贷"和"多借多贷"。

编制完汇总记账凭证,于月末据以登记总分类账。根据汇总收款凭证的合计数,记入总分类账"库存现金"和"银行存款"账户的借方,以及有关账户的贷方;根据汇总付款凭证的合计数,记入总分类账"库存现金"或"银行存款"账户的贷方,以及有关账户的借方;根据汇总转账凭证的合计数,记入总分类账户设置科目的贷方,以及有关账户的借方。

汇总记账凭证的作用与科目汇总表相似,但它们的结构不同,填制的方法也不相同。汇总记账凭证是以每一账户的贷方(或借方)账户分别按相对应的借方(或贷方)账户汇总一定时期内的借贷方发生额;科目汇总表则定期汇总每一账户的本期借、贷发生额,并不按对应账户汇总。因此,汇总记账凭证能够反映各账户之间的对应关系,而科目汇总表不能反映各账户之间的对应关系。

二、汇总记账凭证账务处理程序的一般步骤

（1）根据原始凭证编制汇总原始凭证。
（2）根据原始凭证或汇总原始凭证，编制收款凭证、付款凭证和转账凭证，也可采用通用的记账凭证。
（3）根据收款凭证、付款凭证逐笔登记库存现金日记账和银行存款日记账。
（4）根据原始凭证、汇总原始凭证和记账凭证，登记各种明细分类账。
（5）根据各种记账凭证编制有关汇总记账凭证。
（6）根据各种汇总记账凭证登记总分类账。
（7）期末，库存现金日记账、银行存款日记账和明细分类账的余额同有关总分类账的余额核对相符。
（8）期末，根据总分类账和明细分类账，编制会计报表。汇总记账凭证账务处理程序的一般步骤，如图7-4所示。

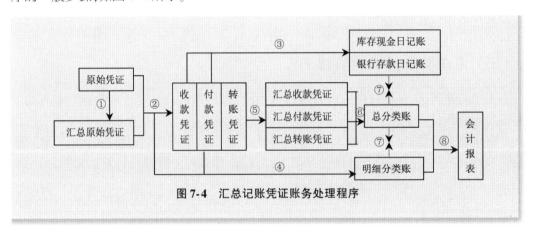

图7-4 汇总记账凭证账务处理程序

三、汇总记账凭证账务处理程序的特点、优缺点与适用范围

（一）特点

汇总记账凭证账务处理程序的特点是：定期（5天、10天或15天）将全部记账凭证按收、付款凭证和转账凭证分别归类编制成汇总记账凭证，然后再根据汇总记账凭证登记总分类账。

（二）优缺点

汇总记账凭证账务处理程序的优点：由于月终根据汇总记账凭证一次登记总分类账，因而减轻了登记总分类账的工作量；同时由于汇总记账凭证是根据一定时期内的全

部记账凭证,按照科目对应关系进行归类、汇总编制的,因而便于了解账户之间的对应关系,了解经济业务的来龙去脉,便于查对账目。

汇总记账凭证账务处理程序的缺点:由于汇总转账凭证是按每一贷方科目设置,而不是按经济业务的性质归类、汇总,因而不利于会计核算的日常分工。另外,当转账凭证较多时,编制汇总转账凭证的工作量较大。

(三) 适用范围

汇总记账凭证账务处理程序通常适用于规模大、经济业务较多的单位。

本章习题

一、单项选择题

1. 在各种不同账务处理程序中,不能作为登记总账依据的是( )。
   A. 记账凭证   B. 汇总记账凭证
   C. 汇总原始凭证   D. 科目汇总表
2. 下列凭证,不能作为登记总分类账依据的是( )。
   A. 记账凭证   B. 科目汇总表
   C. 汇总记账凭证   D. 原始凭证
3. 各种账务处理程序的主要区别是( )。
   A. 凭证格式不同   B. 设置账户不同
   C. 程序繁简不同   D. 登记总账的依据不同
4. 会计报表是根据( )资料编制的。
   A. 日记账   B. 日记账和明细账
   C. 总账和明细分类账   D. 日记账和总分类账
5. 直接根据记账凭证逐笔登记总分类账的账务处理程序是( )。
   A. 日记总账账务处理程序 B. 汇总记账凭证账务处理程序
   C. 科目汇总表账务处理程序 D. 记账凭证账务处理程序
6. 下列各项,属于记账凭证账务处理程序优点的是( )。
   A. 总分类账反映较详细   B. 减轻了登记总分类账的工作量
   C. 有利于会计核算的日常分工 D. 便于核对账目和进行试算平衡
7. 适用于规模较小、业务量不多的单位的账务处理程序是( )。
   A. 记账凭证账务处理程序 B. 科目汇总表账务处理程序
   C. 汇总记账凭证账务处理程序 D. 多栏式日记账账务处理程序

8. 记账凭证账务处理程序的特点是根据记账凭证逐笔登记(　　)。
   A. 日记账　　　　　　　　　　　B. 明细分类账
   C. 总分类账　　　　　　　　　　D. 总分类账和明细分类账

9. 采用科目汇总表会计核算形式,(　　)是其登记总账的直接依据。
   A. 汇总记账凭证　　　　　　　　B. 科目汇总表
   C. 记账凭证　　　　　　　　　　D. 原始凭证

10. 下列各项,属于记账凭证核算程序主要缺点的是(　　)。
    A. 方法不易掌握　　　　　　　　B. 登记总账的工作量较大
    C. 不能体现账户的对应关系　　　D. 不便于会计合理分工

11. (　　)核算形式是最基本的一种会计核算形式。
    A. 日记总账　　　　　　　　　　B. 汇总记账凭证
    C. 科目汇总表　　　　　　　　　D. 记账凭证

12. 记账凭证账务处理程序和汇总记账凭证账务处理程序的主要区别是(　　)。
    A. 凭证及账簿组织不同　　　　　B. 记账方法不同
    C. 记账程序不同　　　　　　　　D. 登记总账的依据和方法不同

13. 关于汇总记账凭证账务处理程序,下列说法正确的是(　　)。
    A. 能起到试算平衡的作用
    B. 能反映账户之间的对应关系
    C. 汇总付款凭证按库存现金、银行存款账户的借方设置,并按其对应的贷方账户归类汇总
    D. 汇总收款凭证按库存现金、银行存款账户的借方设置,并按其对应的借方账户归类汇总

14. 汇总记账凭证账务处理程序与科目汇总表账务处理程序的相同点是(　　)。
    A. 登记总账的依据相同　　　　　B. 记账凭证的汇总方法相同
    C. 保持了账户间的对应关系　　　D. 简化了登记总分类账的工作量

15. 关于汇总记账凭证账务处理程序,下列说法错误的是(　　)。
    A. 根据汇总记账凭证登记总账
    B. 根据原始凭证或汇总原始凭证登记总账
    C. 根据记账凭证定期编制汇总记账凭证
    D. 汇总转账凭证应当按照每一账户的贷方分别设置,并按其对应的借方账户归类汇总

16. 下列各项,属于汇总记账凭证账务处理程序主要缺点的是(　　)。
    A. 登记总账的工作量较大　　　　B. 不便于进行账目的核对
    C. 不便于体现账户间的对应关系　D. 编制汇总转账凭证的工作量较大

17. 编制汇总记账凭证时,正确的处理方法是(　　)。
    A. 汇总付款凭证按库存现金、银行存款账户的借方设置,并按其对应的贷方账户归类汇总
    B. 汇总收款凭证按库存现金、银行存款账户的贷方设置,并按其对应的借方账户

归类汇总

C. 汇总转账凭证按每一账户的借方设置,并按其对应的贷方账户归类汇总

D. 汇总转账凭证按每一账户的贷方设置,并按其对应的借方账户归类汇总

18. 为了便于填制汇总转账凭证,平时填制转账凭证时应尽可能使账户的对应关系保持( )。

    A. "一借一贷"或"一贷多借"   B. "一借一贷"或"一贷多贷"

    C. "一贷多借"或"多借多贷"   D. "一贷多贷"或"多借多贷"

19. 下列各项,属于汇总记账凭证账务处理程序优点的是( )。

    A. 便于进行分工核算   B. 总分类账户反映较详细

    C. 简化了编制凭证的工作量   D. 便于了解账户间的对应关系

20. 汇总转账凭证编制的依据是( )。

    A. 原始凭证   B. 收款凭证   C. 付款凭证   D. 转账凭证

21. 汇总转账凭证是按( )科目设置。

    A. 贷方   B. 借方   C. 借方或贷方   D. 借方和贷方

22. 汇总记账凭证账务处理程序的适用范围是( )。

    A. 规模较小、业务较少的单位   B. 规模较小、业务较多的单位

    C. 规模较大、业务较多的单位   D. 规模较大、业务较少的单位

23. 汇总记账凭证账务处理程序的特点是根据( )登记总账。

    A. 记账凭证   B. 汇总记账凭证

    C. 科目汇总表   D. 原始凭证

24. 汇总收款凭证的借方科目可能是( )。

    A. 库存现金或银行存款   B. 管理费用或制造费用

    C. 固定资产或累计折旧   D. 应付账款或长期借款

25. 对于汇总记账凭证会计核算形式,下列说法不正确的是( )。

    A. 可以简化登记总账的工作量   B. 不能体现账户之间的对应关系

    C. 汇总记账凭证的编制较为烦琐   D. 适用于规模大、业务多的单位

26. 关于记账凭证汇总表,下列表述正确的是( )。

    A. 记账凭证汇总表是一种试算平衡表

    B. 记账凭证汇总表能起到试算平衡的作用

    C. 记账凭证汇总表保留了账户之间的对应关系

    D. 记账凭证汇总表可以简化登记明细分类账的工作

27. 汇总记账凭证是依据( )编制的。

    A. 记账凭证   B. 原始凭证

    C. 原始凭证汇总表   D. 各种明细账

28. 平时在填制转账凭证时,应尽量使账户的对应关系保持"一借一贷"或"一贷多借"是( )账务处理程序的要求。

    A. 记账凭证   B. 科目汇总表

    C. 汇总记账凭证   D. 多栏式日记账

29. 科目汇总表定期汇总的是(　　)。
    A. 每一账户的本期借方发生额　　　　B. 每一账户的本期贷方发生额
    C. 每一账户的本期借、贷方发生额　　D. 每一账户本期借、贷方余额
30. 为便于科目汇总表的编制,平时填制记账凭证时,应尽可能使账户间的对应关系保持(　　)。
    A. 一借一贷　　　B. 一借多贷　　　C. 一贷多借　　　D. 多借多贷
31. 下列各项,属于科目汇总表账务处理程序优点的是(　　)。
    A. 便于进行分工核算　　　　B. 便于检查核对账目
    C. 便于进行试算平衡　　　　D. 便于反映各账户的对应关系
32. 关于科目汇总表账务处理程序,下列说法正确的是(　　)。
    A. 登记总账的直接依据是记账凭证
    B. 登记总账的直接依据是科目汇总表
    C. 编制会计报表的直接依据是科目汇总表
    D. 与记账凭证会计核算程序相比较,增加了一道编制汇总记账凭证的程序
33. 下列各项,属于科目汇总表账务处理程序缺点的是(　　)。
    A. 不便于进行试算平衡　　　　B. 增加了登记总分类账的工作量
    C. 不便于检查核对账目　　　　D. 增加了会计核算的账务处理程序
34. 编制科目汇总表的直接依据是(　　)。
    A. 原始凭证　　　　　　　　　B. 汇总原始凭证
    C. 记账凭证　　　　　　　　　D. 汇总记账凭证
35. 根据科目汇总表登记总账,在简化登记总账工作的同时也起到了(　　)的作用。
    A. 发生额试算平衡　　　　　　B. 反映账户对应关系
    C. 简化明细账工作　　　　　　D. 简化报表的编制
36. 平时在填制记账凭证时,应尽量使账户的对应关系保持"一借一贷"是(　　)的要求。
    A. 记账凭证核算形式　　　　　B. 汇总记账凭证核算形式
    C. 科目汇总表核算形式　　　　D. 多栏式日记账核算形式

二、多项选择题

1. 账务处理程序也叫会计核算程序,它是指(　　)相结合的方式。
    A. 会计凭证　　　B. 会计账簿　　　C. 会计科目　　　D. 会计报表
2. 常用的账务处理程序主要有(　　)。
    A. 记账凭证账务处理程序　　　B. 汇总记账凭证账务处理程序
    C. 科目汇总表账务处理程序　　D. 日记总账账务处理程序
3. 不同会计核算组织程序所具有的相同之处有(　　)。
    A. 编制会计报表的直接依据相同
    B. 编制记账凭证的直接依据相同

第七章 账务处理程序

C. 登记总分类账簿的直接依据相同

D. 登记明细分类账簿的直接依据相同

4. 不论哪种会计核算组织程序,在编制会计报表之前,都要进行的对账工作有( )。

A. 总分类账之间的核对

B. 明细分类账与总分类账的核对

C. 库存现金日记账与总分类账的核对

D. 银行存款日记账与总分类账的核对

5. 账簿组织包括( )。

A. 账簿的种类　　　　　　　　B. 账簿的格式

C. 账户的名称　　　　　　　　D. 账簿之间的关系

6. 在各种会计核算形式下,明细分类账可以根据( )登记。

A. 原始凭证　　　　　　　　　B. 记账凭证

C. 原始凭证汇总表　　　　　　D. 记账凭证汇总表

7. 在常见的会计核算组织程序中,共同的账务处理工作有( )。

A. 均应填制和取得原始凭证　　B. 均应编制记账凭证

C. 均应填制汇总记账凭证　　　D. 均应设置和登记总账

8. 常用的各种会计核算组织程序,它们在( )方面有共同之处。

A. 编制记账凭证的依据　　　　B. 登记日记账的依据

C. 编制会计报表的依据　　　　D. 登记总分类账的依据

9. 记账凭证账务处理程序,汇总记账凭证账务处理程序和科目汇总表账务处理程序应共同遵循的程序有( )。

A. 根据记账凭证逐笔登记总分类账

B. 根据总分类账和明细分类账的记录,编制会计报表

C. 根据原始凭证、汇总原始凭证和记账凭证登记各种明细分类总账

D. 期末,库存现金日记账、银行存款日记账和明细分类账的余额与有关总分类账的余额核对相符

10. 科学合理地选择适用于本单位的账务处理程序的意义是( )。

A. 有利于会计工作程序的规范化　　B. 有利于提高会计信息的质量

C. 有利于增强会计信息可靠性　　　D. 有利于保证会计信息的及时性

11. 适用于生产经营规模较大、业务较多的企业的账务处理程序有( )。

A. 多栏式日记账账务处理程序　　　B. 记账凭证账务处理程序

C. 汇总记账凭证账务处理程序　　　D. 科目汇总表账务处理程序

12. 各种会计核算组织程序下,登记明细账的依据可能有( )。

A. 原始凭证　　　　　　　　　B. 汇总原始凭证

C. 记账凭证　　　　　　　　　D. 汇总记账凭证

13. 在不同的会计核算组织程序下,登记总账的依据可以是( )。

A. 记账凭证　　　　　　　　　B. 汇总记账凭证

C. 科目汇总表　　　　　　　　D. 汇总原始凭证

14. 下列各项,属于记账凭证会计核算组织程序优点的有( )。
   A. 简单明了、易于理解
   B. 便于进行会计科目的试算平衡
   C. 减轻了登记总分类账的工作量
   D. 总分类账可较详细地记录经济业务发生情况

15. 在记账凭证账务处理程序下,不能作为登记总账直接依据的有( )。
   A. 原始凭证   B. 记账凭证
   C. 汇总原始凭证   D. 汇总记账凭证

16. 下列各项,属于汇总记账凭证会计核算组织程序特点的有( )。
   A. 根据原始凭证编制汇总原始凭证
   B. 根据记账凭证定期编制汇总记账凭证
   C. 根据记账凭证定期编制科目汇总表
   D. 根据汇总记账凭证登记总账

17. 为便于填制汇总转账凭证,平时填制转账凭证时,应尽可能使账户的对应关系保持( )。
   A. 一借一贷   B. 一贷多借   C. 一借多贷   D. 多借多贷

18. 为便于科目汇总表的编制,平时编制记账凭证时,应尽可能避免的账户间的对应关系是( )。
   A. 一借一贷   B. 一借多贷   C. 一贷多借   D. 多借多贷

19. 关于汇总记账凭证的编制,下列表述正确的是( )。
   A. 汇总收款凭证,应分别按库存现金、银行存款账户的借方设置,并按其对应的贷方账户归类汇总
   B. 汇总付款凭证,应分别按库存现金、银行存款账户的贷方设置,并按其对应的借方账户归类汇总
   C. 汇总收款凭证,应分别按库存现金、银行存款账户的贷方设置,并按其对应的借方账户归类汇总
   D. 汇总付款凭证,应分别按库存现金、银行存款账户的借方设置,并按其对应的贷方账户归类汇总

20. 下列各项,属于汇总记账凭证账务处理程序优点的有( )。
   A. 反映内容详细   B. 简化总账登记
   C. 手续简便   D. 能反映账户对应关系

21. 下列项目,可以根据记账凭证汇总编制的有( )。
   A. 科目汇总表   B. 汇总付款凭证
   C. 发料凭证汇总表   D. 汇总转账凭证

22. 在汇总记账凭证账务处理程序下,月末应与总账核对的内容有( )。
   A. 银行存款日记账   B. 会计报表
   C. 明细账   D. 记账凭证

23. 关于科目汇总表,下列表述正确的有(   )。
    A. 可以简化总分类账的登记工作　　B. 是一种记账凭证
    C. 能起到试算平衡的作用　　　　　D. 保留了账户之间的对应关系
24. 对于汇总记账凭证会计核算形式,下列说法错误的有(   )。
    A. 登记总账的工作量大　　　　　　B. 不能体现账户之间的对应关系
    C. 明细账与总账无法核对　　　　　D. 汇总记账凭证的编制较为烦琐
25. 汇总记账凭证是依据(   )编制的。
    A. 收款凭证　　B. 原始凭证　　C. 付款凭证　　D. 转账凭证
26. 下列各项,属于汇总记账凭证会计核算组织程序优点的有(   )。
    A. 能保持账户间的对应关系　　　　B. 便于会计核算的日常分工
    C. 能减少登记总账的工作量　　　　D. 能起到入账前的试算平衡
27. 下列各项,不属于科目汇总表账务处理程序优点的有(   )。
    A. 便于进行试算平衡　　　　　　　B. 简化登记总账的工作量
    C. 便于检查核对账目　　　　　　　D. 便于反映各账户间的对应关系
28. 下列各项,属于科目汇总表账务处理程序优点的有(   )。
    A. 反映内容详细　　　　　　　　　B. 简化总账登记
    C. 便于试算平衡　　　　　　　　　D. 能反映账户对应关系
29. 在科目汇总表账务处理程序下,不能作为登记总账直接依据的有(   )。
    A. 原始凭证　　　　　　　　　　　B. 汇总记账凭证
    C. 科目汇总表　　　　　　　　　　D. 记账凭证
30. 在科目汇总表会计核算形式下,记账凭证是用来(   )的依据。
    A. 登记库存现金日记账　　　　　　B. 登记总分类账
    C. 登记明细分类账　　　　　　　　D. 编制科目汇总表
31. 在科目汇总表账务处理程序下,月末应将(   )与总分类账进行核对。
    A. 库存现金日记账　　　　　　　　B. 银行存款日记账
    C. 明细分类账　　　　　　　　　　D. 备查账
32. 科目汇总表不是根据(   )编制的。
    A. 原始凭证　　　　　　　　　　　B. 汇总原始凭证
    C. 记账凭证　　　　　　　　　　　D. 汇总转账凭证
33. 根据科目汇总表登记总账,可以起到简化登记总账的作用,但是不能(   )。
    A. 简化报表的编制　　　　　　　　B. 反映账户对应关系
    C. 简化明细账工作　　　　　　　　D. 编制发生额试算平衡表

三、判断题

1. 各个企业的业务性质、组织规模、管理上的要求不同,企业应根据自身的特点,制定出恰当的账务处理程序。　　　　　　　　　　　　　　　　　　　　　(   )
2. 不同的凭证、账簿组织以及与之相适应的记账程序和方法相结合,构成不同的账

务处理程序。（　　）

3. 各种账务处理程序的主要区别在于登记总账的依据不同。（　　）

4. 记账凭证账务处理程序的主要特点是不直接根据各种记账凭证登记总账。（　　）

5. 记账凭证账务处理程序一般适用于规模小、业务少的单位。（　　）

6. 记账凭证会计核算形式的主要特点是将记账凭证分为收、付、转三种记账凭证。（　　）

7. 记账凭证是登记各种账簿的唯一依据。（　　）

8. 汇总记账凭证账务处理程序适合规模大、业务量多的单位。（　　）

9. 汇总转账凭证按库存现金、银行存款账户的借方设置，并按其对应的贷方账户归类汇总。（　　）

10. 汇总记账凭证账务处理程序能保持账户的对应关系，但不能减轻登记总分类账的工作量。（　　）

11. 汇总记账凭证账务处理程序既能保持账户的对应关系，又能减轻登记总分类账和明细分类账的工作量。（　　）

12. 汇总记账凭证账务处理程序的特点就是各种原始凭证汇总后填制记账凭证，并据以登记总账。（　　）

13. 为了便于填制汇总转账凭证，平时填制转账时，应尽可能使账户的对应关系保持"一借一贷"或"一借多贷"，避免"一贷多借"或"多借多贷"。（　　）

14. 汇总记账凭证一律按每一账户的借方设置，并按其对应的贷方账户归类汇总。（　　）

15. 汇总记账凭证账务处理程序的优点在于保持账户之间的对应关系。（　　）

16. 汇总记账凭证既能反映账户的对应关系，也能起到试算平衡的作用。（　　）

17. 汇总记账凭证和科目汇总表编制的依据和方法相同。（　　）

18. 科目汇总表账务处理程序能科学地反映账户的对应关系，且便于账目核对。（　　）

19. 科目汇总表账务处理程序的主要特点是根据记账凭证编制科目汇总表，并根据科目汇总表登记总账。（　　）

20. 在科目汇总表和总账中，不反映科目对应关系，因而不便于分析经济业务的来龙去脉，不便于查对账目。（　　）

21. 科目汇总表不仅可以减轻登记总分类账的工作量，还可以起到试算平衡作用。（　　）

22. 科目汇总表账务处理程序一般适用于经济业务多、规模大的单位。（　　）

23. 在编制科目汇总表时，为了便于科目归类汇总，要求所有记账凭证中的科目对应关系只能是一个借方科目与一个贷方科目相对应。（　　）

24. 科目汇总表可以反映账户之间的对应关系，但不能起到试算平衡的作用。（　　）

25. 采用科目汇总表账务处理程序，总账、明细账和日记账都应该根据科目汇总表登记。（　　）

26. 科目汇总表账务处理程序的缺点是科目汇总表只反映各科目的借方本期发生额和贷方本期发生额，不能反映其对应关系，因此，不便于查对账目。（   ）
27. 科目汇总表账务处理程序的优点是减轻了登记总分类账的工作量，并可做到试算平衡，简明易懂。（   ）
28. 财务报表是根据总分类账、明细分类账的记录定期编制的。（   ）
29. 无论采用哪种会计核算形式，企业编制财务报表的依据都是相同的。（   ）
30. 库存现金日记账和银行存款日记账不论在何种会计核算形式下，都是根据收款凭证逐日逐笔顺序登记的。（   ）
31. 在各种账务处理程序下，其登记库存现金日记账的直接依据都是相同的。（   ）
32. 同一企业可以同时采用几种不同的账务处理程序。（   ）
33. 各种账务处理程序的不同之处在于登记总账的直接依据不同。（   ）
34. 原始凭证可以作为登记各种账簿的直接依据。（   ）
35. 企业不论采用哪种会计核算形式，都必须设置日记账、总分类账和明细账。（   ）
36. 各种会计核算形式的共同点之一是编制财务报表的方法相同。（   ）

四、业务题

练习记账凭证账务处理程序。

资料：承第五章习题。

要求：

（1）设置库存现金日记账、银行存款日记账和总分类账，并登记期初余额。

（2）根据收款凭证、付款凭证登记日记账并结账。

（3）根据记账凭证登记各总分类账并结账。

第八章

财产清查

财产清查概述
财产清查的盘存制度
财产清查的方法
财产清查结果的处理
本章习题

第八章 财产清查

第一节 财产清查概述

一、财产清查的概念及分类

（一）财产清查的概念

财产清查是会计核算的方法之一。财产清查也称"盘存"，是指通过对货币资金、实物资产和往来款项等财产物资的盘点或核对，确定其实存数，查明账存数与实存数是否相符的一种会计核算方法。

（二）财产清查的原因

会计核算经过及时填制和审核会计凭证，并根据审核无误的会计凭证登记账簿，按理说账簿记录能够随时反映企业财产物资的变化情况及实有数，账实应该是相符的。但在会计实际工作中，账簿记录的资料往往与各项财产物资实有数不一致，即出现通常所谓的"账实不符"现象。造成账实不符的原因是多方面的，有客观原因，也有主观原因。概括起来，主要包括以下几方面：

(1) 在财产物资收发时，由于计量、计算和检验不准确而造成的品种、规格、数量、质量、记录上的差错。

(2) 在财产物资保管中，由于自然条件变化或其他因素造成的自然损耗或升溢。

(3) 在财产物资发生增减变化时，由于没有及时填制凭证、登记入账，或者在填制凭证、登记入账时发生重记、漏记、错记、错算等情况。

(4) 因管理不善或工作人员失误造成的财产物资损坏、变质或缺少。

(5) 发生自然灾害或意外损失。

(6) 不法分子贪污盗窃、营私舞弊造成的财产损失。

(7) 结账日账单未达或拒付等原因导致企业与其他单位之间结算款项不符。

上述账实不符的原因，少数是受自然因素影响造成的，不能完全避免，而大部分是人为因素造成的，是可以避免的。但无论是何种原因造成的账实不符，不仅影响到企业会计核算的质量，也会给企业带来不应有的损失。

因此，为了维护企业会计核算的客观性、相关性原则，保证会计资料的真实和完整，企业应当运用财产清查这一会计核算方法，一方面对清查所发现的账实不符的情况，按规定进行处理,调整账簿记录,保证账实相符,正确反映企业各项财产物资的真实情况;另一方面,针对财产清查中发现的问题,及时查明原因和责任,采取有效措施,加强管理。

(三) 财产清查的分类

1. 按清查的范围可分为全面清查和局部清查

全面清查,是指对全部财产进行盘点和核对。全面清查范围广,参加的部门人员多。一般来说,以下几种情况须进行全面清查:

(1) 年终决算前。
(2) 撤销、合并或改变隶属关系前。
(3) 中外合资、国内合资前。
(4) 股份制改造前。
(5) 开展全面的资产评估、清产核资前。
(6) 单位主要领导调离工作前等。

局部清查,是指根据需要对某一部分财产物资进行盘点和核对。局部清查范围小,内容少,涉及的人也少,但专业性较强。需要进行局部清查的情况一般有:

(1) 年度内对流动性较大的财产物资,如原材料、在产品和产成品等,应根据需要随时轮流盘点或重点抽查;对于贵重的财产物资,应每月清查盘点一次。
(2) 对于库存现金应由出纳员在每日业务终了时清查实有数,并与库存现金日记账结存数核对。
(3) 对于银行存款和银行借款,应由出纳员每月同银行核对一次。
(4) 对于债权债务,应在年度内同有关单位至少核对一至两次。在有关人员调动时,也需要进行专题清查。

2. 按清查的时间可分为定期清查和不定期清查

定期清查,是指根据管理制度的规定或预先计划安排的时间对财产所进行的清查。这种清查的对象不定,可以是全面清查也可以是局部清查。其清查的目的在于保证会计核算资料的真实正确,一般是在年末、季末或月度末结账时进行。通常情况下,年终决算前进行全面清查,季末和月末进行局部清查。

不定期清查,就是事先并未规定时间,而是根据实际需要进行临时性的清查。一般在以下情况下进行:

(1) 更换财产物资和库存现金保管人员时,要对其所保管的财产物资或现金进行清查,以明确经济责任。
(2) 发生自然灾害或意外损失时,为查明受损情况,应对受灾的有关财产物资进行清查。
(3) 上级主管部门和财政、审计、税务、银行等有关部门对企业进行检查时,应根据检查的要求和范围进行清查。
(4) 开展临时性清产核资时。

不定期清查可以是全面清查,也可以是局部清查,应根据实际需要而决定。

3. 按照清查的组织情况,可以分为内部清查和外部清查

(1) 内部清查。内部清查即企业自行组织的清查,一般在月末、年末结账时,或者更换保管人员或现金出纳时进行。

(2) 外部清查。外部清查即由上级主管部门、财税机关、审计机关、会计师事务所、保险公司、检察院等组织的财产清查。企业应协助有关部门对其进行清查。

二、财产清查的意义

(1) 通过财产清查,可以查明各项财产物资的实有数量,确定实有数量与账面数量之间的差异,查明原因和责任,以便采取有效措施,消除差异,改进工作,从而保证账实相符,提高会计资料的准确性。

(2) 通过财产清查,可以查明各项财产物资的保管情况是否良好,有无因管理不善,造成霉烂、变质、损失浪费,或者被非法挪用、贪污盗窃的情况,以便采取有效措施,改善管理,切实保障各项财产物资的安全完整。

(3) 通过财产清查,可以查明各项财产物资的库存和使用情况,合理安排生产经营活动,充分利用各项财产物资,加速资金周转,提高资金使用效果。

三、财产清查的一般程序

(1) 建立财产清查组织。

(2) 组织清查人员学习有关政策规定,掌握有关法律、法规和相关业务知识,以提高财产清查工作的质量。

(3) 确定清查对象、范围,明确清查任务。

(4) 制定清查方案,具体安排清查内容、时间、步骤、方法,以及必要的清查前准备。

(5) 清查时本着先清查数量、核对有关账簿记录等,后认定质量的原则进行。

(6) 填制盘存清单。

(7) 根据盘存清单,填制实物、往来账项清查结果报告表。

第二节 财产清查的盘存制度

对于财产物资的清查主要是确定各财产物资的账面结存数量、账面结存金额与各项财产物资的实存数量、实存金额,以确定其账存与实存是否相符,所以对各项财产物资都必须从数量上和质量上进行清查。盘存制度是指在日常会计核算中以什么方法确定各项财产物资的期末账存数。财产物资的数量要靠盘存来确定,企业财产物资的盘存制度有两种:实地盘存制和永续盘存制。

(一) 实地盘存制

1. 概念

实地盘存制也称"定期盘存制",是指通过对期末财产物资的实地盘点,确定期末财产物资数量的方法。在该方法下,各种财产物资平时在账簿中只登记增加数量和金额,不登记其减少数量和金额;月末对财产物资进行实地盘点,确定财产物资的实存数量和金额,并以盘点结果作为账存数量和金额,然后倒轧出财产物资的减少数量和金额,并据以登记有关账簿,即"以存计耗""以存计销"。

这种盘存制度可以用公式表示如下:

本期减少数 = 期初账面结存数 + 本期账面增加数 − 期末实地盘存数

实地盘存制下账簿登记情况如表 8-1 所示。

表 8-1 实地盘存制下的账簿登记

20××年		摘要	收入			发出			结存		
月	日		数量	单价	金额	数量	单价	金额	数量	单价	金额
3	1	上月结余							80	10	800
	5	购入	300	8	2 400						
	10	发出									
	17	购入	600	6	3 600						
	25	发出									
	31	合计	900		6 000	660			320		

注:本期发出数 660 = 账面期初结存数 80 + 本期账面增加数 900 − 期末实地盘存数 320

2. 优缺点及适用情况

实地盘存制的主要优点是记账简单。平时只记财产物资的增加数,不记减少数和结存数,月末汇总计算减少数,一次登记总账,从而大大简化日常核算工作量。

实地盘存制的主要缺点:一是不能随时反映财产物资的发出、结存动态信息;二是"以存计耗"或"以存计销"掩盖了一些非正常、贪污盗窃等引起的损失,影响经营成果的核算,进而影响会计核算的真实性,不利于企业加强对财产物资的管理和控制;三是不能随时结转销售或耗用财产物资的成本,只能月末定期一次结转,加大了期末会计核算工作量。

由于实地盘存制存在上述缺点,因此,企业一般不能采用这种盘存制度。实地盘存制一般只适用于一些价值低、品种杂、进出频繁的商品或材料物资。

(二) 永续盘存制

1. 概念

永续盘存制也称"账面盘存制",是指对各种财产物资进行日常核算时,通过账面记录,随时登记财产物资的增加和减少,并随时结算出其结存数量与金额,并通过财产清查,将账存数和实存数进行核对,以保证账实相符。

这种盘存制度可以用公式表示如下:

本期账面结存数 = 期初账面结存数 + 本期账面增加数 − 本期账面减少数

永续盘存制下账簿登记情况如表8-2所示。

表8-2 永续盘存制下的账簿登记

20××年		摘要	收入			发出			结存		
月	日		数量	单价	金额	数量	单价	金额	数量	单价	金额
3	1	上月结余							80	10	800
	5	购入	200	10	2 000				280	10	2 800
	10	发出				150	10	1 500	130	10	1 300
	17	购入	400	10	4 000				530	10	5 300
	25	发出				300	10	3 000	230	10	2 300
	31	合计	600	10	6 000	450	10	4 500	230	10	2 300

2. 优缺点及适用情况

永续盘存制的主要优点:一是能随时提供财产物资的收入、发出、结存动态信息;二是可以通过盘点,及时发现账实不符等情况;三是可以随时将账存数与实存数相比较,有利于进行购销决策,降低库存,加速资金周转。

永续盘存制的主要缺点是:平时财产物资明细账的核算工作量大,耗费较多的人力和物力。

和实地盘存制相比较,永续盘存制在核算的准确性方面,具有明显的优越性。因此,在实际工作中,除少数特殊情况外,企业均应采用永续盘存制。

需要指出的是,无论永续盘存制还是实地盘存制均需要进行实地盘点,但两者盘点的目的不同,前者是为了达到账实一致,后者是为了倒算出发出数。

第三节 财产清查的方法

由于各类财产物资的置存状态不同,在实际进行财产清查时,应分别不同形态的财产物资,采用相应的清查方法。

一、货币资金的清查方法

(一) 库存现金的清查

库存现金的清查,采用实地盘点的方法。即先实地盘点库存现金的实有数,然后与库存现金日记账的账面余额相核对,确定账实是否相符。

在进行库存现金清查时,为了明确经济责任,出纳员必须在场,在清查过程中不能用白条抵库,也就是不能用不具有法律效力的借条、收据等抵充库存现金。库存现金盘点后,应根据盘点的结果及与库存现金日记账核对的情况,填制库存现金盘点报告表。库存现金盘点报告表也是重要的原始凭证,它既起确定实有数的作用,又起实有数与账面数对比的作用。库存现金盘点报告表应由盘点人和出纳员共同签章方能生效。库存现金盘点报告表的一般格式如表 8-3 所示。

表 8-3 库存现金盘点报告表
年　月　日

实存金额	日记账余额	对比结果		备注
		盘盈	盘亏	

盘点人(签章):　　　　　　　　　　　出纳员(签章):

(二) 银行存款的清查

1. 银行存款的清查方法

银行存款的清查与库存现金的清查方法不同,不是采用实地盘点法,而是采用对账单法。它是指企业将其银行存款日记账与开户银行送给该企业的对账单进行逐笔核对的方法。企业在采用对账单法进行银行存款清查之前,应先检查本企业银行存款记录的完整性和余额;然后,将银行送来的对账单上所记录的银行存款收付记录与本企业银行存款日记账中登记的收付记录逐笔核对,查明银行存款的实有数额。通过核对,往往会发现银行存款对账单上的余额与本单位银行存款日记账上的余额不一致。其主要原因:一是双方在记账中可能发生错账、漏账等;二是由于未达账项的存在。如果是错账、漏账,应及时更正。

2. 未达账项

所谓未达账项是指企业与其开户银行之间对于同一项业务,由于取得凭证的时间不同,而发生的一方已取得凭证并已登记入账,但另一方由于尚未取得凭证而尚未入账的款项。

未达账项一般有以下 4 种类型:

第一种,企业已收款记账、银行尚未收款记账。例如,企业收到其他单位的转账支票。

第二种,企业已付款记账、银行尚未付款记账。例如,企业开出转账支票,而对方尚未到银行办理转账手续。

第三种,银行已收款记账、企业尚未收款记账。例如,银行支付给企业的存款利息。

第四种,银行已付款记账、企业尚未付款记账。例如,银行代企业支付公用事业费用和向企业收取的借款利息。

上述任何一种未达账项的存在,都会使企业的银行存款日记账账面余额与银行对账单余额不符。出现上述第一、第四两种情况会使银行存款日记账账面余额大于银行对账单余额;出现上述第二、第三两种情况则会使银行存款日记账账面余额小于银行对账单余额。

为了查明银行存款的实有数,检查账簿记录是否正确,企业应将银行存款日记账的发生额与银行对账单的发生额,逐笔核对,找出未达账项,并据此编制银行存款余额调节表,使双方余额取得一致。

3. 银行存款余额调节表的编制

银行存款余额调节表的编制是在企业银行存款日记账和银行对账单余额的基础上,各自加上对方已收、本单位未收的款项,减去对方已付、本单位未付的款项。消除未达账项的影响后,企业银行存款日记账的余额和银行对账单的余额应该相等。现举例说明银行存款余额调节表的格式和编制方法。

例 8-1 某企业 20××年 9 月底银行存款日记账账面余额为 206 500 元,银行对账单上的余额为 203 700 元,经查对账目,发现下列未达账项:

(1) 银行已于 9 月 29 日代该厂支付电费 2 400 元,尚未通知该厂。

(2) 该厂在 9 月 30 日收到外单位为偿还欠款交来的转账支票一张,票面金额为 5 800 元,已送存银行,但银行尚未入账。

(3) 该厂于 9 月 30 日签发转账支票一张购买材料,金额为 1 600 元,持票人未到银行办理转账结算。

(4) 该厂本季度存款利息计 3 800 元,银行结算后已入账,但该厂尚未收到存款结息通知。

根据上述未达账项,编制银行存款余额调节表,如表 8-4 所示。

表 8-4 银行存款余额调节表
20××年 9 月 30 日

单位:元

项目	金额	项目	金额
企业银行存款日记账余额	206 500	银行对账单余额	203 700
加:银行已结算存款利息	3 800	加:企业已送存	5 800
减:银行已代付电费	2 400	减:企业已签发转账支票	1 600
调节后日记账余额	207 900	调节后对账单余额	207 900

经过银行存款余额调节表调节后,如果双方的余额相等,则表明双方记账基本正确,而这个相等的金额表示企业可动用的银行存款实有数;若不符,则表示本单位及开户银行的一方或双方存在记账错误,应进一步查明原因,采用正确的方法进行更正。

需要注意的是,企业不应该也不需要根据调节后的余额调整银行存款日记账的余额,银行存款余额调节表只是一种清查工具,不能作为记账的原始凭证。对于银行已入账而企业尚未入账的未达账项,企业应在收到银行的收、付款通知后,才能据以编制记账凭证登记入账。

二、实物资产的清查方法

各种实物资产都必须从数量上和质量上进行清查。固定资产、存货等实物资产在企业资产中占有比重大,是清查工作的重点和难点。由于其数量大、品种规格繁多、计量单位不一、堆放方式不尽相同,清查的方法也不尽相同。常见方法有如下两种。

(一) 实地盘点法

实地盘点法是指在实物资产存放现场逐一清点数量或用计量仪器确定其实存数的方法。如以件或台为计量单位的产成品或机器设备,可以通过点数的方法确定实有数;又如以千克、吨等为计量单位的材料,则可以通过过秤来确定其实有数。这种方法适用范围较广,大多数财产物资的清查都适用该种方法,但是工作量大。

(二) 技术推算法

技术推算法是通过技术测算来确定实存数量的一种方法。这种方法适用于大量成堆、难以逐一清点,不便于用计量器具计量而价值又低的财产物资等,如露天堆放的煤、砂石、焦炭等。使用这种方法时,必须做到测定标准重量比较准确,整理后的形状符合规定要求。只有这样,计算出的数额才能接近实际。

为了明确经济责任,进行盘点时,实物保管人员和盘点人员必须同时在场参加盘点。

对盘点的结果,应如实地记入盘存单(其格式如表 8-5 所示),并由盘点员与实物保管员同时签章,作为各项实物资产实存数的书面证明。盘存单既是记录盘点结果的书面证明,也是反映财产物资实存数的原始凭证。

表 8-5　盘存单

单位名称：　　　　　　　　盘点时间：　　　　　　　　编号：
财产类别：　　　　　　　　存放地点：

序号	名称	规格	计量单位	实存数量	单价	金额	备注

盘点人(签章)：　　　　　　　　　　　　　　保管人(签章)：

为了进一步查明实存数与账存数是否一致,盘点结束后,财会部门应根据盘存单所列各项实物资产的盘点实存数与账面结存数相核对,并填制实存账存对比表(其格式如表 8-6 所示),也称盘盈、盘亏报告表。该表是调整账簿记录的重要原始凭证,也是分析账存与实存差异原因,明确经济责任的重要依据。

表 8-6　实存账存对比表

单位名称：　　　　　　　　　　　年　月　日

序号	名称	规格	计量单位	单价	实存		账存		盘盈		盘亏		备注
					金额	数量	金额	数量	金额	数量	金额	数量	

盘点人(签章)：　　　　　　　　　　　　　　会计(签章)：

三、往来款项的清查方法

往来款项是指单位与其他单位或个人之间的各种应收、应付账款,预收、预付账款及其他应收、应付款项。为了保证往来款项账目的正确性,并促使及时清算,防止长期拖欠,应对往来款项及时清查。

往来款项的清查一般采取发函询证的方法进行核对,即派人或以通讯的方式,向往来结算单位核实账目。清查单位应在检查本单位各项往来款项正确性的基础上,按每一往来单位编制往来款项对账单一式两份,派人或发函送达对方。对方应在回单联上加盖公章退回,表示核对相符;如经核对不符,对方应在回单联上注明情况,或者另抄账单退回,以便进一步核对。核查过程中,如有未达账项,双方都应采用调节余额的方法,如有必要,可编制应收款项或应付款项余额调节表,核对是否相符。往来款项清查结束后,应将清查结果编制往来款项清查结果报告表。

通过往来款项的清查,及时催收该收回的款项,偿还该偿付的款项;对有争议的账款要共同协商及时处理,不能协商解决的,可以通过法律途径进行调解或裁决,以减免本单位的坏账损失。对其中有财务纠纷的款项,以及无法收回或无法清偿的款项,应详细说明情况,报请财产清查小组或上级处理,结果经研究后,再按规定和批准意见处理。

第四节　财产清查结果的处理

一、财产清查结果的处理要求

对于财产清查的结果,应以国家的有关法规、制度为依据,严肃认真地处理。具体要求如下:

(一) 分析账实不符的原因和性质,提出处理建议

对于财产清查中发现的账实不符,应核定其相差数额,调查并分析产生差异的原因,明确经济责任,提出处理意见,处理方案应按规定的程序报请审批。

(二) 积极处理多余积压财产,清理往来款项

对于财产清查中发现的多余、积压物资,应分清不同情况处理。如对盲目采购或者盲目生产等原因造成的积压,一方面要积极利用或者改造出售,另一方面要停止采购或生产。

(三) 总结经验教训,建立健全各项管理制度

对于财产清查中发现的问题和不足,应总结经验教训,采取必要措施,建立健全财产管理制度,进一步提高财产管理水平。

(四) 及时调整账簿记录,保证账实相符

对于财产清查中发现的盘盈或盘亏,应及时根据清查中取得的原始凭证编制记账凭证,调整账面记录,以保证账实相符,同时反映待处理财产损溢的发生额。

二、财产清查结果的处理步骤和方法

(一) 财产清查结果的处理步骤

在财产清查后若发现账实不符,进行账务处理时一般分两个步骤进行:

(1) 审批之前的处理。根据盘存单、实存账存对比表等资料,编制会计分录,在账簿上如实反映,使各项财产物资的账存数同实存数完全一致。同时,根据企业的管理权限,将处理建议报股东大会或董事会,或经理(厂长)会议或类似机构批准。

(2) 审批之后的处理。经批准后根据差异发生的原因和批准处理意见,进行差异处理,调整账项,并据以登记有关账簿。

(二) 财产清查结果的账务处理方法

1. 账户设置

在财产清查中,如果发现某项财产物资由于计量不准、手续不完备等原因造成的实存数大于账存数,称为盘盈;如果发现某项财产物资由于计量不准、自然灾害等原因造成的实存数小于账存数,称为盘亏或毁损。

为了核算和监督企业在财产清查中出现的盘盈、盘亏和毁损及其处理情况,应设置"待处理财产损溢"账户,下设"待处理流动资产损溢"和"待处理固定资产损溢"两个明细科目。"待处理财产损溢"账户属双重性质账户,该账户借方登记发生的盘亏、毁损数以及经批准转销的盘盈数;贷方登记发生的盘盈数以及经批准转销的盘亏、毁损数。期末如为借方余额,表示尚待处理的净损失,如为贷方余额,表示尚待处理的净溢余。

如果财产清查发现账实不符,则应及时查明原因,写出书面报告,并根据企业的管理权限,经股东大会或董事会,或经理(厂长)会议或类似机构批准后,在期末结账前处理完毕。会计年度终了,该账户无余额。如在期末结账前尚未经批准的,在对外提供财务会计报告时先按有关规定进行处理,并在会计报表附注中做出说明;如果其后批准处理的金额与已处理的金额不一致,应按其差额调整会计报表相关项目的年初数。

"待处理财产损溢"账户的基本结构如图 8-1 所示。

借方	待处理财产损溢	贷方
期初余额:尚待处理的净损失数		期初余额:尚待处理的净溢余数
发生额:盘亏、毁损数或经批准转销的盘盈数		发生额:盘盈数或经批准转销的盘亏、毁损数
期末余额:尚待处理的净损失数		期末余额:尚待处理的净溢余数

图 8-1 "待处理财产损溢"账户的结构

2. 账务处理

(1) 存货盘盈、盘亏和毁损的账务处理。

① 存货盘盈。发现存货盘盈后,应调整存货账面记录,借记有关存货类账户,贷记"待处理财产损溢"账户。经审批后,再冲减管理费用,借记"待处理财产损溢"账户,贷记"管理费用"账户。

例 8-2 某企业经财产清查,发现盘盈钢材 5 000 元,经查明是由于收发计量上的差错所致。

审批前,应根据实存账存对比表所确定的钢材盘盈数额:

借:原材料　　　　　　　　　　　　　　　　　　　　　5 000
　　贷:待处理财产损溢——待处理流动资产损溢　　　　　5 000

审批后,经有关部门批准,冲减管理费用:

借:待处理财产损溢——待处理流动资产损溢　　　　　　5 000
　　贷:管理费用　　　　　　　　　　　　　　　　　　　5 000

② 存货盘亏和毁损。发现盘亏、毁损的存货,在报批前,应先借记"待处理财产损溢"账户,贷记有关存货类账户,使账实相符。按管理权限报经批准后,应视不同情况,分别进行处理:

属于定额内的自然损耗,按规定计入管理费用。

属于超定额损耗,能确定过失人的,应由过失人赔偿;属于保险责任范围的,应向保险公司索赔;扣除过失人或保险公司的赔款和残料价值后,将净损失计入管理费用。

属于自然灾害或意外事故造成的非常损失,扣除保险公司的赔款和残料价值后,将净损失计入营业外支出。

例 8-3 某企业在财产清查中发现,甲种产成品盘亏毁损 9 000 元。其中 500 元属定额内损耗;属于保管人员失职造成的损失 1 500 元,应责成过失人赔偿;由于火灾引起的损失价值 7 000 元,收回材料价值 300 元,已入库,保险公司已经核实同意赔偿总价值的 80%。假设不考虑增值税。

审批前:

借:待处理财产损溢——待处理流动资产损溢　　　　　　9 000
　　贷:库存商品——甲　　　　　　　　　　　　　　　　9 000

审批后:

借:管理费用　　　　　　　　　　　　　　　　　　　　　500
　　其他应收款——保管员　　　　　　　　　　　　　　1 500
　　　　　　　——保险公司　　　　　　　　　　　　　5 600
　　原材料　　　　　　　　　　　　　　　　　　　　　　300
　　营业外支出　　　　　　　　　　　　　　　　　　　1 100
　　贷:待处理财产损溢——待处理流动资产损溢　　　　　9 000

(2) 固定资产盘盈和盘亏的账务处理。

① 固定资产盘盈。发现固定资产盘盈,应作为前期差错处理。盘盈的固定资产,应按以下规定确定其入账价值:如果同类或类似固定资产存在活跃市场的,按同类或类似

固定资产的市场价格减去按该项资产的新旧程度估计的价值损耗后的余额,作为入账价值;如果同类或类似固定资产不存在活跃市场的,按该项固定资产的预计未来现金流量的现值,作为入账价值。企业应按上述规定确定的入账价值,借记"固定资产"账户,贷记"以前年度损益调整"账户。

② 固定资产盘亏。固定资产盘亏时,应按其账面价值借记"待处理财产损溢"账户,按其已提折旧额借记"累计折旧"账户,按其账面原价贷记"固定资产"账户。按管理权限报经批准后处理时,借记"营业外支出"账户,贷记"待处理财产损溢"账户。

例 8-4 某企业在财产清查中,发现短缺机器一台,账面原价 30 000 元,已提折旧 28 000 元,经批准,转作营业外支出处理。假设不考虑增值税。

审批前:
借:待处理财产损溢——待处理固定资产损溢　　　　　　2 000
　　累计折旧　　　　　　　　　　　　　　　　　　　　28 000
　　　贷:固定资产　　　　　　　　　　　　　　　　　　　　30 000
审批后:
借:营业外支出　　　　　　　　　　　　　　　　　　　2 000
　　　贷:待处理财产损溢——待处理固定资产损溢　　　　　　2 000

本章习题

一、单项选择题

1. 月末企业银行存款日记账余额为 210 000 元,银行对账单余额为 200 000 元,经过未达账项调节后的余额为 190 000 元,则对账日企业可以动用的银行存款实有数额为(　　)元。
　　A. 190 000　　　B. 200 000　　　C. 210 000　　　D. 不能确定

2. 财产清查中发现盘盈机器 1 台,其市场价格为 50 000 元,估计八成新,则该固定资产的入账价值为(　　)元。
　　A. 40 000　　　B. 50 000　　　C. 80 000　　　D. 90 000

3. 在财产清查中发现盘亏一台设备,其账面原值为 100 000 元,已提折旧 30 000 元,则该企业记入"待处理财产损溢"账户的金额是(　　)。假设不考虑增值税。
　　A. 30 000　　　B. 70 000　　　C. 100 000　　　D. 130 000

4. 财产清查是用来检查(　　)的一种专门方法。
　　A. 账实是否相符　　　　　　　　B. 账账是否相符
　　C. 账表是否相符　　　　　　　　D. 账证是否相符

5. 对于清查大量堆积的沙石,一般采用(　　)方法进行清查。
　　A. 实地盘点　　B. 抽查检验　　C. 查询核对　　D. 技术推算盘点
6. 在实际工作中,企业一般以(　　)作为财产物资的盘存制度。
　　A. 收付实现制　B. 权责发生制　C. 永续盘存制　D. 实地盘存制
7. 对各项财产物资的增减数都必须根据有关凭证逐笔或逐日登记有关账簿并随时结出账面余额的方法称为(　　)。
　　A. 永续盘存制　B. 实地盘存制　C. 权责发生制　D. 收付实现制
8. 企业通过实地盘点法确定期末存货的数量,然后倒推出本期发生存货的数量,这种处理制度称为(　　)。
　　A. 权责发生制　B. 收付实现制　C. 账面盘存制　D. 实地盘存制
9. 银行存款余额调节表中调节后的余额是(　　)。
　　A. 银行存款账面余额
　　B. 银行方面的账目余额
　　C. 对账单余额与日记账余额的平均数
　　D. 对账日企业可以动用的银行存款实有数额
10. "待处理财产损溢"账户未转销的借方余额表示(　　)。
　　A. 等待处理的财产盘盈
　　B. 等待处理的财产盘亏
　　C. 尚待批准处理的财产盘盈数大于尚待批准处理的财产盘亏和毁损数的差额
　　D. 尚待批准处理的财产盘盈数小于尚待批准处理的财产盘亏和毁损数的差额
11. "待处理财产损溢"账户的贷方余额表示(　　)。
　　A. 发生的待处理财产盘亏、毁损数
　　B. 转销已批准处理的财产盘盈数
　　C. 尚待批准处理的财产盘盈数大于尚待批准处理的财产盘亏毁损数的差额
　　D. 尚待批准处理的财产盘亏毁损数大于尚待批准处理的财产盘盈数的差额
12. 盘盈的固定资产,一般记入(　　)账户。
　　A. 资本公积　　　　　　　　　B. 其他业务收入
　　C. 营业外收入　　　　　　　　D. 以前年度损益调整
13. 对盘亏的固定资产净损失经批准后可记入(　　)账户的借方。
　　A. 制造费用　B. 生产成本　C. 营业外支出　D. 管理费用
14. 对银行存款进行清查时,应将(　　)与银行对账单逐笔核对。
　　A. 银行存款总账　　　　　　　B. 银行存款日记账
　　C. 银行支票备查簿　　　　　　D. 库存现金日记账
15. 银行存款清查中发现的未达账项应编制(　　)来检查调整后的余额是否相等。
　　A. 对账单　　　　　　　　　　B. 实存账存对比表
　　C. 盘存单　　　　　　　　　　D. 银行存款余额调节表
16. 库存现金清查的方法是(　　)。
　　A. 实地盘点法　B. 核对账目法　C. 技术推算法　D. 发函询证法

第八章 财产清查

17. 现金出纳每天工作结束前都要将库存现金日记账结清并与库存现金实存数核对,这属于(　　)。
    A. 账账核对　　B. 账证核对　　C. 账实核对　　D. 账表核对

18. 库存现金盘点时发现短缺,则应借记的会计科目是(　　)。
    A. 库存现金　　B. 其他应付款　　C. 其他应收款　　D. 待处理财产损溢

19. 库存现金清查中,对无法查明原因的长款,经批准应记入(　　)。
    A. 其他应收款　　B. 其他应付款　　C. 营业外收入　　D. 管理费用

20. 库存现金清查盘点时,(　　)必须在场。
    A. 记账人员　　B. 出纳人员　　C. 单位领导　　D. 会计主管

21. 对实物资产进行清查盘点时,(　　)必须在场。
    A. 实物保管员　　B. 记账人员　　C. 会计主管　　D. 单位领导

22. 一般来说,在企业撤销、合并和改变隶属关系时,应对财产进行(　　)。
    A. 定期清查　　B. 局部清查　　C. 实地盘点　　D. 全面清查

23. 某企业部分厂房遭受火灾后,对其受损的财产物资进行的清查,属于(　　)。
    A. 局部清查和定期清查　　B. 局部清查和不定期清查
    C. 全面清查和定期清查　　D. 全面清查和不定期清查

24. 现金出纳人员发生变动时,应对其保管的库存现金进行清查,这种财产清查属于(　　)。
    A. 全面清查和定期清查　　B. 局部清查和不定期清查
    C. 全面清查和不定期清查　　D. 局部清查和定期清查

25. 单位主要领导调离工作岗位前进行的财产清查,属于(　　)。
    A. 重点清查　　B. 全面清查　　C. 局部清查　　D. 定期清查

26. 单位临时性清产核资所进行的清查按时间分类,属于(　　)。
    A. 全面清查　　B. 局部清查　　C. 定期清查　　D. 不定期清查

27. 财产物资的经管人员发生变动时,应对其经管的那部分财产进行清查,这种清查属于(　　)。
    A. 局部清查和定期清查　　B. 局部清查和不定期清查
    C. 全面清查和定期清查　　D. 全面清查和不定期清查

28. 下列情况,宜采用局部清查的是(　　)。
    A. 年终决算前进行的清查
    B. 企业清产核资时进行的清查
    C. 企业更换原材料保管人员时的清查
    D. 企业改组为股份制试点企业进行的清查

29. 下列情况,应进行局部清查的是(　　)。
    A. 年终决算前　　B. 单位撤销、合并
    C. 单位改制　　D. 更换实物保管员

30. 对财产清查结果进行正确账务处理的主要目的是保证(　　)。
    A. 账表相符　　B. 账账相符　　C. 账证相符　　D. 账实相符

31. 在财产清查中,实物盘点的结果应如实登记在(　　)中。
    A. 盘存单　　　　　　　　　　B. 账存实存对比表
    C. 对账单　　　　　　　　　　D. 盘盈盘亏报告表

32. 账存实存对比表是一种(　　)。
    A. 备查账簿　　B. 记账凭证　　C. 会计账簿　　D. 原始凭证

33. 下列记录,可作为调整账面数字的原始凭证的是(　　)。
    A. 盘存单　　　　　　　　　　B. 实存账单对比表
    C. 银行存款余额调节表　　　　D. 往来款项对账单

34. 下列各项,采用与对方核对账目的方法清查的是(　　)。
    A. 固定资产　　B. 原材料　　C. 往来款项　　D. 无形资产

35. 在企业与银行双方记账无误的情况下,银行存款日记账与银行对账单余额不一致是由于有(　　)存在。
    A. 应收账款　　B. 应付账款　　C. 固定资产　　D. 未达账项

36. 对于应收账款进行清查应采用的方法是(　　)。
    A. 技术推算法　B. 实地盘点法　C. 抽查法　　　D. 询证核对法

37. 对原材料、库存商品盘点后应编制(　　)。
    A. 实存账存对比表　　　　　　B. 盘存单
    C. 余额调节表　　　　　　　　D. 对账单

38. 在财产清查中发现库存材料实存数小于账面数,其原因为自然损耗所致,经批准后,会计人员应列作(　　)处理。
    A. 增加营业外收入　　　　　　B. 增加管理费用
    C. 减少管理费用　　　　　　　D. 增加营业外支出

39. 下列项目,会使银行日记账与银行对账单两者余额不一致的是(　　)。
    A. 未达账项　　　　　　　　　B. 银行对账单记账有误
    C. 单位银行存款日记账记账有误　D. 以上三项都有可能

40. 对企业与其开户银行之间的未达账项,进行账务处理的时间是(　　)。
    A. 查明未达账项时　　　　　　B. 编好银行存款余额调节表时
    C. 收到银行对账单时　　　　　D. 实际收到有关结算凭证时

二、多项选择题

1. 使企业银行存款日记账的余额小于银行对账单余额的未达账项有(　　)。
    A. 企业已收款记账而银行尚未收款记账
    B. 企业已付款记账而银行尚未付款记账
    C. 银行已收款记账而企业尚未收款记账
    D. 银行已付款记账而企业尚未付款记账

2. 关于银行存款余额调节表,下列说法正确的有(　　)。
    A. 该表是通知银行更正错误的依据

B. 该表是更正本单位银行存款日记账记录的依据
　　C. 该表不能够作为调整本单位银行存款日记账记录的原始凭证
　　D. 调节后的余额表示企业可以实际动用的银行存款数额
3. 企业编制银行存款余额调节表,在调整银行存款日记账余额时,应考虑的情况有(　　)。
　　A. 企业已收银行未收　　　　　B. 银行已收企业未收
　　C. 银行已付企业未付　　　　　D. 企业已付银行未付
4. 银行存款日记账余额与银行对账单余额不一致,原因可能是(　　)。
　　A. 银行存款日记账有误　　　　B. 银行记账有误
　　C. 存在未达账项　　　　　　　D. 存在未付款项
5. 发生下列(　　)事项需要对财产物资进行不定期的局部清查。
　　A. 库存现金、财产物资保管人员更换时　B. 企业改变隶属关系时
　　C. 发生非常灾害造成财产物资损失时　　D. 企业进行清产核资时
6. 财产清查按清查的时间可分为(　　)。
　　A. 定期清查　　B. 不定期清查　　C. 全面清查　　D. 局部清查
7. 财产清查按清查的对象和范围可分为(　　)。
　　A. 定期清查　　B. 不定期清查　　C. 全面清查　　D. 局部清查
8. (　　)情况下,企业应对其财产进行全面清查。
　　A. 年终决算前　　　　　　　　B. 企业进行股份制改制前
　　C. 企业破产　　　　　　　　　D. 更换出纳人员
9. (　　)的清查宜采用发函询证的方法。
　　A. 应收账款　　B. 应付账款　　C. 预付账款　　D. 存货
10. 由于仓库保管员变动对其保管的全部存货进行盘点属于(　　)。
　　A. 定期清查　　B. 不定期清查　　C. 全面清查　　D. 局部清查
11. 下列情形,应该对财产进行不定期清查的有(　　)。
　　A. 发现库存现金被盗　　　　　B. 与其他企业合并
　　C. 年终决算时　　　　　　　　D. 自然灾害造成部分财产损失
12. 企业实行租赁经营时,为核实自有资产分清责任所进行的物资清查,属于(　　)。
　　A. 全面清查　　B. 局部清查　　C. 不定期清查　　D. 定期清查
13. 按财产清查的范围和时间不同,可将财产清查分为(　　)。
　　A. 全面定期清查　　　　　　　B. 全面不定期清查
　　C. 局部定期清查　　　　　　　D. 局部不定期清查
14. 单位年终决算时进行的清查属于(　　)。
　　A. 全面清查　　B. 局部清查　　C. 定期清查　　D. 不定期清查
15. 常用的实物资产的清查方法包括(　　)。
　　A. 技术推算法　　　　　　　　B. 实地盘点法
　　C. 函证核对法　　　　　　　　D. 账目核对法

16. 采用技术推算法清查的实物资产应具备的特点有（   ）。
    A. 数量大   B. 逐一清点有困难
    C. 不便于采用计量器具计量   D. 价值低
17. 财产物资的盘存制度有（   ）。
    A. 权责发生制   B. 收付实现制
    C. 实地盘存制   D. 永续盘存制
18. 下列记录,可以作为调整账面数字的原始凭证的有（   ）。
    A. 盘存单   B. 银行存款余额调节表
    C. 盘盈盘亏报告表   D. 库存现金盘点报告表
19. 对于盘存、毁损的存货,经批准后进行账务处理时,可能涉及的借方账户有（   ）。
    A. 原材料   B. 营业外支出   C. 管理费用   D. 其他应收款
20. 下列资产,可以采用实地盘存法进行清查的有（   ）。
    A. 库存现金   B. 原材料   C. 银行存款   D. 固定资产
21. 下列业务,需要通过"待处理财产损溢"账户核算的有（   ）。
    A. 库存现金短缺   B. 原材料盘亏
    C. 发现账外固定资产   D. 应收账款无法收回
22. 与"待处理财产损溢"账户借方发生对应关系的账户可能有（   ）。
    A. 原材料   B. 固定资产   C. 应收账款   D. 营业外收入
23. "待处理财产损溢"账户借方登记的是（   ）。
    A. 等待批准处理的财产盘亏、损毁   B. 经批准转销的财产盘亏、损毁
    C. 等待批准处理的财产盘盈   D. 经批准转销的财产盘盈
24. 固定资产盘亏的核算业务涉及的账户有（   ）。
    A. 营业外收入   B. 其他应付款
    C. 累计折旧   D. 待处理财产损溢
25. 下列情况,可能造成账实不符的有（   ）。
    A. 财产收发计量不准   B. 管理不善
    C. 未达账项   D. 账簿记录发生差错
26. 财产清查的作用包括（   ）。
    A. 保护各项财产的安全完整
    B. 保证账簿记录的正确性
    C. 挖掘财产物资的潜力,加速资金周转
    D. 保证会计资料的真实可靠

三、判断题

1. 账实不符是财产管理不善或会计人员水平不高等原因引起的。（   ）
2. 从财产清查的对象和范围看,全面清查只有在年终进行。（   ）

第八章
财产清查

3. 对仓库中的所有存货进行盘点属于全面清查。（ ）
4. 无论采用哪种盘存制度，都应该对物资进行定期或不定期的清查盘点，但清查的目的和作用是不同的。（ ）
5. 不定期财产清查一般在结账以后进行。（ ）
6. 全面清查是对企业所有财产物资进行全面的盘点和核对，包括各种在途材料，委托外单位加工、保管的材料。（ ）
7. 单位撤销、合并或改变隶属关系、更换财产物资保管人员时，需要进行全面清查。（ ）
8. 永续盘存制是以耗计存或以销计存，一般适用于一些价值低、品种杂、进出频繁的商品或材料物资。（ ）
9. 对于价值低、品种杂、进出频繁的商品或材料应采用实地盘存制。（ ）
10. 永续盘存制与实地盘存制都是确定各项实物资产账面结存数量的方法。（ ）
11. 永续盘存制下，可以通过存货明细账的记录随时结出存货的结存数量，故不需要对存货进行盘点。（ ）
12. 先确定期末库存存货成本，后确定本期发生存货成本的方法，称为实地盘存制。（ ）
13. 企业采用永续盘存制对存货进行核算时，在期末必须对存货进行实地盘点，否则无法确定本期发出存货成本。（ ）
14. 采用永继盘存制度，对财产物资也必须进行定期或不定期的清查盘点。（ ）
15. 只有在实地盘存制下才可能出现财产的盘盈、盘亏现象。（ ）
16. 永续盘存制对企业各项财产物资的增减变动，平时只登记增加数，不登记减少数。（ ）
17. 永续盘存制能随时反映存货的收入、发出和结存动态。（ ）
18. 企业对于与外部单位往来款项的清查，一般采取编制对账单寄交给对方单位的方式进行，因此属于账账核对。（ ）
19. 银行存款余额调节表是调整账簿记录，使账实相符的原始凭证。（ ）
20. 编制银行存款余额调节表是为了核对账目，因此，该表可以作为调整银行存款账面余额的原始凭证。（ ）
21. 库存现金的清查包括出纳人员每日的清点核对和清查小组定期和不定期的清查。（ ）
22. 存货盘亏、毁损的净损失一律记入"营业外支出"账户。（ ）
23. 存货清查过程中发现的超定额损耗应记入"管理费用"账户。（ ）
24. 经批准转销固定资产盘亏净损失时，账务处理应借记"固定资产清理"账户，贷记"营业外支出"账户。（ ）
25. 转销已批准处理的财产盘盈数登记在"待处理财产损溢"账户的借方。（ ）
26. 对银行存款进行清查时，如果存在账实不符现象，不一定是由未达账项引起的。（ ）
27. 实物盘点后，应将实存账存对比表作为调整账面余额记录的原始依据。（ ）

28. 财产清查中,对于银行存款、各种往来款项至少每月与银行或有关单位核对一次。（ ）

29. 对大堆存放比较笨重的实物资产应采用技术推算法进行盘点,确认其实存数。（ ）

30. 技术推算法是指利用技术方法推算财产物资账存数的方法。（ ）

31. 未达账项仅仅是指企业未收到凭证而未入账的款项。（ ）

32. 对应收账款应采用询证核对法进行清查。（ ）

33. 库存现金清查包括出纳人员每日终了前进行的库存现金账款核对和清查小组进行的定期或不定期的现金盘点、核对。清查小组清查时,出纳人员可以不在场。（ ）

34. 企业的银行存款日记账与银行对账单所记的内容是相同的,都是反映企业的银行存款的增减变动情况。（ ）

35. 银行已经付款记账而企业尚未付款记账,会使开户单位银行存款账面余额大于银行对账单的账面余额。（ ）

36. 对于盘盈或盘亏的财产物资,须在期末结账前处理完毕,如在期末结账前尚未经批准处理的,等批准后进行处理。（ ）

四、业务题

（一）练习银行存款清查的核算

1. 资料:天山化工厂20××年12月31日银行存款日记账余额为262 000元,而银行送来的对账单余额为231 000元,经逐笔核对,发现有以下未达账项:

（1）企业委托银行代收甲公司的货款52 000元,月末银行已收讫入账,但企业尚未取得收款通知。

（2）企业有一笔购货款11 000元,承付期已到,且未表示拒付,银行已于承付期满后从企业存款户中付出,但企业尚未入账。

（3）企业月末存入银行转账支票一张,金额86 000元,银行尚未转账。

（4）企业已于月末开出转账支票一张,金额14 000元,企业已经付账,银行尚未入账。

2. 要求:根据上述资料编制银行存款余额调节表。

（二）练习财产清查结果的账务处理

1. 资料:某厂年终进行财产清查,发现下列事项。假设不考虑增值税。

（1）盘亏机器一台,原价36 000元,已提折旧20 000元,经批准转入营业外支出。

（2）盘盈A产品500元,经查明属于平时收发计量不准造成,按规定冲减管理费用。

（3）盘亏乙材料1 800元,经查明属于定额内自然损耗800元,由于遭受台风袭击损失160元,由于保管人员失职,应由其赔偿840元。

（4）火灾导致B产品发生毁损,总价值150 000元。经清理,收回残料,估价8 000元,已入库;保险公司同意赔偿120 000元;其余损失经批准列作营业外支出。

2. 要求:根据上述资料做出审批前后的账务处理。

第九章

财务报告

财务报告概述

资产负债表

利润表

现金流量表

所有者权益变动表

财务报表附注

本章习题

第一节 财务报告概述

一、财务报告的概念

财务报告,是指企业对外提供的反映企业某一特定日期财务状况和某一会计期间经营成果、现金流量等会计信息的文件。

编制财务报告,是会计核算的专门方法之一,也是会计核算的最后一道环节。在会计核算工作中,通过填制和审核原始凭证,可以反映和证实经济业务的发生、执行和完成情况,明确有关人员的经济责任;通过填制和审核记账凭证,可以确定某一项或某类经济业务所涉及的会计科目、记账方向和金额,但会计凭证所提供的会计资料比较分散,无法反映经济活动的全过程和会计主体的经营结果,只能用来作为登记账簿的依据;通过登记账簿,可以反映各项资产、负债、所有者权益的增减变动和结余情况,同时也可以反映收入的实现和费用的发生情况,但是账簿提供的会计资料分散在各类账户中,仍然无法完整、系统、综合地反映会计主体经济活动的全貌。而会计核算的目的,就是要采用特有的会计方法,通过对会计核算资料进行记录、整理、汇总,以一定的指标体系和具体的表格形式,全面、系统、综合地反映会计主体的资产、负债和所有者权益的变动,利润的形成与分配,以及资金的取得与运用情况,以便信息使用者方便快捷地了解其经济活动的内容、过程和成果。因此,有必要对账簿中提供的分散的、部分的会计信息做进一步加工、整理和汇总,编制财务报告。

企业编制财务报告的目的,是向财务报告使用者提供与企业财务状况、经营成果和现金流量等有关的会计信息,反映企业管理层受托责任的履行情况,有助于使用者分析其业务活动中存在的问题,便于做出更加合理的经济决策。财务报告使用者通常包括投资者、债权人、政府及其有关部门、单位管理人员、社会公众等。财务报告使用者的身份不同,对财务会计信息的需要也不完全相同。

二、财务报告的构成

企业的财务报告由财务报表和其他应当在财务报告中披露的相关信息和资料组成。财务报表是财务报告的主体和核心内容,其他应当在财务报告中披露的相关信息和资料是对财务报表的补充和说明,共同构成财务报告体系。

财务报表,又称财务会计报表,是对企业财务状况、经营成果和现金流量的结构性表述。一套完整的财务报表至少应当包括"四表一注",即资产负债表、利润表、现金流量表、所有者权益变动表和附注,并且这些组成部分在列报上具有同等的重要程度。

资产负债表、利润表和现金流量表分别从不同角度反映企业的财务状况、经营成果和现金流量。资产负债表反映企业在某一特定日期所拥有资产、须偿还的债务,以及投资者(股东)拥有的净资产情况;利润表反映企业在一定会计期间的经营成果,即利润或亏损的情况,表明企业运用所拥有资产的获利能力;现金流量表反映企业在一定会计期间现金和现金等价物流入与流出的情况。

所有者权益变动表反映构成所有者权益的各组成部分当期的增减变动情况。企业的净利润及其分配情况是所有者权益变动的组成部分,相关信息已经在所有者权益变动表及其附注中反映,企业不需要再单独编制利润分配表。

附注是财务报表不可或缺的组成部分,是对在资产负债表、利润表、现金流量表和所有者权益变动表等报表中列示项目的文字描述或是其明细资料,以及对未能在这些报表中列示项目的说明等。

三、财务报表的分类

财务报表是财务报告的核心,为了系统地了解、掌握和利用财务报表所提供的经济指标,可以根据需要对财务报表按照不同的标准进行分类。

(一) 按照反映内容的不同分类

财务报表按照反映的内容不同,可以分为静态报表和动态报表。

静态报表是指综合反映企业某一特定日期资产、负债和所有者权益状况的报表,如资产负债表。

动态报表是指综合反映企业一定期间的经营成果或现金流量情况的报表,如利润表或现金流量表。

(二) 按照编报时间的不同分类

财务报表按照编报的时间不同,可以分为中期财务报表和年度财务报表(简称年报)。

中期是指短于一个完整的会计年度的报告期间。中期财务报表至少应当包括资产负债表、利润表、现金流量表和附注。中期资产负债表、利润表和现金流量表应当是完整报表,其格式和内容应当与年度财务报表相一致。中期报表又分为月度报表(简称月报)、季度报表(简称季报)和半年度报表(简称半年报)。月报要求简明扼要,反映及时;季报和半年报在会计信息的详细程度方面介于月报和年报之间;年报要求揭示完整,反映全面;附注披露可适当简略,但至少应当披露所有重大事项。

(三) 按照报送对象的不同分类

财务报表按照编报的时间不同,可以分为内部报表和外部报表。

内部报表是指为满足企业内部经营管理需要而编制的,不对外公开的报表。

外部报表则是指企业向外提供的报表,主要供投资者、债权人、政府部门和社会公众等有关方面使用。

(四) 按照编制主体的不同分类

财务报表按照编制主体的不同,可以分为个别报表和合并报表。

个别报表,也称单位报表或基层报表,是指由企业在自身会计核算基础上对账簿记录进行加工而编制的财务报表,主要用于反映企业自身的财务状况、经营成果和现金流量情况。

合并报表是以母公司和其全部子公司组成的企业集团为会计主体,根据母公司和其全部子公司的财务报表,由母公司编制的对企业集团内部交易进行相互抵销后综合反映企业集团财务状况、经营成果和现金流量的财务报表。

四、财务报表的编制要求

财务报表应当依据国家统一会计制度要求,根据登记完整、核对无误的会计账簿记录和其他有关资料进行编制,做到数字真实、计算准确、内容完整、说明清楚。为了最大限度地满足信息使用者的需求,保证财务报表的质量,企业编制财务报表时应当以持续经营为基础,根据实际发生的交易和事项,按照各项具体会计准则的规定进行确认和计量。不应以附注披露代替确认和计量,不恰当的确认和计量也不能通过充分披露相关会计政策而纠正。企业编制财务报表必须遵循以下基本要求。

(一) 列报基础

企业应当以持续经营为基础编制财务报表。在编制财务报表的过程中,企业管理层应当全面评估企业的持续经营能力。评估涵盖的期间应包括企业自资产负债表日起至少 12 个月,评估需要考虑的因素包括宏观政策风险、市场经营风险、企业目前或长期的盈利能力、偿债能力、财务弹性,以及企业管理层改变经营政策的意向等。评价结果表明对持续经营能力产生重大怀疑的,应当在附注中披露其影响因素以及企业拟采取的改善措施。企业处于非持续经营状态时,应当采用清算价值等其他基础编制财务报表。比如对破产企业的资产采用可变现净值计量,负债按照其预计的结算金额计量,并在附注中声明财务报表未以持续经营为基础列报,披露未以持续经营为基础的原因以及财务报表的编制基础。

(二) 权责发生制

除现金流量表按照收付实现制编制外,企业应当按照权责发生制编制其他财务报表。

（三）列报的一致性

财务报表项目包括项目名称以及项目分类、排列顺序等的列报，应当在各个会计期间保持一致，不得随意变更，除非会计准则要求改变财务报表项目的列报，或者企业经营业务的性质发生重大变化或对企业经营影响较大的交易或事项发生后，变更财务报表项目的列报能够提供更可靠、更相关的会计信息。企业变更财务报表项目列报的，应当根据会计准则的有关规定，提供列报的比较信息。

（四）依据重要性原则单独或汇总列报项目

对于财务报表中的项目是单独列报还是汇总列报，应当依据重要性原则来判断。如果某个项目单个看不具有重要性，则可将其与其他项目汇总列报；如具有重要性，则应当单独列报。重要性是指在合理预期下，如果财务报表某项目的省略或错报会影响使用者据此做出经济决策，则该项目就具有重要性，企业在进行重要性判断时，应当根据所处环境，从项目的性质和金额大小两方面予以判断。

（五）总额列报

财务报表项目应当以总额列报。项目金额不能相互抵消，即不得以净额列报，但另有规定的除外。因为如果相互抵消，则所提供的信息就不完整，信息的可比性大为降低，难以实现同一企业不同期间和同一期间不同企业的财务报表相互可比，报表使用者难以据此做出判断。

（六）比较信息的列报

财务报表应列报各个项目的前期比较数据。企业当期财务报表的列报，至少应当提供所有列报项目上一个可比会计期间的比较数据，以及与理解当期财务报表相关的说明。提供比较数据的目的是反映信息在不同会计期间的变化，以反映企业的财务状况、经营成果和现金流量的发展趋势，提高信息在会计期间的可比性。

（七）表首的列报要规范

财务报表的表首部分要披露下列基本信息：编报企业名称、财务报表涵盖的会计期间、货币名称和单位、是不是合并财务报表等。

第二节　资产负债表

一、资产负债表的概念和意义

（一）资产负债表的概念

资产负债表是反映企业在某一特定日期(如月末、季末、年末)财务状况的会计报表，是对企业特定日期的资产、负债和所有者权益的结构性描述，属于静态报表。财务状况是指企业经营活动及其结果在某一特定日期的资金结构状况及其表现，表明企业取得资金的方式与来路和这些资金的使用状态与去向。

资产负债表是根据"资产=负债+所有者权益"这一会计等式，按照一定的分类标准和顺序，将企业在一定日期的全部资产、负债和所有者权益项目进行适当分类、汇总、排列后编制而成的。

（二）资产负债表的意义

资产负债表具有以下几方面的意义。

（1）有助于了解企业资产的构成及其状况，分析企业的经济资源及其分布情况。

（2）有助于了解企业负债总额及其结构，分析企业目前与未来需要清偿的债务数额。

（3）有助于了解所有者(股东)权益的情况，了解企业现有投资者在企业资产中所占有的份额。

（4）有助于报表使用者全面了解企业的财务状况，分析企业的偿债能力，评价企业的经营业绩，为未来的经济决策提供参考信息。

二、资产负债表的格式

资产负债表由表首和表体两部分组成。表首部分应列明报表名称、编制单位名称、资产负债表日、报表编号和计量单位；表体部分是资产负债表的主体，列示用于说明企业财务状况的各个项目。

资产负债表的表体格式主要有账户式和报告式两种。我国企业的资产负债表采用账户式结构，一般格式如表9-1所示。

表 9-1　资产负债表

会企 01 表

编制单位:××企业　　　年　月　日　　　单位:元

资产	期末余额	上年年末余额	负债和所有者权益（或股东权益）	期末余额	上年年末余额
流动资产:			流动负债:		
货币资金			短期借款		
交易性金融资产			交易性金融负债		
衍生金融资产			衍生金融负债		
应收票据			应付票据		
应收账款			应付账款		
应收款项融资			预收款项		
预付款项			合同负债		
其他应收款			应付职工薪酬		
存货			应交税费		
合同资产			其他应付款		
持有待售资产			持有待售负债		
一年内到期的非流动资产			一年内到期的非流动负债		
其他流动资产			其他流动负债		
流动资产合计			流动负债合计		
非流动资产:			非流动负债:		
债权投资			长期借款		
其他债权投资			应付债券		
长期应收款			租赁负债		
长期股权投资			长期应付款		
其他权益工具投资			预计负债		
其他非流动金融资产			递延收益		
投资性房地产			递延所得税负债		
固定资产			其他非流动负债		
在建工程			非流动负债合计		
生产性生物资产			负债合计		
油气资产			所有者权益(或股东权益):		
使用权资产			实收资本(或股本)		
无形资产			其他权益工具		
开发支出			资本公积		
商誉			减:库存股		
长期待摊费用			其他综合收益		
递延所得税资产			专项储备		
其他非流动资产			盈余公积		
非流动资产合计			未分配利润		
			所有者权益（或股东权益)合计		
资产总计			负债和所有者权益（或股东权益)总计		

账户式资产负债表分左右两方,左方为资产项目,一般按资产的流动性强弱排列,流动性强的资产如"货币资金""交易性金融资产"等排在前面,流动性弱的资产如"长期股权投资""固定资产"等排在后面。右方为负债和所有者权益项目,一般按清偿期限长短排列,"短期借款""应付票据""应付账款"等需要在1年以内或者长于1年的一个正常营业周期内偿还的流动负债项目排在前面;"长期借款"等1年以上才需要偿还的非流动负债项目排在中间,在企业清算之前不需要偿还的所有者权益项目排在后面,表明负债具有优先偿还的要求权,所有者权益对负债具有担保责任。

账户式资产负债表中的资产各项目的合计等于负债和所有者权益各项目的合计,即资产负债表左方和右方平衡。因此,账户式资产负债表可以反映资产、负债、所有者权益之间的内在联系,即"资产=负债+所有者权益"。

三、资产负债表的编制方法

资产负债表各项目均须填列"上年年末余额"和"期末余额"两栏。其中"上年年末余额"栏内各项数字,应根据上年年末(12月31日)资产负债表的"期末余额"栏内所列数字填列。如果本年度资产负债表各项目的名称和内容与上年度不一致,应对上年年末资产负债表各项目的名称和数字按本年度的规定进行调整,按调整后数字填入本表"上年年末余额"栏内。

资产负债表的"期末余额"栏,具体填列方法归纳起来主要有以下几种。

(一)根据总账账户的期末余额填列

1. 根据某个总账账户的期末余额直接填列

根据某个总账账户的期末余额直接填列的,如"短期借款""资本公积"等项目。

一般情况下,资产类项目直接根据其总账账户的借方余额填列,负债类项目直接根据其总账账户的贷方余额填列。

【例9-1】 某企业20××年2月1日向银行借入1年期借款120 000元,8月1日向其他金融机构借入半年期借款150 000元。

资产负债表中,"短期借款"项目根据"短期借款"账户期末余额直接填列,该企业20××年12月31日的资产负债表中"短期借款"项目的金额=120 000+150 000=270 000(元)。

2. 根据若干个总账账户的期末余额分析计算填列

根据若干个总账账户的期末余额分析计算填列的,如"货币资金""存货""未分配利润""其他应收款""其他应付款"等项目。

(1)"货币资金"项目,应根据"库存现金""银行存款""其他货币资金"等账户的期末余额合计数填列。

(2)"未分配利润"项目,平时应根据"本年利润"和"利润分配"账户的期末余额计算填列,未弥补的亏损,以"-"号填列。"本年利润"和"未分配利润"的余额均在贷方的,用二者余额之和填列;余额均在借方的,将二者余额之和以"-"号填列;二者余额一个在借方一个在贷方的,用二者余额互相抵减后的差额填列,如为借差则以"-"号填列。年度终了,该项目可以只根据"利润分配"账户所属的"未分配利润"明细账户的期末余额填列。余额在贷方的直接填列,余额在借方的以"-"号填列。

(3)"其他应收款"项目,应根据"应收利息""应收股利""其他应收款"账户的期末余额合计数减去"坏账准备"账户中相关坏账准备期末余额后的金额填列。

(4)"其他应付款"项目,应根据"应付利息""应付股利""其他应付款"账户的期末余额合计数填列。

【例9-2】 某企业20××年12月31日结账后,"库存现金"账户期末余额为20 000元,"银行存款"账户期末余额为3 800 000元,"其他货币资金"账户期末余额为900 000元。

在资产负债表中,"货币资金"项目是根据"库存现金""银行存款""其他货币资金"3个总账账户的期末余额加总后的金额填列,该企业20××年12月31日的资产负债表中"货币资金"项目的金额=20 000+3 800 000+900 000=4 720 000(元)。

(二)根据明细账户的期末余额分析计算填列

根据明细账户的期末余额分析计算填列的,如"应收账款""预付款项""应付账款""预收款项"等项目。

(1)"应收账款"项目,应根据"应收账款"账户及"预收账款"账户所属明细账的期末借方余额合计数,减去与"应收账款"有关的坏账准备贷方余额后的金额填列。

(2)"预付款项"项目,应根据"预付账款"账户及"应付账款"账户所属明细账的期末借方余额合计数,减去与"预付账款"有关的坏账准备贷方余额后的金额填列。

(3)"应付账款"项目,应根据"应付账款"账户及"预付账款"账户所属明细账的期末贷方余额合计数填列。

(4)"预收款项"项目,应根据"预收账款"账户及"应收账款"账户所属明细账的期末贷方余额合计数填列。

【例9-3】 某企业20××年12月31日结账后有关账户余额如表9-2所示。

表9-2 有关账户余额

单位:元

账户名称	总账期末余额	明细账借方余额	明细账贷方余额
应收账款	980 000	1 000 000	20 000
预付账款	350 000	400 000	50 000
应付账款	750 000	30 000	780 000
预收账款	800 000	60 000	860 000

该企业20××年12月31日资产负债表中相关项目的金额为：

"应收账款"项目金额为：1 000 000+60 000=1 060 000(元)

"预付款项"项目金额为：400 000+30 000=430 000(元)

"应付账款"项目金额为：780 000+50 000=830 000(元)

"预收款项"项目金额为：860 000+20 000=880 000(元)

此外，"应付职工薪酬"项目，应根据"应付职工薪酬"账户所属明细账户的期末余额分析计算填列。"一年内到期的非流动资产"和"一年内到期的非流动负债"项目，也需要根据相关非流动资产和非流动负债项目的明细账户期末余额分析计算填列。

（三）根据总账及其明细账户的期末余额分析计算填列

根据有关总账及其明细账的期末余额分析计算填列的，如"长期借款""长期待摊费用""其他非流动资产""其他非流动负债"等项目。

"长期借款"项目，应根据"长期借款"总账账户的期末余额扣除"长期借款"总账所属的明细账中反映的将于1年内(含1年)到期且企业不能自主地清偿义务展期的长期借款后的金额计算填列；"长期待摊费用"项目，应根据"长期待摊费用"账户的期末余额减去将于1年内(含1年)摊销的数额后的金额填列；"其他非流动资产"项目，应根据有关账户的期末余额减去将于1年内(含1年)收回数后的金额计算填列；"其他非流动负债"项目，应根据有关账户的期末余额减去将于1年内(含1年)到期偿还数后的金额计算填列。

【例9-4】 某企业长期借款情况如表9-3所示。

表9-3 长期借款情况

借款起始日期	借款期限/年	金额/元
2023年1月1日	5	1 200 000
2022年3月1日	3	2 400 000
2020年8月1日	4	1 650 000

该企业截至2023年12月31日"长期借款"总账账户期末余额=1 200 000+2 400 000+1 650 000=5 250 000(元)，其中，将于1年内到期的长期借款为1 650 000元，应填列在流动负债下"一年内到期的非流动负债"项目中，所以，该企业2023年12月31日的资产负债表中，"长期借款"项目的金额=1 200 000+2 400 000=3 600 000(元)。

（四）根据有关资产类总账账户期末余额与其备抵账户期末余额相抵后的净额填列

根据有关资产类总账账户期末余额与其备抵账户期末余额相抵后的净额填列的，如

"应收账款""应收票据""长期股权投资""固定资产""在建工程""无形资产"等项目。

"固定资产"项目,应根据"固定资产"账户期末余额减去"累计折旧""固定资产减值准备"等备抵账户的期末余额后的金额填列;"无形资产"项目,应根据"无形资产"账户期末余额减去"累计摊销""无形资产减值准备"等备抵账户的期末余额后的金额填列。

【例9-5】 某企业20××年12月31日结账后,"固定资产"账户期末余额为1 600 000元,"累计折旧"账户期末余额为1 000 000元,"固定资产减值准备"账户期末余额为150 000元。

资产负债表中,"固定资产"项目应以"固定资产"账户期末余额减去"累计折旧"和"固定资产减值准备"两个备抵账户余额后的金额填列,该企业20××年12月31日的资产负债表中"固定资产"项目的金额=1 600 000-1 000 000-150 000=450 000(元)。

【例9-6】 某企业20××年12月31日结账后,"无形资产"账户期末余额为580 000元,"累计摊销"账户期末余额为57 000元,"无形资产减值准备"账户期末余额为87 000元。

资产负债表中,"无形资产"项目应当以"无形资产"账户余额减去"累计摊销"和"无形资产减值准备"两个备抵账户余额后的金额填列,该企业20××年12月31日的资产负债表中"无形资产"项目的金额=580 000-57 000-87 000=436 000(元)。

(五)综合运用上述填列方法分析填列

综合运用上述填列方法分析填列的,如"存货"项目,需要根据"原材料""库存商品""委托加工物资""周转材料""材料采购""在途物资""发出商品""材料成本差异"等总账账户期末余额的分析汇总数,减去"存货跌价准备"账户期末余额后的净额填列。

【例9-7】 某企业采用实际成本法核算材料,20××年12月31日结账后有关账户期末余额为:"在途物资"140 000元(借方),"原材料"2 400 000元(借方),"周转材料"1 800 000元(借方),"库存商品"1 600 000元(借方),"生产成本"600 000元(借方),"存货跌价准备"210 000元(贷方)。

在资产负债表中,"存货"项目是根据"在途物资""原材料""周转材料""库存商品""生产成本"等各总账账户期末余额加总后,减去"存货跌价准备"总账账户期末余额后的金额填列,该企业20××年12月31日资产负债表中的"存货"项目金额为=140 000+2 400 000+1 800 000+1 600 000+600 000-210 000=6 330 000(元)。

四、资产负债表的编制举例

【例9-8】 多威股份有限公司20××年12月31日的账户余额表如表9-4所示。

表9-4 账户余额表

单位：元

账户名称	借方余额	账户名称	贷方余额
库存现金	1 800	短期借款	80 000
银行存款	557 600	应付票据	140 000
交易性金融资产	300 000	应付账款	953 800
应收票据	73 000	其他应付款	96 415
应收账款	520 000	应付职工薪酬	180 000
坏账准备	-1 800	应交税费	226 731
预付账款	100 000	长期借款	1 900 000
其他应收款	5 000	股本	10 000 000
在途物资	320 000	盈余公积	1 324 770
原材料	54 000	利润分配（未分配利润）	586 234
周转材料	28 050		
库存商品	4 367 300		
长期股权投资	140 000		
固定资产	8 100 000		
累计折旧	-190 000		
固定资产减值准备	-40 000		
在建工程	70 300		
无形资产	500 000		
累计摊销	-50 000		
合计	15 487 950	合计	15 487 950

根据上述资料，编制多威股份有限公司20××年12月31日的资产负债表，如表9-5所示。

表 9-5 资产负债表

会企 01 表

编制单位:多威股份有限公司　　　20××年12月31日　　　　单位:元

资　产	期末余额	上年年末余额	负债和所有者权益（或股东权益）	期末余额	上年年末余额
流动资产:			流动负债:		
货币资金	559 400		短期借款	80 000	
交易性金融资产	300 000		交易性金融负债		
衍生金融资产			衍生金融资产		
应收票据	73 000		应付票据	140 000	
应收账款	518 200		应付账款	953 800	
应收款项融资			预收款项		
预付款项	100 000		合同负债		
其他应收款	5 000		应付职工薪酬	180 000	
存货	4 769 350		应交税费	226 731	
合同资产			其他应付款	96 415	
持有待售资产			持有待售负债		
一年内到期的非流动资产			一年内到期的非流动负债		
其他流动资产			其他流动负债		
流动资产合计	6 324 950		流动负债合计	1 676 946	
非流动资产:			非流动负债:		
债权投资			长期借款	1 900 000	
其他债权投资			应付债券		
长期应收款			租赁负债		
长期股权投资	140 000		长期应付款		
其他权益工具投资			预计负债		
其他非流动金融资产			递延收益		
投资性房地产			递延所得税负债		
固定资产	7 870 000		其他非流动负债		
在建工程	703 000		非流动负债合计	1 900 000	
生产性生物资产			负债合计	3 576 946	
油气资产			所有者权益(或股东权益):		
使用权资产			实收资本(或股本)	10 000 000	
无形资产	450 000		其他权益工具		
开发支出			资本公积		
商誉			减:库存股		
长期待摊费用			其他综合收益		
递延所得税资产			专项储备		
其他非流动资产			盈余公积	1 324 770	
非流动资产合计	9 163 000		未分配利润	586 234	
			所有者权益(或股东权益)合计	11 911 004	
资产总计	15 487 950		负债和所有者权益(或股东权益)总计	15 487 950	

第三节 利润表

一、利润表的概念和意义

（一）利润表的概念

利润表，又称损益表，是反映企业在一定会计期间的经营成果的报表。它是在会计凭证、会计账簿等会计资料的基础上进一步确认企业一定会计期间经营成果的结构性表述，综合反映企业利润的实现过程和利润的来源及构成情况，是对企业一定会计期间经营业绩的系统总结。利润表根据"收入－费用＝利润"的会计等式，依据其重要性，将企业一定时期内的收入、费用和利润项目依次排列，是一张动态报表。

（二）利润表的意义

（1）通过利润表可以从总体上了解企业在一定会计期间收入、成本、费用及净利润（或亏损）的实现及构成情况，为评价企业管理层的经营业绩提供依据，帮助财务报表使用者全面了解企业的经营成果。

（2）通过比较利润表提供的不同时期的数字（本期金额、上期金额），可以分析企业的盈利能力及盈利能力的变化趋势，了解投资者投入资本的保值增值情况，从而为其做出经济决策提供依据。

（3）利润表可以为评价企业的长期偿债能力提供信息。企业偿债能力取决于企业资产的变现能力、资产负债率和债务结构等因素，然而从长期看，企业盈利能力影响企业未来的资产质量、现金流和资金需求，进而影响长期偿债能力。

二、利润表的格式

利润表主要由表首和表体两部分组成。表首部分应列示报表的名称、编制单位名称、编制日期、报表编号和计量单位。表体部分是利润表的主体，列示了形成经营成果的各个项目和计算过程。

利润表的表体格式主要有单步式和多步式两种。我国企业的利润表采用多步式格式，即通过对当期的收入、费用、支出项目按性质加以归类，按利润形成的主要环节列示一些中间性利润指标，分步计算当期净损益，以便财务报表使用者理解企业经营成果的不同来源。利润表一般格式如表9-6所示。

表 9-6　利润表

会企 02 表

编制单位：××企业　　　　　　　　　　年　月　　　　　　　　　　单位：元

项　目	本期金额	上期金额
一、营业收入		
减：营业成本		
税金及附加		
销售费用		
管理费用		
财务费用		
研发费用		
其中：利息费用		
利息收入		
加：其他收益		
投资收益（损失以"-"号填列）		
其中：对联营企业和合营企业的投资收益		
以摊余成本计量的金融资产终止确认收益（损失以"-"号填列）		
净敞口套期收益（损失以"-"号填列）		
公允价值变动收益（损失以"-"号填列）		
信用减值损失（损失以"-"号填列）		
资产减值损失（损失以"-"号填列）		
资产处置收益（损失以"-"号填列）		
二、营业利润（亏损以"-"号填列）		
加：营业外收入		
减：营业外支出		
三、利润总额（亏损总额以"-"号填列）		
减：所得税费用		
四、净利润（净亏损以"-"号填列）		
（一）持续经营净利润（净亏损以"-"号填列）		
（二）终止经营净利润（净亏损以"-"号填列）		
五、其他综合收益的税后净额		
（一）不能重分类进损益的其他综合收益		
（二）将重分类进损益的其他综合收益		
六、综合收益总额		
七、每股收益		
（一）基本每股收益		
（二）稀释每股收益		

多步式利润表的栏目分"本期金额"和"上期金额"两栏,纵向项目分为七个层次,各层次的关系及计算如下:

第一层次,营业收入。由主营业务收入和其他业务收入组成。

第二层次,营业利润。以营业收入为基础,计算公式为:

营业利润=营业收入-营业成本-税金及附加-销售费用-管理费用-研发费用-财务费用-信用减值损失-资产减值损失+其他收益+投资收益(-投资损失)+净敞口套期收益(-净敞口套期损失)+公允价值变动收益(-公允价值变动损失)+资产处置收益(-资产处置损失)

第三层次,利润总额。以营业利润为基础,计算公式为:

利润总额=营业利润+营业外收入-营业外支出

第四层次,净利润。以利润总额为基础,计算公式为:

净利润=利润总额-所得税费用

第五层次,其他综合收益的税后净额。反映企业根据会计准则规定未在损益中确认的各项利得和损失扣除所得税影响后的净额。

第六层次,综合收益总额。计算公式为:

综合收益总额=净利润+其他综合收益的税后净额

第七层次,每股收益。包括基本每股收益和稀释每股收益。

三、利润表编制的基本方法

利润表在形式上分为利润表各项目,均须填列"本期金额"和"上期金额"两栏。其中"上期金额"栏内各项数字,应根据上年该期利润表的"本期金额"栏内所列数字填列。"本期金额"栏内各期数字,除"基本每股收益"和"稀释每股收益"项目外,主要应当按照有关账户的本期发生额分析填列。

(一)"本期金额"栏的填列

利润表中"本期金额"栏一般应根据期末结转前各损益类账户和所有者权益类有关账户的本期发生额分析计算填列,具体填列方法有以下几种。

1. 收入类项目的填列

收入类项目大多是根据收入类账户期末结转前贷方发生额减去借方发生额后的差额填列,若差额为负数,以"-"号填列。如"公允价值变动收益""投资收益"等项目。但"营业收入"项目,应根据"主营业务收入"账户借贷发生额的差额,加上"其他业务收入"账户的借贷发生额的差额之和填列。

2. 费用类项目的填列

费用类项目大多是根据费用类账户期末结转前借方发生额减去贷方发生额后的差额填列,若差额为负数,以"-"号填列。如"税金及附加""销售费用""管理费用""所得税费用"等项目。但"营业成本"项目,应根据"主营业务成本"账户借贷发生额的差额,加上"其他业务成本"账户的借贷发生额的差额之和填列。

3. 自然计算项目的填列

利润表中有些项目,应通过表中有关项目自然计算后的金额填列。如"营业利润""利润总额""净利润""综合收益总额"等项目。需要指出的是"利润总额"项目如为亏损,以"-"号填列,"净利润"项目如为净亏损,也以"-"号填列。

4. 其他项目的填列

"其他综合收益的税后净额"项目,具体分为"不能重分类进损益的其他综合收益"项目和"将重分类进损益的其他综合收益"项目两类,并以扣除相关所得税影响后的净额填列。

"基本每股收益"项目,仅仅考虑当期实际发行在外的普通股股份,应按照归属于普通股股东的当期净利润除以当期实际发行在外的普通股的加权平均数计算确定;"稀释每股收益"项目,在存在稀释性潜在普通股时,应根据其影响分别调整归属于普通股股东的当期净利润以及发行在外普通股的加权平均数后计算。

年度利润表与月度利润表的编制方法有所不同。月度利润表的"本期金额"栏反映各项目的本月实际发生数;而年度利润表的"本期金额"栏反映各项目自年初起至本月末止的累计发生数。

(二)"上期金额"栏的填列方法

利润表中的"上期金额"栏的数字,如果是月度利润表,应根据上年利润表中"本期金额"栏内的数字填列。年度利润表中的"上期金额"填列上年全年累计实际发生数,从而与"本期金额"各项目进行比较。如果上年度的利润表的项目名称和内容与本年度不一致,应对上年度的报表项目的名称和内容按本年度的规定进行调整,填入"上期金额"栏内。

四、利润表的编制举例

【例 9-10】 根据下列资料,编制苏杭股份有限公司 20××年度利润表。

苏杭股份有限公司 20××年度有关损益类账户本年累计发生净额如表 9-7 所示。

表 9-7 损益类账户 20××年度累计发生净额

单位:元

账户名称	借方发生额	贷方发生额
主营业务收入		1 250 000
其他业务收入		350 000
主营业务成本	750 000	
其他业务成本	160 000	

续表

账户名称	借方发生额	贷方发生额
税金及附加	2 000	
销售费用	20 000	
管理费用	161 000	
财务费用	52 000	
信用减值损失	34 000	
投资收益		35 000
营业外收入		60 000
营业外支出	21 000	
所得税费用	123 750	

苏杭股份有限公司编制的20××年度利润表如表9-8所示。

表9-8 利润表

编制单位:苏杭股份有限公司　　　　20××年　　　　　　会企02表
单位:元

项目	本期金额	上期金额
一、营业收入	1 600 000	
减:营业成本	910 000	
税金及附加	2 000	
销售费用	20 000	
管理费用	161 000	
财务费用	52 000	
加:投资收益(损失以"-"号填列)	35 000	
信用减值损失(损失以"-"号填列)	-34 000	
二、营业利润(亏损以"-"号填列)	456 000	
加:营业外收入	60 000	
减:营业外支出	21 000	
三、利润总额(亏损总额以"-"号填列)	495 000	
减:所得税费用	123 750	
四、净利润(净亏损以"-"号填列)	371 250	

第四节 现金流量表

一、现金流量表的概念和意义

（一）现金流量表的概念

现金流量表是反映企业在一定会计期间现金和现金等价物流入和流出的报表。它是以资产负债表和利润表等会计核算资料为依据，按照收付实现制要求对现金流量的结构性表述，用来揭示企业在一定会计期间获取现金及现金等价物的能力。

现金是指企业库存现金以及可以随时用于支付的存款。不能随时用于支付的存款不属于现金。现金等价物是指企业持有的期限短、流动性强、易于转换为已知金额现金、价值变动风险很小的投资。期限短，一般是指从购买日起三个月内到期。现金等价物通常包括三个月内到期的债券投资等。权益性投资变现的金额通常不确定，因而不属于现金等价物。企业应当根据具体情况，确定现金等价物的范围，一经确定不得随意变更。

（二）现金流量表的意义

现金流量表以收付实现制为基础编制，弥补了以权责发生制为基础编制的资产负债表和利润表的信息缺口，具有以下重要意义。

1. 有助于评价企业支付能力、偿债能力和周转能力

现金流量表可以提供企业的现金流量信息，从而对企业整体财务状况做出客观评价，通过企业的现金流量情况，可以大致判断其经营周转是否顺畅。

2. 有助于分析企业收益质量及影响现金净流量的因素

通过现金流量表，不但可以了解企业当前的财务状况，还可以预测企业未来的发展状况，通过投资活动流出的现金及筹资活动流入、流出的现金情况，可以分析企业是否过度扩大经营规模，通过比较当期净利润与当期净现金流量，可以看出企业非现金流动资产吸收利润的情况，评价企业产生净现金流量的能力是否偏低。

3. 有助于预测企业未来现金流量

现金流量表通过分析各项业务活动与现金流量的关系，考虑企业未来业务规模、市场能力、信用水平、税费等因素的变化趋势，使财务报表使用者可以预测企业未来现金流量，为评价企业投资价值和风险提供依据。

4. 有助于更好发挥会计监督职能

现金流量表以收付实现制为基础编制，降低了企业盈余管理程度，提高了会计信息

质量,有利于改善公司治理状况,进而促进实现会计决策有用性和维护经济资源配置秩序、提高经济效益的目标要求。

二、现金流量的分类

现金流量是指一定会计期间内,企业现金和现金等价物的流入与流出。企业从银行提取现金,用现金购买短期国库券等现金与现金等价物之间的转换不属于现金流量。

企业产生的现金流量分为以下 3 类。

(一) 经营活动产生的现金流量

经营活动产生的现金流量是指与销售商品、提供劳务有关的活动产生的现金流量,包括企业投资活动和筹资活动以外的所有交易和事项产生的现金流量。

(二) 投资活动产生的现金流量

投资活动产生的现金流量是指与非流动资产的取得或处置有关的活动产生的现金流量,包括企业长期资产的构建和不包括在现金等价物范围内的投资及其处置活动产生的现金流量。

(三) 筹资活动产生的现金流量

筹资活动产生的现金流量,是指涉及企业财务规模的更改或财务结构组成变化的活动,也就是指导致企业资本及债务规模和构成发生变动的活动产生的现金流量。

三、现金流量表的格式

我国企业现金流量表采用报告式结构,分类反映经营活动产生的现金流量、投资活动产生的现金流量和筹资活动产生的现金流量,最后汇总反映企业某一期间现金及现金等价物的净增加额。

我国企业现金流量表的格式如表 9-9 所示。

表 9-9　现金流量表

会企 03 表
编制单位：　　　　　　　　　　＿＿＿＿＿＿年度　　　　　　　　　　单位：元

项目	本期金额	上期金额
一、经营活动产生的现金流量		
销售商品、提供劳务收到的现金		
收到的税费返还		
收到其他与经营活动有关的现金		
经营活动现金流入小计		
购买商品、接受劳务支付的现金		
支付给职工以及为职工支付的现金		
支付的各项税费		
支付其他与经营活动有关的现金		
经营活动现金流出小计		
经营活动产生的现金流量净额		
二、投资活动产生的现金流量		
收回投资收到的现金		
取得投资收益收到的现金		
处置固定资产、无形资产和其他长期资产收回的现金净额		
处置子公司及其他营业单位收到的现金净额		
收到其他与投资活动有关的现金		
投资活动现金流入小计		
购建固定资产、无形资产和其他长期资产支付的现金		
投资支付的现金		
取得子公司及其他营业单位支付的现金净额		
支付其他与投资活动有关的现金		
投资活动现金流出小计		
投资活动产生的现金流量净额		
三、筹资活动产生的现金流量		
吸收投资收到的现金		
取得借款收到的现金		
收到其他与筹资活动有关的现金		
筹资活动现金流入小计		
偿还债务支付的现金		
分配股利、利润或偿付利息支付的现金		
支付其他与筹资活动有关的现金		
筹资活动现金流出小计		
筹资活动产生的现金流量净额		
四、汇率变动对现金及现金等价物的影响		
五、现金及现金等价物净增加额		
加:期初现金及现金等价物余额		
六、期末现金及现金等价物余额		

除了上述以报告式披露有关现金流量的信息外，企业还应该在附注中披露补充资料，具体包括将净利润调节为经营活动产生的现金流量；不涉及现金收支的投资和筹资活动；现金及现金等价物净增加情况。

四、现金流量表的编制

现金流量表可以采用直接法和间接法编制。

直接法是指通过现金收入和现金支出的主要类别反映来自企业经营活动的现金流量，如销售商品、提供劳务收到的现金，购买商品、接受劳务支付的现金等就是按现金收入和支出的类别直接反映的。采用直接法计算经营活动现金流量时，一般以利润表中的营业收入为起点，调整与经营活动有关的项目的增减变动，然后计算出经营活动的现金流量。采用直接法编制现金流量表时，可以采用工作底稿法或 T 型账户法，也可以根据有关账户记录分析填列。

间接法以利润表中的本期净利润（或者净亏损）为起点，调整不涉及现金的收入、费用和营业外收支等有关项目的增减变动，剔除投资活动、筹资活动对现金流量的影响，据此计算出经营活动的现金流量。

采用直接法编制现金流量表，便于分析企业经营活动产生的现金流量的来源和用途，预测企业现金流量的未来前景；采用间接法编制现金流量表，便于将净利润与经营活动产生的现金流量净额进行比较，了解净利润与经营活动产生的现金流量差异的原因，从现金流量的角度分析净利润的质量。

在我国会计实务中，企业通常采用直接法编制现金流量表，在附注中按照间接法披露将净利润调节为经营活动现金流量的信息。

第五节　所有者权益变动表

一、所有者权益变动表的概念和意义

（一）所有者权益变动表的概念

所有者权益变动表是反映构成所有者权益各组成部分当期增减变动情况的报表。它是对资产负债表的补充及对所有者权益增减变动情况的进一步说明。

(二)所有者权益变动表的意义

(1)为财务报表使用者提供所有者权益总量增减变动的结构性信息及其变动的根源。

(2)所有者权益增减变动表将综合收益和所有者的资本交易导致的所有者权益的变动分项列示,有利于分清导致所有者权益增减变动的缘由与责任,有利于考察评价企业一定时期所有者权益的保全状况,正确评价管理当局的受托责任的履行情况。

二、所有者权益变动表的格式

所有者权益变动表的结构为纵横交叉的矩阵式结构。一方面列示导致所有者权益变动的交易或事项,即所有者权益变动的来源,对一定时期所有者权益的变动情况进行全面反映;另一方面按照所有者权益各组成部分(如实收资本、资本公积、其他综合收益、盈余公积和未分配利润等)列示交易或事项对所有者权益各部分的影响。此外,所有者权益变动表采用逐项的本年金额和上年金额比较式结构,能够清楚地表明构成所有者权益的各组成部分当期的增减变动情况,以及与上期的增减变动情况的对比。

我国企业所有者权益变动表的简化格式如表 9-10 所示。

表 9-10　所有者权益变动表（简化）

会企 04 表

编制单位：＿＿＿＿＿＿＿年度　　　　　　　　　　　　　　单位：元

项目	本年金额						上年金额
	实收资本（或股本）	资本公积	其他综合收益	盈余公积	未分配利润	所有者权益合计	（略）
一、上年年末余额							
加：会计政策变更							
前期差错更正							
其他							
二、本年年初余额							
三、本年增减变动金额（减少以"－"号填列）							
（一）综合收益总额							
（二）所有者投入和减少资本							
1. 所有者投入的普通股							
2. 其他权益工具持有者投入资本							
3. 股份支付计入所有者权益的金额							
4. 其他							
（三）利润分配							
1. 提取盈余公积							
2. 对所有者（或股东）的分配							
3. 其他							
（四）所有者权益内部结转							
1. 资本公积转增资本（或股本）							
2. 盈余公积转增资本（或股本）							
3. 盈余公积弥补亏损							
4. 设定收益计划变动额结转留存收益							
5. 其他综合收益结转留存收益							
6. 其他							
四、本年年末余额							

三、所有者权益变动表的填列方法

所有者权益变动表各项目均须填列"本年金额"和"上年金额"两栏。

"上年金额"栏内各项数字,应根据上年度所有者权益变动表"本年金额"栏内所列数字填列。上年度所有者权益变动表规定的各个项目的名称和内容同本年度不一致的,应对上年度所有者权益变动表各项目的名称和内容按照本年度的规定进行调整,填入所有者权益变动表的"上年金额"栏内。

"本年金额"栏内各项数字一般应根据资产负债表所有者权益项目金额或"实收资本(或股本)""其他权益工具""资本公积""库存股""其他综合收益""专项储备""盈余公积""利润分配""以前年度损益调整"等账户及其明细账户的发生额分析填列。

企业的净利润及其分配情况作为所有者权益变动的组成部分,不需要单独编制利润分配表列示。

第六节 财务报表附注

一、财务报表附注的概念和意义

(一)财务报表附注的概念

财务报表附注是对资产负债表、利润表、现金流量表和所有者权益变动表等报表中列示项目的文字表述或明细说明,以及未能在这些报表中列示项目的说明等。

资产负债表、利润表、现金流量表和所有者权益变动表等报表中的数字是经过分类和汇总后的结果,是对企业发生经济业务的高度简化和浓缩的数字。附注与资产负债表、利润表、现金流量表、所有者权益变动表等报表具有同等的重要性,是财务报表不可或缺的组成部分。

(二)财务报表附注的意义

(1)附注的编制和披露,是对资产负债表、利润表、现金流量表和所有者权益变动表列示项目的补充说明,有助于帮助财务报表使用者更准确地把握其含义。例如通过阅读附注中披露的固定资产折旧政策的说明,使用者可以掌握报告企业与其他企业在固定资产折旧政策上的异同,以便进行更准确的比较。

(2)附注提供了对资产负债表、利润表、现金流量表和所有者权益变动表中未列示项目的详细说明。比如通过阅读附注中披露的存货增减变动情况,财务报表使用者可以了解资产负债表中未单列的存货分类信息。

（3）通过附注与资产负债表、利润表、现金流量表列示项目的相互参照关系，以及对未能在报表中列示项目的说明，可以使财务报表使用者全面了解企业的财务状况、经营成果和现金流量以及所有者权益的情况。

二、财务报表附注的内容

附注是财务报表的重要组成部分，企业应当按照如下顺序披露附注的内容。

（一）企业简介和主要财务指标

（1）企业名称、注册地、组织形式和总部地址。
（2）企业的业务性质和主要经营活动。
（3）母公司以及集团最终母公司的名称。
（4）财务报告的批准报出者和财务报告批准报出日。
（5）营业期限有限的企业，还应当披露有关其营业期限的信息。
（6）截至报告期末公司近3年的主要会计数据和财务指标。

（二）财务报表的编制基础

财务报表的编制基础是指财务报表是在持续经营基础上还是非持续经营基础上编制的。企业一般是在持续经营基础上编制财务报表，清算、破产属于非持续经营基础。

（三）遵循企业会计准则的声明

企业应当声明编制的财务报表符合企业会计准则的要求，真实、完整地反映了企业的财务状况、经营成果和现金流量等有关信息，以此明确企业编制财务报表所依据的制度基础。

（四）重要会计政策和会计估计

企业应当披露重要的会计政策和会计估计，不重要的会计政策和会计估计可以不披露。在披露重要会计政策和会计估计时，企业应当披露重要会计政策的确定依据和财务报表项目的计量基础，以及会计估计中所采用的关键假设和不确定因素。

（五）会计政策和会计估计变更以及差错更正的说明

企业应当按照会计准则关于会计政策、会计估计变更和差错更正的规定，披露会计政策、会计估计变更和差错更正的有关情况。

第九章 财务报告

（六）报表重要项目的说明

企业对报表重要项目的说明,应当按照资产负债表、利润表、现金流量表、所有者权益变动表及其项目列示的顺序,采用文字和数字描述相结合的方式进行披露。报表重要项目的明细金额合计,应当与报表项目金额相衔接,主要包括以下重要项目:应收款项、存货、长期股权投资、投资性房地产、固定资产、无形资产、职工薪酬、应交税费、短期借款和长期借款、应付债券、长期应付款、营业收入、公允价值变动收益、投资收益、资产减值损失、营业外收入、营业外支出、所得税费用、其他综合收益、政府补助、借款费用。

（七）或有事项和承诺事项、资产负债表日后非调整事项、关联方关系及其交易等需要说明的事项

（八）有助于财务报表使用者评价企业管理资本的目标、政策及程序的信息

本章习题

一、单项选择题

1. ( )是指企业对外提供的反映企业某一特定日期财务状况和某一会计期间经营成果、现金流量情况的书面文件。
   A. 资产负债表　　　　　　　B. 利润表
   C. 会计报表附注　　　　　　D. 财务报告
2. 会计日常核算工作的起点是( )。
   A. 设置科目和账户　　　　　B. 财产清查
   C. 编制和审核会计凭证　　　D. 登记库存现金日记账
3. 依照我国的会计准则,资产负债表采用的格式为( )。
   A. 单步报告式　B. 多步报告式　C. 账户式　　　D. 混合式
4. 财务报表编制的根据是( )。
   A. 原始凭证　　B. 记账凭证　　C. 科目汇总表　D. 账簿记录
5. 财务报表中各项目数字的直接来源是( )。
   A. 原始凭证　　B. 日记账　　　C. 记账凭证　　D. 账簿记录
6. 按照我国现行会计制度规定,企业每个( )都要编制资产负债表。
   A. 月末　　　　B. 季末　　　　C. 半年度　　　D. 年末

7. 下列各财务报表,属于企业对外提供的静态报表的是( )。
   A. 利润表   B. 资产负债表
   C. 现金流量表   D. 所有者权益变动表

8. 以"资产=负债+所有者权益"这一会计等式作为编制依据的财务报表是( )。
   A. 利润表   B. 现金流量表
   C. 资产负债表   D. 所有者权益变动表

9. 以"收入-费用=利润"这一会计等式作为编制依据的财务报表是( )。
   A. 利润表   B. 现金流量表
   C. 资产负债表   D. 所有者权益变动表

10. 甲公司年末"应收账款"账户的借方余额为110万元(其明细账无贷方余额),"预收账款"账户贷方余额为170万元,其中,明细账的借方余额为20万元,贷方余额为190万元。"应收账款"对应的"坏账准备"期末余额为5万元,该企业年末资产负债表中"应收账款"项目的金额为( )万元。
    A. 110   B. 120   C. 125   D. 130

11. 某企业"应付账款"明细账期末余额情况如下:甲企业贷方余额为100 000元,乙企业借方余额为20 000元,丙企业贷方余额为300 000元。假如该企业"预付账款"明细账均为借方余额,则根据以上数据计算的反映在资产负债表上"应付账款"项目的数额为( )元。
    A. 300 000   B. 380 000   C. 400 000   D. 420 000

12. 在资产负债表中,资产按照其流动性排列时,下列排列顺序正确的是( )。
    A. 存货、无形资产、货币资金   B. 存货、无形资产、货币资金
    C. 无形资产、货币资金、存货   D. 货币资金、存货、无形资产

13. 资产负债表中,"应收账款"项目应根据( )填列。
    A. "应收账款"总分类账户的期末余额
    B. "应收账款"总分类账户所属各明细分类账户期末借方余额合计数
    C. "应收账款"总分类账户所属各明细分类账户期末贷方余额合计数
    D. "应收账款"和"预收账款"总分类账户所属各明细分类账户期末借方余额合计数减去"坏账准备"账户中有关应收账款计提的坏账准备期末余额后的金额

14. "应收账款"账户所属明细账户如有贷方余额,应在资产负债表( )项目中反映。
    A. 预付款项   B. 预收款项   C. 应收账款   D. 应付账款

15. 资产负债表是反映企业( )财务状况的财务报表。
    A. 某一特定日期   B. 一定时期内
    C. 某一年份内   D. 某一月份内

16. 下列各项,直接根据总分类账户余额填列资产负债表项目的是( )。
    A. 短期借款   B. 应收账款   C. 未分配利润   D. 存货

17. 资产负债表中的各报表项目( )。
    A. 应根据有关账户的发生额填列
    B. 都按有关账户期末余额直接填列
    C. 必须对账户发生额和余额进行分析计算才能填列
    D. 有的项目可以直接根据账户期末余额填列,有的项目需要根据有关账户期末余额分析填列

18. 资产负债表中的下列项目,需要根据几个总账账户的期末余额进行汇总填列的是( )。
    A. 应付职工薪酬   B. 短期借款
    C. 货币资金   D. 资本公积

19. 资产负债表中所有者权益部分是按照( )顺序排列的。
    A. 实收资本、盈余公积、资本公积、未分配利润
    B. 资本公积、实收资本、盈余公积、未分配利润
    C. 资本公积、实收资本、未分配利润、盈余公积
    D. 实收资本、资本公积、盈余公积、未分配利润

20. 资产负债表中的"存货"项目,应根据( )。
    A. "存货"账户的期末借方余额直接填列
    B. "原材料"账户的期末借方余额直接填列
    C. "原材料"、"生产成本"和"库存商品"等账户的期末借方余额之和填列
    D. "原材料"、"在产品"和"库存商品"等账户的期末借方余额之和填列

21. 资产负债表中的资产项目应按其( )程度大小顺序排列。
    A. 流动性   B. 重要性   C. 变动性   D. 盈利性

22. 在编制资产负债表时,下列各项,需要根据其明细账户及"应收账款"账户相关明细账户的余额分析填列的是( )。
    A. 应付债券   B. 存货   C. 实收资本   D. 预收账款

23. 资产负债表中的"应付账款"项目,应( )。
    A. 直接根据"应付账款"账户的期末贷方余额填列
    B. 根据"应付账款"账户的期末贷方余额和"应收账款"账户的期末借方余额计算填列
    C. 根据"应付账款"账户的期末贷方余额和"应收账款"账户的期末贷方余额计算填列。
    D. 根据"应付账款"账户和"预付账款"账户所属相关明细账户的期末贷方余额计算填列

24. 企业本月利润表中的营业收入为 500 000 元,营业成本为 230 000 元,税金及附加为 5 000 元,管理费用为 9 000 元,财务费用为 3 000 元,销售费用为 4 000 元,则其营业利润为( )元。
    A. 230 000   B. 249 000   C. 250 000   D. 270 000

25. 依照我国的会计准则,利润表采用的格式为( )。
   A. 单步式　　　B. 多步式　　　C. 账户式　　　D. 混合式
26. 下列各项,不会影响营业利润金额增减的是( )。
   A. 资产减值损失　　　　　　B. 财务费用
   C. 投资收益　　　　　　　　D. 营业外收入
27. 编制利润表的主要根据是( )。
   A. 资产、负债及所有者权益各账户的本期发生额
   B. 资产、负债及所有者权益各账户的期末余额
   C. 损益类和所有者权益类各账户的本期发生额
   D. 损益类各账户的期末余额
28. 在利润表上,利润总额减去( )后,得出净利润。
   A. 管理费用、财务费用　　　B. 增值税
   C. 营业外收支净额　　　　　D. 所得税费用
29. 下列各项,不会影响利润总额增减变化的是( )。
   A. 销售费用　　B. 管理费用　　C. 所得税费用　　D. 营业外支出
30. 下列各项,能引起现金流量净额发生变动的是( )。
   A. 以银行存款购买 2 个月内到期的债券投资
   B. 以银行存款支付采购款
   C. 将现金存为银行活期存款
   D. 以存货抵偿债务

二、多项选择题

1. 财务报表按其报送对象进行分类可分为( )。
   A. 对外报表　　B. 对内报表　　C. 个别报表　　D. 合并报表
2. 企业财务报表按其编报的时间不同,分为( )。
   A. 半年度报表　B. 月度报表　　C. 季度报表　　D. 年度报表
3. 按现行制度规定,企业财务报表主要包括( )和附注。
   A. 资产负债表　　　　　　　B. 利润表
   C. 现金流量表　　　　　　　D. 所有者权益变动表
4. 企业中期财务报表至少应当包括( )。
   A. 资产负债表　B. 利润表　　　C. 现金流量表　　D. 附注
5. 编制的财务报告应当( )。
   A. 真实可靠　　　　　　　　B. 相关可比
   C. 全面完整、编报及时、便于理解　　D. 符合国家统一的会计制度的有关规定
6. 编制财务报告的主要目的,就是为( )及社会公众等财务会计报告的使用者进行决策提供会计信息。
   A. 投资者　　　　　　　　　B. 债权人

　　　　C. 政府及相关机构　　　　　　　　D. 单位管理人员
7. 财务报表按其编制主体不同可以分为(　　)。
　　A. 个别报表　　　B. 对内报表　　　C. 合并报表　　　D. 对外报表
8. 下列各项,属于资产负债表中流动资产项目的有(　　)。
　　A. 货币资金　　　B. 预收款项　　　C. 应收账款　　　D. 存货
9. 编制资产负债表时,须根据有关总账账户期末余额分析计算填列的项目有(　　)。
　　A. 货币资金　　　B. 未分配利润　　　C. 预付款项　　　D. 短期借款
10. 资产负债表的"存货"项目应根据(　　)等总账账户余额的合计数填列。
　　A. 库存现金　　　B. 原材料　　　C. 生产成本　　　D. 库存商品
11. 在编制资产负债表时,应根据总账账户的期末贷方余额直接填列的项目有(　　)。
　　A. 应收股利　　　B. 资本公积　　　C. 短期借款　　　D. 预收账款
12. 下列账户,可能影响资产负债表中"应付账款"项目金额的有(　　)。
　　A. 应付账款　　　B. 预付账款　　　C. 应收账款　　　D. 预收账款
13. 资产负债表中的"预付款项"项目,应根据(　　)之和填列。
　　A. "预付账款"明细账户的借方余额　　B. "预付账款"明细账户的贷方余额
　　C. "应付账款"明细账户的贷方余额　　D. "应付账款"明细账户的借方余额
14. 资产负债表中"应收账款"项目应根据(　　)之和减去"坏账准备"账户中有关应收账款计提的坏账准备期末余额填列。
　　A. "应收账款"账户所属明细账户的借方余额
　　B. "应收账款"账户所属明细账户的贷方余额
　　C. "应付账款"账户所属明细账户的贷方余额
　　D. "预收账款"账户所属明细账户的借方余额
15. 资产负债表的数据,可以根据(　　)取得。
　　A. 总账账户余额直接填列　　　　　B. 总账账户余额计算填列
　　C. 记账凭证直接填列　　　　　　　D. 明细账户余额计算填列
16. 下列项目,列示在资产负债表左方的有(　　)。
　　A. 固定资产　　　B. 无形资产　　　C. 预收款项　　　D. 流动资产
17. 下列项目,列示在资产负债表右方的有(　　)。
　　A. 非流动资产　　B. 非流动负债　　C. 流动负债　　　D. 所有者权益
18. 下列各项,属于资产负债表中流动负债项目的有(　　)。
　　A. 应付职工薪酬　　　　　　　　　B. 短期借款
　　C. 应交税费　　　　　　　　　　　D. 应付票据
19. 下列各项,属于资产负债表中流动负债项目的有(　　)。
　　A. 应付债券　　　　　　　　　　　B. 应付账款
　　C. 应付利息　　　　　　　　　　　D. 1年内到期的非流动负债

20. 利润表中的"营业收入"项目填列所依据的是(　　)。
    A. "营业外收入"发生额　　　　　B. "主营业务收入"发生额
    C. "其他业务收入"发生额　　　　D. "税金及附加"发生额
21. 利润表中的"营业成本"项目填列所依据的是(　　)。
    A. "主营业务成本"发生额　　　　B. "本年利润"发生额
    C. "其他业务成本"发生额　　　　D. "投资收益"发生额
22. 下列项目,(　　)属于利润表提供的信息。
    A. 实现的营业收入　　　　　　　B. 发生的营业成本
    C. 营业利润　　　　　　　　　　D. 企业的利润或亏损总额
23. 下列项目,会影响营业利润计算的有(　　)。
    A. 营业外收入　　B. 税金及附加　　C. 营业成本　　D. 销售费用
24. 下列项目,会影响利润总额计算的有(　　)。
    A. 营业收入　　　B. 营业外支出　　C. 营业外收入　　D. 投资收益
25. 企业的现金流量分为(　　)产生的现金流量。
    A. 经营活动　　　B. 筹资活动　　　C. 销售活动　　　D. 投资活动

三、判断题

1. 财务报表项目数据的直接来源是会计凭证。(　　)
2. 实际工作中,为使财务报表及时报送,企业可以提前结账。(　　)
3. 财务报表按照报送对象不同,可以分为个别报表和合并报表。(　　)
4. 财务报告是由单位根据经过审核的会计凭证编制的。(　　)
5. 财务报告是指单位根据经过审核的会计账簿记录和有关资料编制并对外提供的反映单位某一特定日期财务状况和某一会计期间经营成果、现金流量的文件。(　　)
6. 个别报表和合并报表都是由企业在自身会计核算基础上对账簿记录进行加工而编制的会计报表。(　　)
7. 财务报表至少应当包括资产负债表、利润表、现金流量表、所有者权益变动表和附注等部分。(　　)
8. 中期财务报表是指以一年的中间日为资产负债表日编制的财务报表。(　　)
9. 中期财务报表包括月报、季报和半年报等。(　　)
10. 向不同会计资料使用者提供财务报告,其编制依据可以不一样。(　　)
11. 财务报表按其反映的内容,可以分为动态报表和静态报表,资产负债表是反映某一时期企业财务状况的动态财务报表。(　　)
12. 资产负债表中资产项目是按资产流动性排列的。(　　)
13. 账户式资产负债表分左右两方,左方为资产项目,右方为负债及所有者权益项目。(　　)
14. 资产负债表的"期末余额"栏各项目主要是根据总账或有关明细账期末余额填列的。(　　)

15. 资产负债表中的"货币资金"项目,应根据"银行存款""库存现金""其他货币资金"账户的期末余额之和填列。   (   )

16. 资产负债表中的"固定资产"项目,应根据"固定资产"账户余额减去"累计折旧""固定资产减值准备"等账户的期末余额后的金额填列。   (   )

17. 在资产负债表中,"其他应收款"项目应根据"其他应收款"科目总账账户期末余额直接填列。   (   )

18. 利润表是反映企业一定期间经营成果的会计报表。   (   )

19. 利润表的格式主要有多步式和单步式两种,我国企业采用的是多步式利润表格式。
                                                              (   )

20. 现金流量表是反映企业在某一特定日期现金和现金等价物流入和流出的报表。
                                                              (   )

四、业务题

(一) 练习资产负债表的编制

1. 资料:ABC公司20××年6月30日有关账户的期末余额如表9-11所示。

表9-11 ABC公司有关账户期末余额

单位:元

账户名称	借方余额	贷方余额	账户名称	借方余额	贷方余额
库存现金	1 000		应付账款		155 000
银行存款	560 000		——A单位	5 000	
交易性金融资产	200 000		——B单位		160 000
原材料	400 000		预收账款		80 000
库存商品	200 000		——C单位		90 000
生产成本	135 000		——D单位	10 000	
周转材料	6 000		应付票据		193 000
无形资产	120 000		短期借款		618 000
累计摊销		20 000	应付职工薪酬		37 000
长期待摊费用	9 000		应交税费		45 000
应收账款	105 000		应付利息		50 000
——甲公司	125 000		长期借款		150 000
——乙公司		20 000	实收资本		3 000 000
坏账准备		6 000	资本公积		8 000
预付账款	50 000		盈余公积		182 000
应收票据	80 000		本年利润		272 000
长期股权投资	230 000		利润分配		100 000
固定资产	3 500 000				
累计折旧		680 000			

2. 要求:根据资料编制 ABC 公司 20××年 6 月 30 日的资产负债表。

(二) 练习利润表的编制

1. 资料:南方公司 20××年 10 月份有关账户发生额如表 9-12 所示。

表 9-12　南方公司有关账户发生额

单位:元

账户名称	本期发生额
主营业务收入	2 600 000
主营业务成本	1 050 000
税金及附加	135 000
其他业务收入	20 000
其他业务成本	9 000
销售费用	5 200
管理费用	123 000
投资收益	22 200
营业外收入	35 000
营业外支出	54 000
资产减值损失	34 000
所得税费用	316 750

2. 要求:根据资料编制南方公司 20××年 10 月份的利润表。

第十章

会计档案

会计档案概述
会计档案保管
本章习题

第一节　会计档案概述

一、会计档案的概念

会计档案是指单位在进行会计核算等过程中接收或形成的记录和反映单位经济业务事项的具有保存价值的文字、图表等各种形式的会计资料,包括通过计算机等电子设备形成、传输和存储的电子会计档案。各单位应当加强会计档案管理工作,建立和完善会计档案的收集、整理、保管、利用和鉴定销毁等管理制度,采取可靠的安全防护技术和措施,保证会计档案的真实、完整、可用、安全。各单位的档案机构或者档案工作人员所属机构(以下统称单位档案管理机构)负责管理本单位的会计档案。各单位也可以委托具备档案管理条件的机构代为管理会计档案。

会计档案是各单位在办理会计事务中形成的记录企业经济业务的会计资料,是会计活动的客观产物,是检查各单位遵守财经纪律情况的客观依据,也是各单位总结经营管理经验的重要参考资料。会计档案是国家档案的重要组成部分,也是各单位的重要档案,可以为国家和单位提供详尽的经济资料,对国家制定宏观经济政策和单位制定经济决策具有一定的参考价值。各单位可以利用计算机、网络通信等信息技术手段管理会计档案。加强会计档案的管理具有重要意义,包括反映、史料、查证和监督4个方面的作用。

二、会计档案的内容

(一) 会计档案的基本内容

会计档案的基本内容具体包括以下4大类。

1. 会计凭证

会计凭证包括原始凭证、记账凭证。

2. 会计账簿

会计账簿包括总账、明细账、日记账、固定资产卡片及其他辅助性账簿。

3. 财务会计报告

财务会计报告包括月度、季度、半年度、年度财务会计报告。

4. 其他会计资料

其他会计资料包括银行存款余额调节表、银行对账单、纳税申报表、会计档案移交清册、会计档案保管清册、会计档案销毁清册、会计档案鉴定意见书及其他具有保存价值的会计资料。

(二) 电子会计档案的形成条件

单位内部形成的属于归档范围的电子会计资料,同时满足下列条件的,可仅以电子形式保存,形成电子会计档案:

(1) 形成的电子会计资料来源真实有效,由计算机等电子设备形成和传输。

(2) 使用的会计核算系统能够准确、完整、有效接收和读取电子会计资料,能够输出符合国家标准归档格式的会计凭证、会计账簿、财务会计报表等会计资料,设定了经办、审核、审批等必要的审签程序。

(3) 使用的电子档案管理系统能够有效接收、管理、利用电子会计档案,符合电子档案的长期保管要求,并建立了电子会计档案与相关联的其他纸质会计档案的检索关系。

(4) 采取有效措施,防止电子会计档案被篡改。

(5) 建立电子会计档案备份制度,能够有效防范自然灾害、意外事故和人为破坏的影响。

(6) 形成的电子会计资料不属于具有永久保存价值或者其他重要保存价值的会计档案。

满足上述规定条件,单位从外部接收的电子会计资料,附有符合《中华人民共和国电子签名法》规定的电子签名的,可仅以电子形式归档保存,形成电子会计档案,无须打印电子会计资料纸质件进行归档保存。

单位仅以电子形式保存会计档案的,原则上应从一个完整会计年度的年初开始执行,以保证其年度会计档案保存形式的一致性。

三、会计档案的种类及分类方法

(一) 会计档案的种类

会计档案是会计活动中形成的客观记录,是一种专业性的档案,可以按不同的标准进行分类。

(1) 按会计工作性质可分为公司、企业会计档案、预算会计档案和银行会计档案。

(2) 按管理期限可分为永久会计档案和定期会计档案。

(二) 会计档案的分类方法

会计档案的分类要遵循会计档案的形成规律和本身固有的特点,从本单位会计档案的实际出发。可选择以下分类方法:

(1) 年度——形成分类法。即把一个年度内形成的会计档案分为凭证、账簿、财务报告和其他四大类,然后分别组成若干保管单位(卷)。这一方法适用于企业、事业单位。

(2)年度——机构分类法。即把一个年度内形成的会计档案按机构分开,然后在机构内再按凭证、账簿、财务报告和其他四类分别组成保管单位。这种方法一般适用于各级财政、税务等部门和所属单位较多的大型企业。

第二节　会计档案保管

一、会计档案的归档

(一)会计档案的归档和保管要求

各单位会计管理机构应按照归档范围和归档要求,负责定期将应当归档的会计资料整理立卷,编制会计档案保管清册。

具体要求如下:

(1)当年形成的会计档案,在会计年度终了后,可由单位会计管理机构临时保管一年,再移交单位档案管理机构保管。因工作需要确需推迟移交的,应当经单位档案管理机构同意。单位会计管理机构临时保管会计档案最长不超过 3 年。临时保管期间,会计档案的保管应当符合国家档案管理的有关规定,且出纳人员不得兼管会计档案。

(2)在办理会计档案移交时,应当编制会计档案移交清册(其格式如表10-1所示),列明应当移交的会计档案名称、卷号、册数、起止年度、档案编号、应保管期限和已保管期限等内容,并按照国家档案管理的有关规定办理移交手续。纸质会计档案移交时应当保持原卷的封装。接收电子会计档案时,应当对电子会计档案的准确性、完整性、可用性、安全性进行检测,符合要求的才能接收。建设单位在项目建设期间形成的会计档案,需要移交给建设项目接受单位的,应当在办理竣工财务决算后及时移交,并按照规定办理交接手续。单位之间交接会计档案时,交接双方应当办理会计档案交接手续。

表10-1　20××年会计档案移交清册

编号	文件名称	起止卷号	应保管期限	已保管期限	保管地点及其他

移交单位:　　　　移交人:　　　　接受单位:　　　　接受人:

交接会计档案时，交接双方应当按照会计档案移交清册所列内容逐项交接，并由交接双方的单位有关负责人负责监督。交接完毕后，交接双方经办人和监督人应当在会计档案移交清册上签名或盖章。

电子会计档案应当与其元数据一并移交，且文件格式应当符合国家档案管理的有关规定。特殊格式的电子会计档案应当与其读取平台一并移交。档案接收单位应当对保存电子会计档案的载体及其技术环境进行检验，确保所接收电子会计档案的准确、完整、可用和安全。

(3) 单位变更以后的会计档案应视不同情况进行归档保管。

① 单位终止。

单位因撤销、解散、破产或者其他原因而终止的，在终止和办理注销登记手续之前形成的会计档案，应当由终止单位的业务主管部门或者财产所有者代管或者移交有关档案馆代管。

② 单位分立。

a. 单位分立后原单位存续的，其会计档案应当由分立后的存续方统一保管，其他方可查阅、复制与其业务相关的会计档案。

b. 单位分立后原单位解散的，其会计档案应当经各方协商后由其中一方代管或者移交档案馆代管，各方可以查阅、复制与其相关的会计档案。

c. 单位分立中未结清的会计事项所涉及的原始凭证，应当单独抽出由业务相关方保存，并按照规定办理交接手续。

d. 单位因业务移交其他单位办理所涉及的会计档案，应当由原单位保管，承接业务单位可以查阅、复制与其业务相关的会计档案，对其中未结清的会计事项所涉及的原始凭证，应当单独抽出由业务承接单位保存，并按照规定办理交接手续。

③ 单位合并。

a. 单位合并后原单位解散或者一方存续其他方解散的，原各单位的会计档案应当由合并后的单位(存续方)统一保管。

b. 单位合并后原各单位仍然存续的，其会计档案仍应当由原各单位保管。

(二) 会计档案的归档程序

各单位每年形成的会计资料，年度终了，应由会计人员按不同要求对其进行整理并装订立卷。整理立卷后，按不同要求对各类会计档案编制卷号，然后编制会计档案保管清册，将会计档案的名称、种类、卷号、数量、起止日期、保管期限等一一登记入册。

二、会计档案的保管期限

会计档案的保管期限，从会计年度终了后的第一天算起。分为永久、定期两类。定期保管期限一般分为10年和30年。不同的会计档案发挥作用的时期不同，各种会计档案的保管期限也就不相同。

各类会计档案的保管期限原则上应当按照表 10-2 中规定的期限执行,表中规定的会计档案保管期限为最低保管期限。单位会计档案的具体名称如有同表中所列档案名称不相符的,应当比照类似档案的保管期限办理。财政总预算、行政事业单位和税收会计档案保管期限表由于篇幅关系,在此不再列示。

表 10-2 企业和其他组织会计档案保管期限表

序号	会计档案名称	保管期限	备注
一	会计凭证		
1	原始凭证	30 年	
2	记账凭证	30 年	
二	会计账簿		
3	总账	30 年	
4	明细账	30 年	
5	日记账	30 年	
6	固定资产卡片		固定资产报废清理后保管 5 年
7	其他辅助性账簿	30 年	
三	财务会计报告		
8	月度、季度、半年度财务会计报告	10 年	
9	年度财务会计报告	永久	
四	其他会计资料		
10	银行存款余额调节表	10 年	
11	银行对账单	10 年	
12	纳税申报表	10 年	
13	会计档案移交清册	30 年	
14	会计档案保管清册	永久	
15	会计档案销毁清册	永久	
16	会计档案鉴定意见书	永久	

三、会计档案的查阅和复制

各单位应当严格按照相关制度利用会计档案,在进行会计档案查阅、复制、借出时履行登记手续,严禁篡改和损坏。各单位保存的会计档案一般不得对外借出。确因工作需要且根据国家有关规定允许借出的,应当严格按照规定办理相关手续。会计档案借用单位应当妥善保管和利用借入的会计档案,确保借入会计档案的安全完整,并在规定时间内归还。

具体要求如下:

(1) 单位内部人员查阅会计档案时,应经会计主管人员或单位负责人批准后,办理查阅手续;外部人员查阅会计档案时,应持有单位正式介绍信,经本单位负责人批准后,方可办理查阅手续。

(2) 办理查阅手续时,查阅人应认真填写档案查阅登记簿,将查阅人姓名、单位、日期、数量、内容、归档等情况登记清楚。

(3) 查阅或者复制会计档案的人员,严禁在会计档案上涂画、标记、拆散原卷册,也不得抽换。

四、会计档案的销毁

会计档案销毁是会计档案管理的重要内容,必须严格规范,有序进行。各单位应当定期对已到保管期限的会计档案进行鉴定,并形成会计档案鉴定意见书。经鉴定,仍须继续保存的会计档案,应当重新划定保管期限;对保管期满,确无保存价值的会计档案,可以销毁。

经鉴定可以销毁的会计档案,应当按照以下程序销毁:

(1) 单位档案管理机构编制会计档案销毁清册,其格式如表10-3所示。列明拟销毁会计档案的名称、卷号、册数、起止年度、档案编号、应保管期限、已保管期限和销毁时间等内容。

表10-3 会计档案销毁清册

单位名称: 　　　　　　　　　　　　　　　　　　　　　　　　年　月　日

会计档案名称	卷号	册数	起止年度	应保管年限	已保管年限
主管部门审批:			本单位领导意见:		
会计机构意见:			档案部门意见:		
监销人员签名或盖章:			销毁人员签名:		

(2) 单位负责人、档案管理机构负责人、会计管理机构负责人、档案管理机构经办人、会计管理机构经办人在会计档案销毁清册上签署意见。

(3) 单位档案管理机构负责组织会计档案销毁工作,并与会计管理机构共同派员监销。监销人在会计档案销毁前,应当按照会计档案销毁清册所列内容进行清点核对;在会计档案销毁后,应当在会计档案销毁清册上签名或盖章。

电子会计档案的销毁还应当符合国家有关电子档案的管理规定,并由单位档案管理机构、会计管理机构和信息系统管理机构共同派员监销。

单独抽出立卷或转存的会计档案,应当在会计档案鉴定意见书、会计档案销毁清册和会计档案保管清册中列明。

保管期满但未结清的债权债务会计凭证和涉及其他未了事项的会计凭证不得销毁,纸质会计档案应当单独抽出立卷,电子会计档案单独转存,保管到未了事项完结时为止。

本章习题

一、单项选择题

1. 会计档案按管理期限可分为( )。
    A. 永久会计档案和定期会计档案
    B. 永久会计档案和不定期会计档案
    C. 不定期会计档案和定期会计档案
    D. 临时会计档案和定期会计档案
2. 单位会计管理机构临时保管会计档案的最长年限是( )。
    A. 不超过 2 年　　B. 不超过 3 年　　C. 不超过 4 年　　D. 不超过 5 年
3. 会计档案的保管期限是从( )算起。
    A. 会计年度终了后第一天　　　　B. 审计报告之旧
    C. 移交档案管理机构之日　　　　D. 会计资料的整理装订日
4. 根据《会计档案管理办法》规定,单位合并后原单位解散或一方存续、其他方解散的,原各单位的会计档案应由( )保管。
    A. 存续方　　　　　　　　　　　B. 档案局
    C. 合并前单位的主管部门　　　　D. 财政部门
5. 单位定期对已到保管期限的会计档案进行鉴定所形成的会计资料是( )。
    A. 会计档案移交清册　　　　　　B. 会计档案保管清册
    C. 会计档案销毁清册　　　　　　D. 会计档案鉴定意见书
6. 当年形成的会计档案在会计年度终了后,可暂由本单位会计机构保管( )后移交到会计档案管理机构。
    A. 半年　　　　B. 1 年　　　　C. 2 年　　　　D. 3 年
7. 原始凭证和记账凭证的保管期限为( )。
    A. 30 年　　　　B. 10 年　　　　C. 5 年　　　　D. 永久
8. 企业年度财务会计报告的保管期限为( )。
    A. 5 年　　　　B. 10 年　　　　C. 30 年　　　　D. 永久

9. 下列会计档案,保管期限为30年的是( )。
   A. 银行存款余额调节表　　　　B. 银行对账单
   C. 纳税申报表　　　　　　　　D. 分类账
10. 企业的总账的保管期限为( )。
    A. 15 年　　　　B. 30 年　　　　C. 35 年　　　　D. 永久
11. 银行存款余额调节表、银行对账单应当保存( )。
    A. 3 年　　　　B. 5 年　　　　C. 10 年　　　　D. 15 年
12. 企业的库存现金日记账、银行存款日记账的保管期限为( )。
    A. 10 年　　　　B. 15 年　　　　C. 30 年　　　　D. 永久
13. 企业月、季度财务报告的保管期限为( )。
    A. 10 年　　　　B. 15 年　　　　C. 30 年　　　　D. 永久
14. 会计档案保管清册的保管年限为( )。
    A. 10 年　　　　B. 15 年　　　　C. 30 年　　　　D. 永久

二、多项选择题

1. 会计档案的保管期限分( )。
   A. 永久　　　　B. 定期　　　　C. 临时　　　　D. 短期
2. 会计档案的定期保管期限可以是( )。
   A. 5 年　　　　B. 10 年　　　　C. 20 年　　　　D. 30 年
3. 下列各项,需要保管 30 年的会计档案有( )。
   A. 原始凭证　　　　　　　　B. 总账
   C. 记账凭证　　　　　　　　D. 库存现金日记账
4. 会计档案包括( )。
   A. 会计凭证　　　　　　　　B. 会计账簿
   C. 财务会计报告　　　　　　D. 其他会计资料
5. 下列选项,属于其他会计资料类会计档案的有( )。
   A. 银行对账单　　　　　　　B. 银行存款余额调节表
   C. 会计档案移交清册　　　　D. 会计档案销毁清册
6. 下列会计档案,需要永久保管的有( )。
   A. 会计档案移交清册　　　　B. 库存现金和银行存款日记账
   C. 会计档案保管清册　　　　D. 年度财务会计报告
7. 下列各项,属于企业会计档案的有( )。
   A. 会计档案移交清册　　　　B. 固定资产卡片
   C. 银行对账单　　　　　　　D. 月、季度财务报告
8. 会计档案的作用包括( )。
   A. 查证作用　　　　　　　　B. 反映作用
   C. 监督作用　　　　　　　　D. 史料作用

9. 保管期满,不得销毁的会计档案有( )。
   A. 银行存款余额调节表
   B. 没有结清的债权债务原始凭证
   C. 正在建设期间的建设单位的有关会计档案
   D. 超过保管期限但尚未报废的固定资产购买凭证

三、判断题

1. 会计档案的保管期限分为永久保管和定期保管两种。 ( )
2. 会计档案包括通过计算机等电子设备形成、传输和存储的电子会计档案。( )
3. 会计档案保管清册的保管期限为 30 年。 ( )
4. 企业会计账簿中的总账应当保管 25 年。 ( )
5. 企业年度财务会计报告的保管期限为 50 年。 ( )
6. 企业和其他组织的银行存款余额调节表、银行对账单和固定资产报废清理后的固定资产卡片等会计档案的保管期限应当为 10 年。 ( )
7. 库存现金和银行存款日记账的保管期限为 25 年。 ( )
8. 当年形成的会计档案,在会计年度终了后,暂由本单位会计机构保管 2 年。 ( )
9. 各种会计档案的保管期限,从会计年度形成后的第一天算起。 ( )
10. 单位负责人应在会计档案销毁清册上签署意见。 ( )
11. 各种会计档案的保管期限,根据其特点,分为定期和不定期两类。 ( )
12. 各单位的会计档案不得借出,但经批准后可以复制。 ( )
13. 保管期满但尚未结清的债权债务原始凭证,可以销毁。 ( )
14. 查阅或者复制会计档案的人员,严禁在会计档案上涂画、标记、拆散原卷册,也不得抽换。 ( )
15. 会计档案是指单位在进行会计核算等过程中接收或形成的,记录和反映单位经济业务事项的,具有保存价值的文字、图表等各种形式的会计资料,包括通过计算机等电子设备形成、传输和存储的电子会计档案。 ( )